核心素养·名师课堂

高中语文教学手记

[必修4—5册]

龚志民 著

Gaozhong Yuwen Jiaoxue Shouji

漓江出版社
Lijiang Publishing House

图书在版编目（CIP）数据

高中语文教学手记：必修．4—5 册 / 龚志民著．—桂林：漓江出版社，2015.2
ISBN 978-7-5407-7438-7
Ⅰ.①高…　Ⅱ.①龚…　Ⅲ.①中学语文课—高中—教学参考资料　Ⅳ.①G634.303
中国版本图书馆 CIP 数据核字（2015）第 012191 号

高中语文教学手记（必修 4—5 册）

作　　者　龚志民
策划组稿　文龙玉
责任编辑　章勤璐
书籍设计　石绍康
责任监印　唐慧群

出 版 人　郑纳新
出版发行　漓江出版社
社　　址　广西桂林市南环路 22 号
邮　　编　541002
发行电话　0773-2583322　010-85893192
传　　真　0773-2582000　010-85890870
电子信箱　ljcbs@163.com
网　　址　http://www.Lijiangtimes.com.cn
　　　　　http://www.Lijiangbook.com
印　　制　北京盛源印刷有限公司
开　　本　710 × 980　1/16
印　　张　17
字　　数　260 千字
版　　次　2015 年 2 月第 1 版
印　　次　2015 年 2 月第 1 次印刷
印　　数　1—7 000 册
书　　号　ISBN 978-7-5407-7438-7
定　　价　29.80 元

目录

人教版课程标准实验教科书·必修五

苏教版课程标准实验教科书·必修四

苏教版课程标准实验教科书·必修五

其他版本教材解读示例

人教版选修教材《中国小说欣赏》选讲

第四辑　语文课改探索

自序　像阿宝那样歌唱

俗歌媚词听多了，乍听阿宝用西北风兰花花演绎的《山丹丹开花红艳艳》，好像听天外来音：金属般的高亢声音，穿甲弹般的浸彻力，直扫心灵的第一个角落。当你回过神来，你已经成了俘虏。

阿宝——一个多次参加比赛但经常首轮就被淘汰出局，被专家认为发音不科学的乡土民歌手，2006年春节联欢晚会，终于在全国父老乡亲面前一展歌喉。

阿宝的哭声和倾诉令我难忘：真正的民歌都是这么唱的，我们那的农民，都是这么唱的。

那么，需要矫正的是阿宝的歌声还是学院派专家评委们的眼光？信天游的阿宝是意外，超女李宇春是意外，下一个是谁？阿宝、超女、专家——谁是今天这时代的另类？

杰出的文艺作品都是用灵魂演绎出来的。《二泉映月》《英雄交响曲》就是这样的作品，猫王、崔健、阿宝都是这样的人。他们的成功在于拒绝污染，剥去虚伪，还原自己，他们坚信源自生命本色的声音能表达一切，扼着嗓子装模作样是可耻和令人作呕的。

个性化的体验、审美、人格……

杰出的语文教与学都需要用自己的全部灵魂来沉醉熏陶和倾情演绎。

唐古拉山、喜马拉雅山流出的水都是清泉、冰泉。三门峡的泥沙淤积、重庆长江嘉陵江江面上的诸多漂浮物都不是河流的本来面目。大河因人类的浮华生活而变色。

在假冒伪劣横行的今天，我们需要去寻找语文教与学的真实原生态。大中华的复兴与重新崛起需要我们重新牙牙学语，需要我们重新用汉语的方式思考问题。随着中国龙的崛起，将来或许还需要用汉语去思考全球的问题，甚至应该学会每天用婴儿的新奇眼光来审视世界。太多的所谓权威人士把教材文本中名家的语言进行了过多让人腻味的玩味乃至走火入魔，让真正的名家本人也会瞠目结舌。

语文不是八卦阵，不需要绕来绕去。工具性、人文性是看得见、摸得着、感受得到的，一切就在我们身边。如果认为在语文课的讲台上把陈述句改成疑问句就是启发和探究，那是对人文世界浅薄的曲解；如果台上一问，台下立即抢答声一片，那这样的问题还有什么价值呢？

汉字本是仓颉“穷天地之变，观奎星圜曲之势，察鸟兽蹄爪之迹”造出来的，这是汉字的原生态。奇正方圆、平上去入、眉飞色舞，还有无边风月、千变万化，均由此原生态衍生而出。学者不可舍本逐末。

从周风再到汉乐府，采风的乐官们就是这么摇着木铎把原生态的民歌收集上来的。小时候见过码头工人集体搬运嘉陵江中木头的盛大场面：强壮的劳力们，十个二十个一堆，抬着巨木缓缓行走，那沉郁的“吭唷吭唷”声，真像大地在歌唱。

鲁迅先生曾说：想知道文章该怎么写，要读名著；想知道文章不该怎么写，要念手稿。手稿是文章写作思维的原生态，而阅读的第一感觉，就是文章审美情感的原生态。背离这些，在课堂上去问一些人为设置的、牵强附会的、不着边际的问题，是语文教与学的假唱。

把问题、人格、眼光甚至一种意志根植于学生心中，乃是最成功的启发和探究——不在于是用疑问句还是陈述句。我们今天的语文课堂尤其需要这种精神和行动。

追溯到生活与心灵的深处——水穷云起的地方去吧，那里有令我们心灵感悟和感动的人文世界的原生态，那里有等着我们去和鸣的阳光天籁、清风明月，那里有林林总总的社会、人文、心理等诸多问题等着我们去解答。

千古圣者、仁者、贤者与平凡人的人格差别，绝没有什么法不传六耳的秘籍和玄虚，只有对生活、对理想人格、对信念，领悟的深浅、行道与不行道、行百里与行五十里的分别。

我们需要用心学习语文，用自己充满个性的声音歌唱语文，回到语文学习听、说、读、写、悟、思千姿百态的原生状态，琢磨、欣赏做人的敏与讷，为文的文与质，待人的忠与谋，适应与吸收来自大洋带着咸味的海风，从青少年开始重塑和建构大中华文化，重塑和建构下一代国民的坚固道德与丰满人格……

和谐是人类的原生态，和平也是人类的原生态，但和谐与和平不是一潭死水。狼吃掉老弱病的食草动物，是为了修剪群山，保持生态平衡。竞争与搏杀不是人类生存的原生态，只是提升和谐层次的手段。

子曰：君子无所争。其争也君子。所以我们要教导学生不但要有竞争之力，还要有关切有爱心。铁手与仁心是立身处世不可偏废的两翼。

我们要知方块字的魅力在于取象于天地万物、知人生的经历与体验乃是为文之基、知文章的内涵在于心灵的影射与跌宕变化，除了这些，是没有什么别的不传之秘的。

我们还要知名家所写的经典作品，一定是写出了潜藏于、根植于人心中的某种东西，否则，名著岂不是天书或者浪得虚名？

人文科学主要的问题不是懂不懂，而是那些名著名篇在多大程度上影响着你的人格、影响着你未来的种种价值选择及人生道路。

也正是因为君心似我心，所以语文课上我们面对名家作品完全不必畏首畏尾，只管放胆前行：

“旧历的年底毕竟最像年底。”——“毕竟”二字是鲁迅在比较中（与新文化中阳历相比）得出的由衷结论。几千年的旧文化岂容小觑？沉痛而真诚。简单地理解为加重语气可以吗？我看也没有什么不可以。

“我家后院有两棵树。一棵是枣树。另一棵还是枣树。”鲁迅当时居故都、抄古碑、憎厌黑暗却看不到黎明的曙光，静极虚极以至虚室生白。既然寂寞无聊，当然少不了无聊的“废话”。且不管鲁迅先生是因为忧国忧民还是因为别的什么而感到无聊。既然周星驰无聊的“无厘头”语言能体现一种时代精神，鲁迅的无聊语言为什么不能体现出另一个时代的某种精神？

还有，叶圣陶先生虽然是杰出的教育家，但并不是制作景泰蓝的行家里手。《景泰蓝的制作》一文实在不能作为说明文的典范。如何制作景泰蓝，当然是制作景泰蓝的专家工艺师知道得最清楚、最详细、最有体会，所以最好由他们来写。因为说明文的科学性是第一位的，语言文字表达方式仅是第二位的。总统回忆录理所当然应由退下来的总统写，其他人无论写得多么天花乱坠，文采飞扬，都叫越俎代庖，绝没有总统本人写的回忆录所具备的那种独特价值。令人欣慰的是，新教材没有再选入《景泰蓝的制作》。

还有……语文学习中，个性化的原始感悟很重要。有感悟才能转化为自己的人文力量，无感悟终究还是别人的，顶多是鹦鹉学舌。

教材文本，就是这样一首歌——一首作者谱写在乐谱上、编者选入了教材中、师生南腔北调都能哼哼唱唱的同一首歌。不拘泥你用美声、用民歌，或者用别的什么方式演唱，也不限制你用吉他、钢琴来伴奏，甚至敲锅碗盘子，都不妨一试。最重要的是，必须投入你的真声、真情和全部身心。不能感动自己，焉能感动别人？老师，只是教你识谱，助你个性的正确演绎。怎么演绎，还得看你自己。

唯其出自本心真情，才有个性化，才能成就人世间千万个不同的你我。

希望的翅膀　一天终张开
飞翔天上

心中一个梦　想雨后彩虹
画在天空

——《大长今》主题歌《希望》

在英语主宰世界、全民汉语水平坠落失真、语文教与学严重虚弱的情况下，请支持语文——中华独有的人文科学的伟大复兴。

第一辑

名著——人文世界离我们最近的太阳

引言 同样的太阳，不一样的青果

月移花影上栏杆。夜深夏凉，月色如水，又如碎玉；心热如夏，又凉如月。

眺望前方，正是人生的初夏时节：万物的色彩开始转浓。花香渐淡，阳光日烈；花瓣已谢——我家有果初长成。

盛夏的洪涛，此刻说不定正在哪一块云蒸霞蔚的天空中、在哪一处看似清凉平静幽谷深涧中，悄悄地酝酿。

阳光注视着、抚摸着、惦记着每一枚青果。

高中二年级来临了。考试排名、重新编班、分科、举行成人仪式。一切都在井然的秩序中显示出未来道路的准定向性和未来学习的准专业性。

长大了，一切与大人都只有一步之遥。

你是否感觉有一种莫名的巨大力量正推动着青春的自己向前行？这是万物生长的自然之道啊！

热血如火月如水。我们已享受了和煦的春风春雨，由花蕾花朵长成一枚枚青果——质地坚硬、味道涩口。我们曾经共同绽放，但不一定共同结果；我们共同结成青果，不一定共同成熟，个别青果甚至不能与我们大家一道共同走过夏季，走向金黄的时刻。珍重自己吧。

我们已闻到阳光的香味，我们静候着夏日如火的骄阳的照射和考验。祝福你：

桃李不是我手栽，栽的桃李花难开。
清清水底青青山，酿得幽香乘虹来。

青山遮不住，毕竟东流去。无论是在晨曦初露时刻，还是在暮霭苍茫时分，你都能感觉到自己一天天与众不同——十八岁，夏季风已经来临。

“春宵一刻值千金，花有清香月有阴。歌管楼台声细细，秋千院落夜沉沉”，春天的一切固然美丽，但毕竟她正在离去。我们就安心地享受属于自己的季节风吧，向阳光敞开心扉，在阳光下审视自己的每一个角落。

屋里面花的那种悦人嗅觉的暖香，与阳光下花的那种穿透灵魂的光香相比，绝对是迥然不同的；夜色下夜来香的阴香，与阳光下的那种壮怀激烈的花香也是不同的。

是的，你可能已经感觉到：阳光是有香味的，或者说阳光的香味蕴藏在向太阳敞开胸怀的万物中。有了它，万物才会生机勃发。一切青春的色彩甚至万物所有的色彩都是来源于阳光。没有了阳光，世界就只有一种颜色——黑暗。

如果一个人在人生的夏季都不能闻到阳光的香味，如果恢宏灿烂的太阳从来没有在你青春黎明的地平线上升起过，那我们还能指望等候到什么时候呢？那些喜欢潮湿阴冷的生物，或许很快就会在某个阴天从你心灵的门窗寻隙而入、滋生蔓延，然后吞噬你的一切。

是啊，一切为了孩子，为了一切孩子，为了孩子的一切。

多么深情的誓词，多么伟大的宏愿！每一枚青果都是由这样的宏愿凝聚而成——有父母的、有老师的、有朋友的，还有国家和民族的。

子曰：因材施教；禅宗五祖弘忍教化六祖惠能说：“有情来下种，因地果还生。”古之圣贤、诸子施教中百般强调的是因地、随缘。“因地”二字说的就是任何教法都须与一个人内心契合。世界上没有完全相同的两片树叶，当然也没有完全相同的青果。镀金镀银毕竟是镀上去的，不是事物的真实的、本来的面目。

语文课中人格的塑造是一项脱胎换骨的工程。

在新课程素质教育背景下，教育家如是说：个性化学习、个性化探究、个性化发展。大众化、个性化国民教育的本质就是为每一块土地都播种适合生长的种子，为每一粒种子都无私地提供阳光——直至人人身心学业都获得进步和发展。

“他年我若为青帝，报与桃花一处开”，大量令人揪心的捆绑式教育在现实中还存在着。我们不要行政命令式的错乱开花、结果方式，我们倡导以人为本的时代精神。教育家牵挂的是百样土地百样种，百样青果百样肥的体察入微的人文关怀，坚决反对黄巢那种枭雄式的霸道。让阳光穿透每一枚青果，是中华古典“仁爱”教育思想最具体的示现，也是东西方诸多教育家共同的理想。

如今人文之光可真是五彩缤纷。新现象、新词语、新的表现形式层出不穷，直击感官的乐与悲。多姿多彩的玩耍甚至放纵方式，时时刻刻招引着每一枚刚刚成形的青果。过分的光、热和肥料催化着青果的早熟。有人借网络技术扬帆远航，有人在网络游戏中沉溺早谢。

我们必须知道：每一种植物生长所需的阳光和温度是不一样的。

我们更有必要清楚地知道：青果就是不成熟的果子，早熟会导致它们过早地凋落。

让阳光穿透每一枚青果，让阳光过滤、清理青果中的虫子杂质，让阳光清理掉果皮上的斑痕和病菌。品味与咀嚼着人文的阳光，感悟着大地输送的养料，青果们——愿你们快乐健康地成长！

亲爱的同学，拉开你心灵的窗帘，让阳光直入你的心扉，穿透你的精神世界，令你的性情、你的人格、你的行为、你的一生直入光明境地，然后再让这种光明溢于言表、流于行动，直到有一天青果变成金果，或流布人间，芳香袅袅，或坠入土中深埋，化作来年的种子。

用光明的阳光做种子，才会有登峰远眺的视力、明眸善睐的光彩，才会有深藏地下的隐忍德行。做一个阳光男孩女孩吧！再来一段《雀之灵》，空灵的理想和现实的羽毛——我都要！

十八岁的高二，又一次人生之痒到来！

人生有几次发痒：一岁长牙牙根发痒，逢东西就想咬；初一身体发育，手脚心灵发痒，男孩儿总是喜欢动手动脚，女孩子见生人脸红心跳；高二——文理科已经分开，即将跨进成人的门槛，滋生爱慕、萌芽创造、规划未来，又一次人生之痒到来！祝福你们。

俗语曰：种瓜得瓜，种豆得豆，可在小学初中阶段，是只见花不见瓜和豆。现在好了，总算可以看见瓜和豆的雏形了，尽管只是一枚枚青果。老师和父母的欣喜之情、忐忑之心可想而知——既盼望秋天而又忧虑秋天的脚步太匆匆。

我和学生杨旖（左）、张乃夫（右）

人教版课程标准实验

教科书·必修四

文本《雷雨》（节选）

别躲在时代的暮霭中，假装很坚强

《雷雨》中有两只受伤的爱情鸟叫周朴园、鲁侍萍，他们生活在一个暮霭沉沉的动荡年代。他们相爱在周家、相离在周家，最后经过几十年情爱、生活的动荡后又相逢在周家。

课文所选文本对周鲁二人的语言描写穷形尽相，对二人心理的刻画丝丝入微，试探、前进、后退、和气、变脸，有点像三岁小孩，又像两只曾经同巢而居，而后又失散多年的老蚂蚁，不断用触角相互试探，彼此回忆和唤醒那种熟悉得同为一体的气味。哦，真的是你！可惜另一只叫作侍萍的蚂蚁已经不再吹气若兰，娴静如玉。

但最终周朴园选择躲在富贵名望的后面，鲁侍萍选择躲在名节和过去的包袱后面，都假装很坚强，相互不需要别人的怜悯、安慰、帮助。你走吧。

一个苍老而不苍白的故事。时年二十三岁的《雷雨》作者曹禺，自己可能也没有想好答案，所以结局是悲惨的大毁灭。周朴园、鲁侍萍、作者曹禺其实在那个时代都很孤单，但每个人都躲藏在自己栽种的草丛后，假装不孤单。周朴园的草丛是金钱名望，鲁侍萍的草丛是怨恨、尊严，曹禺的草丛是抽象的迷茫和朦胧的希望：毁灭一切，从头再来。

周朴园、鲁侍萍年轻时有过一段真心相爱的恋爱，只是由于地位门第悬殊而未拜堂成亲，但有了周萍和鲁大海两个儿子，是典型的事实婚姻。有人说，周朴园只是想玩弄年轻美貌的侍萍，并没有真正的爱情。其实，谁能把异性间的爱情与性的吸引截然分开呢？年轻的鲁侍萍对周朴园那是关怀备至，但周朴园最后还是赶走了鲁侍萍，娶了一位所谓“大家闺秀”，而后再娶了繁漪——据说是因为门当户对，旧时代很讲究这个。

这是全剧的发端，也似乎是两代人新旧矛盾的根源。

阶级对立的概念使爱情问题变得更加复杂、难以调和。下一代血脉相连的鲁大海走到了父亲周朴园的对立面，周萍鲁四凤周冲又重新走上了少爷爱丫鬟、豪门多龌龊的老路，只不过这一次，繁漪、周萍和四凤在不觉中还走进了母子兄妹人伦的雷区。这更令爱情的悲剧变得一发不可收拾，连回头的机会都没有。

孽缘啊——这既是作者对两代人爱情宿命的悲叹，更是对旧时代深深的诅咒！剧中一切巧妙的设计，都源于作者为主人公找不到出路的苦闷和对旧世界的彻底憎恨。结果只好用毁灭来表示自己与旧世界坚决地决裂。

想不到为了今天的恋爱婚姻自由，前人居然付出了这么多！真是让人唏嘘不已。

洋溢着朝气的周冲在剧中若隐若现：他天真、善良、富有激情，却意外地成了这场悲剧的陪葬品。他与哥哥周萍相差十岁左右，心灵却像隔了一个时代。我们可以想象，那个新旧交替时代的一切一切，变化有多么快，碰撞有多么激烈。20世纪初青年们的思想进化速度，一点也不亚于今天电脑CPU速率的提高周期：十八个月诞生下一代。

周萍是一个奇怪的人物：我行我素、固执自私，带有很强的破坏性却又缺乏建设性，反感一切却又不知自己到底需要的是什么，对四凤的爱，与繁漪的乱伦，本身就带有麻醉自己空虚灵魂的成分。逆子、贼子，他的叛逆、他的悲剧、他的死都是必然的，他本不属于那个时代。

周朴园或许不是一个好东西，但坏蛋、好人与爱情的善始善终没有铁定的必然联系。周朴园在感情问题上并不是一个天良丧尽的人，这与他黑心淹死矿工发昧心财不同。毕竟老了——人之将死，其言也善。他从自己的价值观出发，坚决要求鲁侍萍收下自己的五千块大洋聊作补偿——起码是灵魂的补偿。可见他的内心是自觉有愧于侍萍的。我们不知道他俩年轻时的故事细节，但我们在文本中见到了已经苍老发福的周朴园如何色厉内荏地处理年轻时欠下的风流债。

两位饱经沧桑的老人不约而同地想到一个字：躲。文雅地说，躲就是回避。然后继续在人前扮演坚强、庄重的形象。

有了这样的认识，我们可很容易透过现象看到本质：剧本中周朴园与鲁侍萍密集而带试探性的对话只不过是对躲藏、假装心态的一种演绎而已。周朴园在鲁侍萍面前、在鲁大海面前、在繁漪面前扮猫扮虎，都只不过是怯懦的雾、虚伪的草丛、一个时代回光返照的眼神。

该来的总会来，该去的都会去。剧本中鲁侍萍说：这一切都是命。

真的如她所说，是不公平的命运造成《雷雨》中人物的相爱、相离、背叛、毁灭吗？

但是，辩证法这样告诉我们：必然往往潜伏在偶然之中。

唯物主义这样告诉我们：时代既造就英雄，也造就悲剧。

每一个时代都有自己的时代精神，有自己的黎明、艳阳，也有暮霭，同样有着自己的正剧、悲喜剧。亲爱的读者，你能为雷雨设计另外一种时代化的结局吗？

我曾经爱过你

（俄）普希金　戈宝权译

我曾经爱过你：爱情，也许
在我的心灵里还没有完全消亡，
但愿它不会再打扰你，
我也不想再使你难过悲伤。
我曾经默默无语、毫无指望地爱过你，
我既忍受着羞怯，又忍受着嫉妒的折磨，
我曾经那样真诚、那样温柔地爱过你，
但愿上帝保佑你，
另一个人也会像我一样地爱你。

文本《长亭送别》

百味在于善感：有情怀才会有浪漫

许多现代人差不多快成了经济动物和物欲的奴隶。幽篁抚琴，林泉品茗，砌下观梅，长亭相送，闺阁相思，月下泛舟，咏菊赋诗……一切都似乎成了令人追忆的电影中的画面。

“去年今日此门中，人面桃花相映红”，不知是否还有人记得春心萌动时的苦涩与感伤？

“相见亦无事，不来忽忆君”，不知是否还有人把友情视为超功利的享受？

有了网络荒了书信，有了山珍海味、觥筹交错的应酬，也多了人心叵测的面具。我们现代人或许可以做物质的CEO，但不一定能做自己情感的CEO。

所以，我们先不要忙着嫌弃厌恶“呀，呀，呀”的京剧拖腔、食不厌精的烹饪文化——那也是对生活的某种节奏的传神写意，只有把生活本身当作神来敬奉的人，才会喜欢这种节奏，喜欢慢慢地咀嚼细节。跳摇滚、吃快餐固然在现代社会有其合理性，但那是以牺牲生活许多东西为代价的。

我们哪里去寻找，寻找那苦苦的等待，寻找那逝去的笑容？

有了情怀才有对生活的感悟，才有享受甜蜜的感觉，才有浪漫的文字金莲平地涌出。

“晓来谁染霜林醉，总是离人泪”，这句话妙在“总是”二字。一个清晨醒来就开始一天苦苦等待的女子形象跃然纸上。用禅意的话来说：林未醉，霜也不是泪，那是莺莺小姐的心在颤抖，所以晕眩。

赋者铺陈其事，自诗经以来，赋的手法在诗词曲中表现得翻新出奇，层出不穷。《木兰辞》中“东市买骏马，西市买鞍鞯，南市买辔头，北市买长鞭”，《孔雀东南飞》中“十三能织素，十四学裁衣，十五弹箜篌，十六诵诗书”……如果一个人心情沉重郁闷，那就很适合用赋的手段来表现。崔莺莺小姐就处在这样的心情中。《长亭送别》中把一段离情别恨，铺陈得花团锦簇，回环往复，不厌其烦：臆想、猜想、玄想、合理地想、不合理地想、写在眉头上想、藏在心里头想……极尽少女心灵的每一个角落。

浪漫不完全是甜蜜哟。神游万仞、心驰八荒，极心灵之飞翔，无论苦乐思愁，都是浪漫。李清照舟船载不动的愁，崔莺莺的别绪愁肠，孟姜女的哭倒长城，王维的入静在幽篁，李白的想象，李贺的书生意气，朱自清在春天里踢几脚球，打两个滚，甚至唐三藏孤身万里西行取几卷经书，成就圣业，也是引人遐想的浪漫呀。

崔莺莺与李清照一样，认为别离的愁绪是驱遣不走的，而且让人沉醉销魂，纵然想得“人比黄花瘦”，“却告了相思回避，破题儿又早别离”。崔莺莺还总结出一条惊人的结论：情人告别有很好的减肥效果（一笑）！不知女孩子们以为然否？崔莺莺是以自己的事实做论据的，有唱词为证：“听得道一声‘去也’，松了金钏；遥望见十里长亭，减了玉肌：此恨谁知？”

相聚有相聚的苦恼，浪漫有浪漫的代价：心气郁结、无心理红妆、神倦思睡、盼信成痴，种种症状，唯心上人相逢、相慰能治愈。

野蛮女友我自珍爱，相思疾病我自承受，耍耍脾气我自喜欢，关别人甚事！

——浪漫中人、相思中人、性情中人大都是这么想的。梦寒，心灰，食无味，意似痴，心如醉，但得久后成佳配，偏不怕清减了小腰围！

送别，叮咛；不忍别，不得不别；担忧，梦回，忆相逢，几度夕阳红——平凡的主题，王实甫用不平凡的语言铺陈表现得淋漓尽致，“遍人间烦恼填胸臆，量这些大小车儿如何载得起”与李清照“只恐双溪舴艋舟，载不动，许多愁”何其相似。尽管《长亭送别》的曲词中大量化用古人的诗词佳句或意境，但我们并不认为这是缺乏创造性的抄袭。因为一切文字都应是为说事言情服务的，除了有考据癖的闲人，谁会在意这句话是哪里来的、怎么来的？能让人读来余香满口，观后场面入梦，那一定就是绝佳的文字。

最关键的是，《长亭送别》用精美的文字意境，告诉了当代正闹着情荒的我辈俗人——什么是浪漫情怀！真正的浪漫之情不仅是九千九百九十九朵玫瑰，更是潜伏人生生活细节中的一花一叶。富足的时候容易想到浪漫，殊不知困难抑郁的时候同样需要浪漫。有一个故事说，“文革”期间，一位原本出身显赫门第的妇人被贬至生活条件极差的地方，她的双手变得十分粗糙，生活艰难。但仍然每天傍晚闲时喝一杯自己磨的咖啡，吃一点自己做的甜点，土布衣服也要亲手熨烫得很妥帖，绝不要一点皱褶！

“你死了，我也不愿独生，解药能解情花之毒，解不了对你的相思之苦。”

——金庸的《神雕侠侣》中杨过和小龙女把相思的魔力演绎到了极致，引发了多少痴情男女心灵深处的紧缩与震荡？

是的，在高尔夫球场挥杆是富贵显摆，在星巴克中品味咖啡是小资情调，但英国牧羊人用石头比赛投掷进洞就是一种心灵的自由！在贫困生活中偷闲啜一杯咖啡，在污秽凄凉的深秋中葬花吟诗，弃生就死避相思的决然选择，就是高贵的浪漫，甚至可以看作是一种红尘中坚韧的修行！

是的，贫妇能在喝咖啡时着装整齐，牧羊孩童能在把石子投进洞的原始高尔夫运动中玩得津津有味，望夫石上妻子充满期待的苦守，都是大修行。

——多么不容易啊。追求浪漫的人们，你准备好了用一生在生活中来修行吗？

相思双方的情感是痛苦、和谐而又幸福的，时髦一点地说，是一种“痛，并快乐着”的状态。当我们因渴望相会的甜蜜而恼怨赴会搭乘的飞机太迟缓，当我们责怪夕阳中疏林的倒影绊倒了失侣的自己，当我们懂得失眠时嗔恨鸳枕罗衾时，这说明：我们浪漫的心门正在打开！

这时候，只要你转动心中的万花筒，定会百景纷现于眼前。祝你健康、快乐、浪漫地度过青春。

文本《哈姆雷特》(节选)

人类永远的煎熬

从前，有个书生在一座寺院门前贴了一副对联：何不佛手双垂下，抹得人心一样平。寓意红尘内外，体现慈悲胸怀——好对联。

事实上，人类永远也做不到这样。因为碌碌世人都在忙于做欲望的加法。极少数道德之士能在生活中保持存有简朴生活、不奢侈贪婪的古风遗韵，已属十分难得。

大道废，有仁义；智慧出，有大伪。老子这一生一死的论述，深刻点明了社会发展趋势：追逐功利的生活方式所产生的难以遏止的负面影响。

如果说人类历史的发展是运用科技手段逐渐在做加法的话，那么资产阶级文艺复兴以及工业革命后，加法变成了乘法。人类科技带动物质财富以平方、立方的方式增长。道德价值观则向相反方向以同样的速度飞驰。

人心不古，道德日丧的趋势从几百年前的《哈姆雷特》反封建桎梏的残酷斗争中已可见端倪。

课文所选的章节就是丹麦王子哈姆雷特激烈的内心世界的斗争。年轻的王子自幼受到良好的道德教育，有着纯良的人品和优秀的才能，是一种划时代的人文主义精神的代表：“朝臣的眼睛、学者的辩舌、军人的利剑、国家所瞩望的一朵娇花；时流的明镜、人伦的雅范、举世注目的中心。”他长大后发现周围的环境是那么的黑暗污秽：叔叔克劳狄斯是谋杀父亲窃取王权的奸人，母后是忍气吞声改嫁的弱妇，还有趋炎附势的权臣和侍卫，他们一起对付一心想复仇的王子哈姆雷特，说他“因失恋而疯癫”。

这令人窒息的环境实际上就是16世纪末17世纪初英国社会矛盾的聚焦。

《哈姆雷特》的结局是：好人坏人全死光，中国的《雷雨》也有类似的结局。原因是简单的：正义的力量太弱小，邪恶的力量太强大。

把《哈姆雷特》与比它早约三百年的另一位伟大的文学家但丁的《神曲》对比就会发现，但丁作为“中世纪最后一位诗人，新时代最初一位诗人”，他的《神曲》对人性解放的认识还比较朦胧：邪恶力量、光明世界、人类的迷惘、理性与信仰，人性的一切内涵都还如同黑暗中的森林——能触而不能见。

那么回过头再看《哈姆雷特》，就会觉得人性内涵已经比较丰富了：有真实具体的血淋淋的仇恨，有痛快的爱情，有绞尽脑汁的争斗，还有绕梁三日的回旋。

公元1775年，比《哈姆雷特》晚一百多年的另一部名著——狄更斯的《双城记》承前启后，笔下的一切都充满着矛盾。先哲敏锐地感觉到人性带来的负面作用：那是最美好的年代，那是最糟糕的年代；那是智慧的年头，那是愚昧的年头；那是信仰的时期，那是怀疑的时期；那是光明的季节，那是黑暗的季节；那是希望的春天，那是失望的冬天；我们全都在直奔天堂，我们全都在直奔相反的方向。

我们可以想见，以解放人性为口号的资产阶级启蒙思想从孕育萌芽的那一天开始，甜蜜的诱惑中就藏着毁灭，繁荣中潜伏着巨大的危机。因为善与恶、美与丑、真与假总是相伴而生，此消彼长。资产阶级启蒙思想运动及随之而来的工业革命，打开了人类的财富、物质生活的幸福之门，但潘多拉魔匣也从此打开。今天的环境、人口、能源等问题都可以追本溯源至工业革命。这是人类永远的矛盾。

当我们安然享受着工业革命、后工业革命的果实时，我们想过这些问题吗？

《神曲》《哈姆雷特》《双城记》三大名著共同描写刻画出一条人类在欧洲从蒙昧的中世纪走向文艺复兴、人性解放的新时代的思想足迹。可见，人类对自我的认识、解放的道路是多么漫长。前后历经几百年，从无到有、从厌旧到拓新、从黑暗的森林来到阳光下。人类在煎熬中成长、繁荣，歌舞升平却又千疮百孔，无论是物质还是精神都是如此。

所以我们需要在继续发展中加上不断反省。道德、正义、良知、友爱，还有大自然千姿百态的物种，我们不能眼睁睁地看着这些离我们远去，最后人类自己走向毁灭。语文教育有一项十分重要的责任，就是要塑造下一代人丰富、强健的人格，提醒后人在享受物质生活的同时不要忘记把正义、道德、环境、物种一起传承下去。名著给我们震撼力十分强大，目的也是要我们在强力的情感推动下离假恶丑而趋真善美。

但现实往往是道高一尺魔高一丈。这更需要我们在繁荣、节奏飞快的社会中随时保持清醒。因为恶有时比善更有魅力、更招人喜欢、更易传播。20世纪资本主义世界最负盛名的经济学大师凯恩斯有句发人深省的经典名言："恶实用，美不实用！"

最后，我们一起来朗读哈姆雷特经典的内心独白，感悟一下那个时代人性觉醒的呐喊与人性压抑的氛围：

——人是一件多么了不起的杰作！多么高贵的理性！多么伟大的力量！多么优美的仪表！多么优雅的举动！在行动上多么像一个天使！在智慧上多么像一个天神！宇宙的精华！万物的灵长！

——生存还是毁灭，这是一个值得考虑的问题；默默忍受命运的暴虐的毒箭，或是挺身反抗人世的无涯的苦难，通过斗争把它们扫清，这两种行为，哪一种更高贵？

——弱者啊，你的名字是女人！

文本《望海潮·东南形胜》《雨霖铃·寒蝉凄切》

文魁奉旨作慢词，风流高下两心知

风流二字，在人间是有许多种解读和实践的，当然也就有相应的格调和境界高下之分。李白李叔同是名士风骨，《西厢记》张生是浪漫爱情，阮籍金圣叹是另类狂士，曹植杜牧是文章倜傥，贾宝玉是骨子里的对女性美的欣赏认同，而西门庆不择手段、丧心病狂地追蜂逐蝶则是十足的无耻下流。

世上写男女风流情、感伤事、长相思的文人墨客车载斗量，尤其是在词风绮靡的宋代。纵览宋代，虽名家纷呈，但柳永之词独享大名，深入人心至于“凡有井水饮处，皆能歌柳词”的程度，一如今天的金庸武侠小说和流行歌曲。

说到古代的风流浪子，人们总是会想起青衫少年过青楼，忘却岁月把酒欢的形象。事实上，柳永有许多年就是这样生活的。

柳永混迹市井酒楼，或许不是他本来的选择，而是一种命运的无奈。柳永与贾宝玉完全不同，他没有贾宝玉豪门出身、天生风流种的本钱，他的职业是中进士入仕。古人所谓造化弄人，人生的航向，有时会受到偶然因素的左右。宋仁宗一句“且去浅斟低唱，何要浮名”的挖苦之语，在君无戏言的封建时代，让柳永长期与进士及第无缘，直到五十岁换了一个皇帝，柳永才得以中进士。所以他的词有一种气魄、一种抑郁、一种经过沧桑失望的净化后产生的唯美，再加上他多年浪迹江湖的阅历提炼，词中情感、叙事与描写，显隐有度、八面玲珑，少有“左牵黄，右擎苍，为报倾城随太守”的纯粹士大夫味、“凭栏怀古，残柳参差舞”的高楼闲望和故作呻吟。

柳永的风流是真风流、对城市和市民的描写是真体验，哭，也是真哭。所以两行清泪、一声长啸，千溪万壑响应。

柳永词的成功，自然是有其中内在必然性的。即使写离别痛、夸桂子荷花，柳永的词句文笔也别有洞天。与柳永相比，风流杜牧的“二十四桥明月夜，玉人何处教吹箫”虽柔美却格局太小，冯延巳“风乍起，吹皱一池春水”虽细腻却太柔弱，姜夔的“红乍笑，绿长颦，与谁同度可怜春”又显得顾影自怜的士大夫气太重，秦观的“今宵剩把银釭照，犹恐相逢是梦中”拘泥少灵气，唯柳永的词，摇曳生姿而不失气势，多情善感而不失格调。

“念去去，千里烟波，暮霭沉沉楚天阔”，可有一点脂粉气？“杨柳岸，晓风残月”，含蓄中蕴含的伤感与痛楚、多情与伤心，比起那些刻意地去撕人肺腑的直白词句，不知强多少倍！

《望海潮·东南形胜》是写给地方官员孙相何的，多少有些攀结歌颂的意思。即便这样，柳永同样通过铺陈写得天花乱坠、一往情深。主要原因是这首词并不是凭空臆造，而是作者的真情实感。词中景物大多是实写，杭州天堂是柳永长期盘桓的地方。罗大经《鹤林玉露》一书说金主完颜亮读了这首词后，开始垂涎大宋江山，萌生了“投鞭渡江”、入主中原之意，柳永词的语言感染力之巨大，由此可以想见。

这种说法真假难以考证，但文学的形象性对于人的思想的确有着不可估量的影响。

“烟柳画桥，风帘翠幕，参差十万人家”，“有三秋桂子，十里荷花”，人间天堂的风景，一经柳永这样白描，似乎都集中在这几句词里了——具体地说，是“柳、桥、堤、桂、荷”这些名词的连用，美景让人有目不暇接、投怀送抱之感，叫长期生活在天寒地冻草原的北方牧人，如何不仰慕！

《雨霖铃·寒蝉凄切》的结构和内容都十分传统：寒蝉、长亭、骤雨，这是景；饮酒、执手相看、凝噎，这是行；无绪、念，这是情；词的高潮是感——“多情自古伤离别，更那堪，冷落清秋节”！全词的奥妙不在体制新或立意新，而在于作者把素来卿卿我我、缠缠绵绵、哭哭啼啼的男女离别情写得刚柔并济、曲直兼蓄、格局高雅、境界辽阔。这是超越，超越宋代风流情词的格局，超越自己命运的不公。

不然，岂不是枉担了“奉旨作词柳三变”的名号？天性、修养与个人独特的际遇，终于让柳永的词化鲲为鹏，振翅飞向浩瀚的南溟——柳永是心死神活、化怨为词的成功典型。

柳永词的音韵、题材、气势与境界，均独步一时，所以众口传颂。如《八声甘州》中“渐霜风凄紧，关河冷落，残照当楼”的句子，完全可媲美李白的“西风残照，汉家陵阙”的绝唱，王国维把此词与苏轼《水调歌头》相提并论，认为此二作皆“格高千古，不能以常调论也”。柳永一生大部分时间处江湖之远，独咽苦闷，随性写词，最终得享千秋大名，实属实至名归。

从江南女子手持牙板唱“杨柳岸，晓风残月”的温柔背后，我们可以隐约地觉察到柳永看似行径风流、实则气凝神重的内心世界的另一面。

八声甘州

（宋）柳永

对潇潇暮雨洒江天，一番洗清秋。渐霜风凄紧，关河冷落，残照当楼。是处红衰翠减，苒苒物华休。唯有长江水，无语东流。

不忍登高临远，望故乡渺邈，归思难收。叹年来踪迹，何事苦淹留？想佳人，妆楼颙望，误几回、天际识归舟。争知我，倚阑干处，正恁凝愁！

文本《念奴娇·赤壁怀古》

谁倾美酒忆风流？竟惹大江愁

朋友三三两两相约到江边去喝酒促膝，是许多年轻人或者曾经年轻过的人都干过的惬意美事。就连年少的高中生，即使在沉重的应试压力下，也要偶尔在作文中发几句对逝去的童年欢乐、初中友情的回味与反省呢。穿越时光的隧道，去磨洗往事的沉沙折戟、咀嚼历史的风流人物，头脑中放映关于英雄们的DVD，手上再举着杯，杯中这样的美酒饮下去，想来其滋味一定是人间少有。

苏东坡就在长江畔为后人酿了一壶这样的酒，准备了一席这样的华筵。

既然是华筵，总要有香气四溢、先声夺人的气势。“大江东去，浪淘尽，千古风流人物”，苏轼把目光定位于遥远得看不见边际的时光与人物，以唤起人们的思古怀旧之情，并留给人们巨大的想象空间。但东坡先生认为味道还不够足，马上又添上一段历史巨片和几许风流人物，“故垒西边，人道是，三国周郎赤壁。江山如画，一时多少豪杰”，对于那场战争的背景和影响，东坡先生采用了写景抒情、言事言志一语双关的朦胧处理。这几句真妙，单凭这几句，就足以昭示出一个人的胸怀，万古传扬——“乱石穿空，惊涛拍岸，卷起千堆雪”！读起来真让人神清气爽。

看破世情但绝不弃世以独善其身，看淡功名却依然对眼前一草一木无限深情，觉悟人生的渺小却仍然把自己看作滴水从容地融入大海，这正是东坡先生一生的可爱可敬而难学之处，也是他的诗文让人徘徊叹赞之处。舍掉这些，出世则为僧道，入世则为功利。本诗亦是如此，在明知风流俱往的叹息声中，东坡先生还是忍不住对历史的细节来了一次仰慕的回味。虽知人生如幻，但还是愿意留下来欣赏每朵花，哪怕这些花已经纷纷扬扬坠落，残红遍地。

一句“遥想公瑾当年”，神往之心早已飞驰如电；

一句“谈笑间，樯橹灰飞烟灭”，仰慕之志早已袒露无遗。

从本质上来看，苏公毕竟是名利场中人，只是他懂得应物自然，不痴迷于功名利禄，在红尘中有如此心胸和智慧的人，已属凤毛麟角。世间，不是事事都有公道，不是每一次付出都有回报，更不是想到就能做到。所以，有时我们不应过分去深究现实与梦想哪个更重要，不管成败得失，只管一路奔跑，如果人生真的短暂如流星，那就注定要燃烧！

“人生如梦”，苏公何尝不知，怀古的情感虚幻而让人伤感，只不过聊作自慰罢了——人生除了为自己加油，有时面对历史或者自然来一点积极的幻想做润滑，未尝不可。这真是：清风本无虑，明月本无忧，东坡一声叹，唤起万古愁。

“一樽还酹江月”，看词的末尾，东坡先生把美酒点点洒进长江中——那是想让大江、明月陪着自己一起醉倒吗？在似水流年的岁月和滚滚长江东逝水面前，人，总是渺小的，能观日月抒感慨的，唯有今日真实的自我。

行香子·过七里濑

（宋）苏轼

一叶舟轻，双桨鸿惊。水天清、影湛波平。鱼翻藻鉴，鹭点烟汀。过沙溪急，霜溪冷，月溪明。

重重似画，曲曲如屏。算当年、虚老严陵。君臣一梦，今古空名。但远山长，云山乱，晓山青。

文本《水龙吟·登建康赏心亭》

酷男儿须气吞万里如虎

辛弃疾先生是个不折不扣的男子汉。他的行动充满阳刚，人格刚柔并济，饱含细腻的激情，近乎完美。诵其词、观其文就知其人，知其人性之真、气魄之雄。

与历史上其他名士相比，李白阳刚中带着偏激，杜甫雄浑中充满着抑郁，李贺纯粹是一介书生，苏东坡的豪放仅仅是一种虚拟的士大夫气度，他们与辛弃疾词中所表现出来的现实的英武豪气有天壤之别。

无论是从思想上还是行动上看，辛弃疾都首先是一个热血战士。毫不掩饰地说，我对辛弃疾的词、人都很偏爱。

“壮岁旌旗拥万夫，锦襜突骑渡江初”，“醉里挑灯看剑，梦回吹角连营”，“千古江山，英雄无觅，孙仲谋处。舞榭歌台，风流总被雨打风吹去”，史诗般的恢宏画面常常出现在他的词中。壮士的英勇、壮怀的激烈，是辛弃疾年轻时常见的泼墨大写意。有如此的勇气和战功，却没有相应的勋名。结果与陆游相似，终未能实现恢复中原的宏愿，也未能借此名垂青史，却偏偏以诗词而名重当代，激励后世，真是造化弄人。

我们当然不会以抗金成败来评论浑身上下充满英雄气的辛弃疾。大厦将倾，一木难撑。岳飞是一木，陆游是一木，辛弃疾同样也仅仅是一木。不同的是，陆游的诗最终归于平淡，而辛弃疾的词始终是那么雄烈。辛弃疾的词善于从宏观处落笔，空间与时间如在自己掌中，驱遣自如。这是一种天生的、由心而发的气度和胸襟，不是可以勉强、模仿得来的。

有了这种气度和胸襟，论史、论文、臧否人物、指点江山，甚至哪怕是歌花咏月，飞针走线，也会自然呈现出一种伟男子、大丈夫气派。

“着意寻春不肯香，香在无寻处”，特立独行的梅花品格俨然是辛弃疾自己的画像。

“此生自断天休问，独倚危楼。独倚危楼，不信人间别有愁”，金质玉节，铮铮骨格，栩栩如生。

“青山遮不住，毕竟东流去”，洒脱情怀，真如东流水啊。

“人言头上发，总向愁中白。拍手笑沙鸥，一身都是愁”，少年壮志不言愁，怎比得上辛弃疾一生壮志不言愁？

“平生塞北江南，归来华发苍颜。布被秋宵梦觉，眼前万里江山”，就算是英雄的残梦，也比俗人懦夫的境界宏大！吾辈能真解否？本文《水龙吟·登建康赏心亭》就是这种意境的深化和延续，只是让人觉得气氛更沉郁一些。

楚天千里清秋，在这个让人失魂落魄的瑟瑟秋天，辛弃疾独上高楼，不过这一次不再是二十来岁的少年，不是为了望尽天涯路，而是抚慰寂寞失意、知音难觅的那颗孤独的心。三十五岁，本应是成熟的、为国家建功立业的年龄啊。英雄的眼界就是不同：天高水长，山衔日落，南飞的大雁正在旅途。

没有泪水，可是胜却人间的一切眼泪。

这首词最妙的是上阕结尾的“把吴钩看了，栏杆拍遍，无人会，登临意”这句。多少人说到悲伤处，泪都止不住往下流。但英雄泪岂是轻易能流的——即使是到了伤心处。辛弃疾用反复地看吴钩、拍栏杆的肢体动作来表达一切，把雄烈、内向、遗恨、落寞表露得好让人伤心。“看”与“拍”两个动作，一个“了”字、一个“遍”字来补充说明，我们可以推想出辛弃疾满怀壮烈、英雄无用武之地的悲苦。当然，要真正理解辛弃疾的这几句词，你也需有几分英雄气度。狗熊和无聊的闲人都是跟不上辛弃疾的节奏、做不了辛弃疾的知音的。

英雄、奇男儿要的是高山流水的心心相印，但自古以来知音难觅。辛弃疾词中所表现的沉郁激昂，与古代钟子期俞伯牙的故事是完全不同的。辛弃疾的词中没有浪漫，没有回味，也不求酬答唱和，只有对中原故土的念念不忘，只有有心杀贼无力回天的愤慨抑郁。

此恨谁知？“谁共我，醉明月”？

今天的有些男孩子少了英雄气概，多了惺惺作态；不是不解风情，而是太解风情，失却了须眉大丈夫的气度。男孩儿知否：撒娇发嗲，那是女子的专利？

说来话长，造成这种状况，当然有社会误导、功利诱导的原因，但我们也应知道：每个人都对社会风气有着巨大的反作用。大丈夫是不需要做帅呆酷毙的样子的，也不需要说话忸怩仰人鼻息；好男儿是“腹有诗书气自华”，是“气吞万里如虎”，是“生当作人杰，死亦为鬼雄”，是“八千里路云和月”。无论眼前笑语盈盈、暗香阵阵、星灯如雨，还是天寒不渡、关河路绝、悲歌未彻，好男儿都能兀立在灯火阑珊处，到死心如铁。

酷男儿未见得一定身长力大，但却应有气度且真诚不凡；不一定成就惊天动地的伟业，但一定有远大的追求和敢于挺身而出的勇敢；酷男儿不是只存在于激情燃烧的战争岁月或者一定要站在风口浪尖，同样可以立身于屋檐下、厅堂里和厨房中。

风雨中，头正身挺、胸怀宽广、目光如炬，这才是古代陆游辛弃疾、今天青春男孩儿的标准造型。

南乡子·登京口北固亭有怀

（宋）辛弃疾

何处望神州？满眼风光北固楼。千古兴亡多少事？悠悠。不尽长江滚滚流。

年少万兜鍪，坐断东南战未休。天下英雄谁敌手？曹刘。生子当如孙仲谋。

凝望古典语言的美丽天空

——讨论：诗词的格律、韵律、旋律

高中生学古诗词、对联，常常为其中的格律所困扰，忍不住暗暗在心中咒骂古人闲着没事，弄出这么多的劳什子格律来，除了束缚人，还有什么用呢？

有用。学习的过程本来就是明规矩而合规矩、依规矩而脱规矩的过程。自由，首先依赖于对法度的深入了解和全面掌握。金牌律师在法庭上巧舌如簧，是因为对法律条文滚瓜烂熟。健全的法律固然会使人们的生活自由多了几分禁忌和不便，但没有法律的社会更让人不可思议和寸步难行。

格律，就是让语言美丽的法度。尤其是词，是有调有谱用来唱的，要按它的字数声音填上去，所以古时叫填词，又称倚声。

尽管这样的古典格律训练起来比较麻烦，但学成后，与韵律旋律合在一起，的确能产生很美的语言审美效应。古典诗词格律与现代诗歌，犹如西装与休闲装——前者是有点古板的正统庄重美，后者是自由洒脱的个性美。

诗词格律，简而言之，主要就是音韵、声律（平仄）、格式（字数）要求三个方面的内容。其中音韵主要是音乐家研究的事，这里不做探讨。

今天，尽管我们已经很少去写古典诗词，但是古典诗词的格律被大量潜移默化地运用于现代生活中，大量经典的广告、歌词、现代各种文体中，起到美化语言、增强音乐节奏感的作用。那些众口传唱、不胫而走的流行歌曲、广告词看似平常，但你如果以为谁都可以信手写出，那就完全错了。

台上一分钟，台下十年功。愈是看上去天然去雕饰的随意之作，愈是千锤百炼才能妙手偶得。丑小鸭变成白天鹅，须经过漫长冬季的考验。必要的格律训练，就是诗词爱好者的冬季。越过茫茫的雪域，才是一望无际的、自由发挥的、语言的春天原野。

有一个特级教师在上课时专门讲到“打油诗”，举例与学生一起探讨，得出的结论是：打油诗没有意境，所以被称为“打油诗”，不登大雅之堂。事实上，许多“打油诗”的意境是别开生面的。本质上的原因应该是不符合严格的古诗格律要求或者古代士大夫的审美观。兹举一首脍炙人口的张打油的诗来看一看：

江山一笼统，井上黑窟窿。黄狗身上白，白狗身上肿。

这首诗除了用俚语、俗语、口语入诗，不符合文人诗“雅”的规范之外，还有一点就是平仄极不符合古诗格律的要求。

问题一：为什么古诗要求平仄相间？你在诵读中体会到参差错落的音律美了吗？

诗歌为什么要押韵，这很容易理解——因为读起来朗朗上口，易于诵读记忆。但为什么还要要求平仄相间呢？

诗歌是一个民族性格的集中反映。中华文化尚和雅，所以古诗词格律中大多押平声韵，不押仄声韵。一首四句的五言诗，大多一二四是平声，只有第三句是仄声。

还有拗句的问题。这个问题比较专业，超越了高中生的学习范围。但我们需要懂得的是：一句诗平仄相间、平起仄转平收、以平为主，这些都是我们民族性格和审美风尚的具体体现。和雅、含蓄、四声在平正中求变化，在变化中求中和，这是古典诗词的总体规律。

这些古诗词格律中的宝贵经验，揭秘了几千年中国人潜藏在内心深处的审美趋向和审美取向。今天，已经被广告高手们广泛地用于现代宣传、广告艺术，征服人心，传播商业品牌。

是否有人算过，中华诗词格律这笔遗产、这个品牌价值多少？

如若不信，有例为证。

娃哈哈广告：喝了娃哈哈，吃饭就是香。（平轻平轻轻　平仄仄仄平）

上句以平声为主，下句以仄声为主，整两句话是平声开头平声结尾。

人头马广告：人头马一开，好事自然来。（平平仄仄平　仄仄仄平平）

这两句依然是平声开头平声结尾，平仄变化有致，颇合古诗规范，显示出作者黄沾不凡的古诗词功底。只有长期熏浴古典格律的浩荡春风，才能节奏铿锵，下笔有韵，且语言有神采而无尘渣。

听一听七个音符组合成了多少世界名曲，就可以猜想出，中国古典诗词格律蕴藏几乎有取之不尽的创作潜力。但是，作者必须首先熟知这些格律的具体要求，并且能够熟练运用它们。这一点，难倒了现在绝大多数诗歌爱好者，所以，律诗的表现形式几近消亡。那些优美的平仄音韵被移植到现代其他的文字表现形式中，了无痕迹。

问题二：格律与旋律内涵相同吗？

格律指平仄押韵，旋律还应包含诗歌内容的起伏变化。二者共同对应不同的情感韵律。

旋律的内涵应该说还要宽泛些。格律有具体的要求，旋律则完全靠个人去领悟。领悟的第一步是诵读品味。时髦一点说，诵读就是用成功诗词语言的旋律来格式化自己大脑的情感和语言硬盘。接下来是一点一滴地模仿性创造，再逐步走向摆脱规矩的完全个性化创造。

如此炼成的语言才会是“入流”的优美语言，或者叫作规范性、典范性语言。否则，即使有语言天赋，偶尔有灵感的火花，也仅是不完善的“半拉子工程”。

高中生的经典古诗词诵读训练十分重要且十分必要。拒绝诵读就是拒绝个人语言系统的格式化，那么，就算你有容量巨大的硬盘，也是不能直接使用的。惜哉！

“噫吁嚱，危乎高哉！蜀道之难，难于上青天！”这句诗是没有格律的，却有峻峭悲壮的旋律，且是全诗的主旋律。前面三个虚词“噫吁嚱”悠长缠绵，下面两句诗以顶针相接，急促而婉转。我们读懂了吗？

文本《拿来主义》

不能忘却的将令：目标——拿来！

大凡思想、主义之类的词语，与之搭配的必然是巍峨如泰山、浩瀚如大海的人或事。寻常的举动与念头是甭想沾边的。

但鲁迅先生偏偏特立独行，郑重其事地用“拿来主义”做文章标题，举重若轻，纳国家大事、民族兴衰于寻常动词中，点民族文化的自轻者、自大者、自残者的死穴于举手投足间，读完让人直觉痛快酣畅，绝无哗众取宠或隔靴搔痒之疑，反而觉得立论高远、议论形象，就连讽刺挖苦，也令虚伪者、昧心者痛彻入骨且疼痛欲哭。《拿来主义》的语言是激烈甚至尖刻的，文本中跳动着一颗沉静而火热的心。

不思善，不思恶，忘却有与无，赤子现真性——这是佛家禅宗大师六祖惠能对人的真性的妙论。鲁迅先生就是这样真性的人。“拿来主义”者从不过多地讨论善与恶，而看重行动与效果，看重是否有益于我们国家与民族的筋骨强壮。多年以后，另一位中国的政治巨人也有类似的观点：不讨论姓“社”姓“资”，不管白猫黑猫，只要有利于生产力的发展和国家综合国力的提高，就应该引进、拿来。

个人的硬骨与傲骨，国家时不我待的现状，以及誓让中国脱离苦海的宏愿，使鲁迅的字字句句没有丝毫的忸怩作态，一门心思只顾奋勇前行——拿来！

真的赤子甚至义犬都是这样：忠心护主，不理会道学家所谓的善与恶、大方与小气，不理路人闲人的眼光和品评。鲁迅就是中华民族的赤子与义犬。他不管三七二十一，拼命地吠，拼命地叫，目的只有一个——拿来！因为我们的主人需要。

属于我们的，拿来！好东西，我们拿来！决不给那些伪君子、软骨病患者、别有用心者以及卖主求荣者以任何漂亮的借口！

什么天朝上邦，原是封关锁国，开门！什么“发扬国光”，无论活人死物，都是奴颜婢膝，还来！什么地大物博，全是装腔作势、粉饰太平！那些成天扬言要造福人类的，何不先造福我中华儿女！只有民族的，才是世界的！我们很穷，迫切需要的是拿来！电影、香水、枪炮，“抛给”、送来的我们不要——无论他人、他国用怎样凶恶或是怎么谄笑的嘴脸。

我们要自己来拿！

运用脑髓，放出眼光，自己来拿——这才是拿来主义者的根本大法。鲁迅深知，身处三座大山下面的中华民族，已经山穷水尽、财竭智疲，当机的大补才是最最重要的，“拿来”就是最便捷、最见效的手段，其他冠冕堂皇的坐而论道，都是不切实际的玄想，甚至道德的面纱、不必要的人格羞涩、首鼠两端的张望、惺惺作态的谦让，统统都应舍弃。必要的时候，我们甚至完全可以不顾一切地赤膊上阵。

大贼当前、大难当前，真的赤子与义犬，只有两个动作——狂吠壮胆、猛冲杀敌！请志士辨别拿来主义的真伪。

拿来！——这是士兵的战斗任务。

或存放，或毁灭，或使用——这是战场原则。

占有、挑选、勇猛、不自私——来看啊，这是鲁迅的拿来主义者征兵要求。

鱼翅、燕窝，鸦片、烟灯、烟枪、姨太太，物尽其用，各安其所——这是鲁迅的战场清理企划书。

快报名吧！

圣人胸怀啊！猛士胆略啊！纵横家辩才啊！兵家谋略啊！鲁迅把能从自己瘦小的身躯中拿出来的，都统统拿出来了——包括那颗历经烟熏火烧和人间劫难的金刚心。

读鲁迅的《拿来主义》，犹如听一曲嘹亮的军歌——一曲给中华民族中兼具智、勇、健的那些勇士们听的军歌。听将台号令声声：集合！目标——拿来！

出发！

文本《人是一根能思想的苇草》

一念为圣，一念为贼；勤勉奋进，心如皓月

人与物的背后隐藏着怎样的奥秘？人生的价值与意义是什么？我们从哪里来，又向哪里去？这些问题从有了人类开始，就一直缠绕着人类。几乎所有的科学都是围绕这些问题展开的。

这些问题就叫作思想。思想是如此重要，以至作者说“我们全部的尊严就在于思想”。人类为万物之灵长，能思想，是我们最重要的特征。“思想形成人的伟大。”伟大未必是每个人都想念的，但思想却人人都必不可少，学会思想，与学会生存、学会生活、学会合作一样，是青少年乃至人类的生存和发展必不可少的要素。作者帕斯卡尔把思想上升为人类“全部的尊严”和人类“道德的原则”，意味隽永而深刻。

思想，是有高贵与低级、文与野、雅与俗之分的。纵然是一样的苇草，生长在向阳坡上的、潮湿洼地的苇草，气色、高矮是不一样的。享受不同的阳光，当然所进行的光合作用的效果是不一样的。所以，我们不但自己要思想，而且要接受前贤的思想阳光来帮助自己顺利进行光合作用。

人类因为有思想，所以比其他生物有更多的欲望、痛苦和欢乐；因为有思想，人类有了圣与愚、王与霸、奉献与索取、善与恶的区分；人类还有了诸多神奇的、美好的向往和传说——弃王入圣的释迦牟尼、周游列国的孔子、穿透现实现象的爱因斯坦和霍金，还有本文的作者帕斯卡尔，尽管他是一个自然科学家，他所说的思想主要是指对客观世界规律的科学理性的破译和解读。

人生方向的辨识、事半功倍的业绩、迷途知返的行动，全在思想的导引。思想的功用多么大啊——百千妙门，归于方寸；种种创造，源自思想；上升堕落，全在一念。

思想绝不仅仅是少数思想家的事。思想是人类的共同行为和职业，是共性而不是个性。这是本文的主题。思想之于青少年，绝不是可有可无、可快可慢的东西，必须以“譬如朝露，去日苦多”的心态去充实自己、开发自己的思想库。一念为圣，一念为贼，对于青少年每一次思想火花的迸溅，良师岂能等闲视之？

“学而不思则罔”，勤思与善思可以除愚、治懒，思想者终会有所得，许多少年人血气方刚，成天想着如何去转动世界、主宰情感，恣意获取，最终会发现——人只不过是一根渺小的苇草，人同时又是一根伟大的苇草，因为他能思想。如果我们过多地注重一些外在的东西而忽略自己内在思想的开发，那是丢了西瓜捡芝麻的失败人生。

愿每一位少年一生勤勉奋进，让思想清如明镜，朗如日月，映照生活，映照事业，映照漫漫前途的每一个角落，无论失意或顺风，都敢于迎风而思想，绝不随尘而落。在人世间所有的镜子中，有什么比得上自己——如一根苇草般的人的思想更能由自己把握，更能穿破迷雾，迎来东方的曙光呢？

人必须认识自己：如凭这不能有助于发现真理，至少这将有助于规范自己的生活；没有别的比这更为正确的了。

研究真理可以有三个目的：当我们探索时，就要发现到真理；当我们找到时，就要证明真理；当我们审查时，就要把它同谬误区别开来。

——帕斯卡尔

文本《信条》

至善之德，依于八万四千细行

十年前，一位二十岁的武警朋友，曾在中央某高层领导身边当过警卫员。饭桌上有好奇者询问他有关首长的饮食起居，想不到这位武警朋友说，他在首长身边两年多，印象最深的是：每次吃饭，这位统率千军万马的领导，总是把自己掉在饭桌上的饭，一粒一粒捡起来吃掉。席上听者莫不动容。

这是一个人的细行带来的人格魅力。人类是最善于记忆，而又最容易遗忘的动物，尤其是在资讯翻新出奇的今天。因为人类的强大，所以可选择的余地太大，有时大得连人类自己也不知道需要什么、要去哪里。道德上、生活中的细行，往往被那些成天想着如何去转动世界的人忽略甚至忘记。有时候，一个连故乡的山山水水都没有多少印象、故乡的土产特产都说不上来的人，却成天在人群中嚷着要像三毛那样去旅游全世界、品味撒哈拉。

如果你是一个有细心有细行的人，妈妈的饭菜、眼神，庭院花草的露水，也可以是撒哈拉。九层之台，成于筐中一抔土；至善之德，起于心中一善念；功勋宏业，依于身边一细行。

少年朋友啊，愿意陪老人散步、耐心听老妈唠叨的平民子弟，比一次送九千九百九十九朵玫瑰给恋人的纨绔子弟，在人格和品质上要可靠得多。因为生活和事业上的细行，才是一个人德行的最佳显现。细行——与金钱和地位无关，也不需要高谈阔论、豪言壮语来烘托。

人类的确有必要重上幼儿园，重新向自己的童年、向人类的童年学习。因为所有的童年，无论幸福与痛苦，都具备人类最质朴、最本真，也是人的终生最需要的原始人文精神内涵。

“有东西大家分享”——比尔·盖茨说要在身后把财富的 95% 捐给

人类的慈善事业，平常人还有什么舍不得、放不下的吗？那可是几百亿美元啊。

“每天睡个午觉”——这是一个人作息有规律的具体表现，因为人的身体和心理的运作是有规律的。沉溺于网络游戏的少年，连晚上都想不睡觉，更不用说午觉。结果当然可想而知。

“不要拿不属于你的东西”——萨达姆曾经是世界第二产油大国的总统，但禁不住石油美元的诱惑，拿了不属于自己的第一产油国科威特，结果被绞死。希特勒说日耳曼是世界上最优秀的民族，所以应该拿整个欧洲，结果国破家亡，身败名裂。“最优秀”又怎样呢？“最优秀”也“不要拿不属于你的东西”。

美国当代作家富尔格姆的短文《信条》，文字浅显，主题似乎仅仅是让我们重温了一次幼儿园的功课，但我以为这篇文章与海明威的《老人与海》一样意义重大。两位作家都在富裕的社会环境中，提醒人们须时刻谨记做人的原始道德和原始精神中的有益成分。毕竟，今天我们所有的价值观、行为准则和种种优秀品质，都是从原始中一步步遴选沉淀而来。

信条说的都是小事，人类却不可或缺。

东西方圣哲对后世的口传心授、耳提面命，都不做空洞吓人之言，不做神秘幽玄之论。无一例外地强调生活、行为、做人、做事的基本准则和细行。我想，或许是圣哲们认为日常生活的细节，本身就包含了成就身、心、功、业的诸般要素。涓涓细流，可汇成百川大海；蝼蚁之穴，亦能毁掉千里长堤。王图霸业、精神圣域、财富高峰、体育极限，哪一样不是积细行而成的呢？

军营的宿舍，被子要叠成方形，头发要理成板寸头，站要笔直，坐要端正挺拔；

杰出的地质学家李四光，经常在野外作业，养成用脚步丈量距离的习惯——他的脚随便一迈，每一步都是准确无误的固定尺寸。

千百年来，代代总有发宏愿的硕德去身体力行八万四千细行，成就道德与慈爱的一座座高山普照众生。“孔子入太庙，每事问”，这样的求学行为，细不细？“食不厌精，脍不厌细”、“食不言，寝不语”，这样的生活方式，细不细？佛家的修持，更是不尚言谈尚严密的细行：行者有八万四千细行，才有三千威仪，才能转烦恼为智慧，最后才有遍照十方世界的智慧光明。

与前贤相比，富尔格姆提出的人生简单信条，更具时代感，当我们重温圣哲们的片言只语和感人细行时，再比较一下富尔格姆的《信条》，看看是否一脉相承？

“你们必晓得真理，真理必叫你们得以自由”，万物的真理在细微，生活的真实在细节，情感的本真在细腻，做事的道理在细致。一丝一丝，累积成百丈长练。所有美德都是通过细行表现出来，有细行才会成就真理的无边广大。人生真实，尽在于此。

从某种意义上，富尔格姆“智慧并不在高等学府的大山顶上，倒是出自主日学校里孩子们玩的沙堆中”的观点，直觉地抓住了人格教育的本质：生活实践、自主探究。因为他的信条来自生活与本真，而不是枯燥抽象的教条，所以言辞虽平凡，却颇具启发性和震撼力。

让我们一起，再好好琢磨一下信条中的真意吧。

我的心曾悲伤七次

（黎巴嫩）纪伯伦

第一次，当它本可进取时，却故作谦卑；

第二次，当它在空虚时，用爱欲来填充；

第三次，在困难和容易之间，它选择了容易；

第四次，它犯了错，却借由别人也会犯错来宽慰自己；

第五次，它自由软弱，却把它认为是生命的坚韧；

第六次，当它鄙夷一张丑恶的嘴脸时，却不知那正是自己面具中的一副；

第七次，它侧身于生活的污泥中，虽不甘心，却又畏首畏尾。

文本《廉颇蔺相如列传》《苏武传》《柳敬亭传》

天下有“贼”叙其行，天下无“贼”叙其心

史上流传下来的人物经典传记中，主人公要么是马革裹尸战功赫赫，要么是道德文章高山仰止。但我想告诉你，不要被这些名人大人物们吓坏了：教材选他们仅仅是因为他们具有生活中的典型性或者历史上的不可替代性，方便学习，有的还兼有德育标杆的作用，并不是他们具有传记文学的唯一垄断性。

人类早已从英雄史走入平民史时代，尤其是在因特网高度普及的今天。一个博客日志，发掘和成就了多少人张扬思想和语言个性的梦想？

我来过，我很乖——这是一个夭折的八岁女童催人泪下的墓志铭。从文学的角度来看，这个短短的人物传记情文并茂，个性鲜明，写得真好。

每个人的人生本来就是一部传记：一天是小传，一生是大传。做人、作传的道理是一样的。所以我们每一个高中生都可以为自己、为别人作传——只要你愿意，而且这样的传都能囊括人间百感、世态万象。

只要你具有纳泰山于草芥的文字神通，就一定能在滴水中现出太阳。

无论忠臣烈士，还是凡夫俗子，也无论惊涛骇浪上打拼一世，还是温室中平淡一生，都可以由心、行二字概括。行由心主使，心由行展现。把握一个人心与行进行发掘，才能写出好的传记作品。

天下有“贼”叙其行，天下无“贼”叙其心。这个“贼”字可以指一些重大事件，也可以指机遇等。

清代名臣曾国藩尤谙这个道理。书生出身的他，战时行在刀丛浪尖，以行代文章；位极人臣后又出版《曾文正家书》，以文叙其心，延续着自己的大清“中兴之臣”的人生梦想。

对于以建功立业为人生目标的封建士大夫来说，曾国藩的成就在

历史上是辉煌的：善始善终，内圣外王。后世为曾国藩作的传有很多种，都是围绕曾国藩以上的有事之行、无事之心来展开。

回头来看看教材中的文本：

《廉颇蔺相如列传》是二人合传，由完璧归赵、渑池会、将相和三个故事组成。廉颇蔺相如分别是赵国第一文臣武将，一生可叙之事一定很多，可见司马迁的选材是有讲究的。

前两个故事是叙其行：完璧归赵展示蔺相如个人的智勇双全，渑池会展示二人一文一武配合护国，这两个故事二人配合默契，且智与勇旗鼓相当，无胜负之分。第三个故事将相和中，二人位列左右，略有分别，廉颇立刻恶语相向，蔺相如忍辱负重。通过二人之心的叙述，二人做人做官的境界，高下立判。

司马迁以如铁的史笔为儒家的人才标准做了最好的注解：文以观心、武以评德。

无独有偶，元代大书法家赵孟頫书法珠圆玉润，但史上终有微词：因为他身为大宋皇族后裔而降元，被后人视为无骨的媚行。可见中华文化是把一个人的骨气、做人与事业成就联系在一起来评判的，即心行一体，不可分割。

《苏武传》的目的在于叙苏武对国家坚贞不屈之心。在艰苦卓绝的困难和生活环境中，他“引佩刀自刺”叙其坚，啮雪与旃毛并咽、掘野鼠而食、仗汉节而牧羊叙其苦与韧，身入狼穴，愈见其心之诚、之坚。这是典型的心行合一的写法，全文并无对苏武心理的直接刻画和评述溢美之词，只在结尾处描述说：“武留匈奴凡十九岁，始以强壮出，及还，须发尽白”，令读者涕泪难禁，可谓“不着一字，尽得风流”的典范作品。

《柳敬亭传》是叙述一个艺术家炼行（说书），同时也炼心（对大千世界的认知感悟）的过程。细心的人会发现，柳敬亭生长在动乱时代，所以作者主要是叙其行，通过行来让读者感悟柳敬亭艺术心灵的演变过程。

和平富裕年代的今天，翻开任何时髦流行的杂志或其他种类的文本，你总能随意看到心灵的种种感动语丝——无论是真诚的还是假冒伪劣的。小到大牌主持人的自传式感动《日子》之流，大到民族精神的反省《狼图腾》《藏獒》之类，都是极尽心灵的精微，缺乏叙事、场面、背景的宏大。即使洋洋五十来万字的《狼图腾》，也仅是由几十个相关联的小故事组成。

这怨不得作者，细腻是今天文坛的时代风。今天本不是一个产生气势磅礴的大制作的年代。即使有才气、有气魄、有豪情的影视导演，也只能在历史的故纸堆中去寻找题材，如胡玫的《雍正王朝》《汉武大帝》，或者在画面上下大功夫，如张艺谋的《英雄》、陈凯歌的《无极》。纵然好评如潮的《激情燃烧的岁月》《亮剑》这样的作品，年龄四五十岁以上、看着真正革命战争片长大的人们总觉得有一丝欠缺，这欠缺是什么，一下子也说不好。

当人们对外部世界的物质了解和占有到一定程度后，人们自然会把眼光折向自己的心灵。中华民族在宋代理学兴盛以来，一直重天理轻人性，这可以算作对此的一种弥补和回归。世界文学宝库中不乏这样解剖心灵的名著。

每一年的高考满分作文这样的文体也占有极大的比例。高中生的生活圈子有限，大多过着家、教室、运动场、图书馆四点一线的生活，不可能写复杂的官场、商场、情场之事，所以有限的生活体验，甚至用二手材料写作文实属正常，感悟历史、现实、新闻等，当然历史、现实、新闻也是生活的重要组成部分。重要的是要结合体现出自己独特的情、感、行，才是好文章。

天下有“贼”叙其行，天下无“贼”叙其心，这只是一种相对的说法，万不可拘泥。敞开心胸纳万物，倾尽真情著文章，才是最终文章写作的正途。

无论为谁作传，都要知行、悟心，正心、正行。有高迥的人格品行，然后才有洋洋洒洒的雄文华章。

文本《李贺小传》

信不信由你——关于“诗鬼”的聊斋故事

大手笔为人写传记，如果不是为了润笔或者与逝者有某种特殊的因缘，一般都是出于自身对逝者的仰慕。尤其是一个名人，由一个更有名的名人来作传，其人必有某种引人入胜之处。李商隐为李贺作传，就是属于这种情况。

史上公认，李商隐的诗歌成就比李鬼大，也更有名。李贺的诗歌，传下来的本来就不多，脍炙人口的也就“黑云压城城欲摧，甲光向日金鳞开”那么几首，倒是诗外故事更多一些，比如说关于“推敲”二字的来历，比如呕心沥血导致英年早逝的结局。李贺虽说是神童，也颇有些神奇之处，但他命不长事迹不多、传世的诗也不多，“通眉，长指爪”的书呆子形象自然也不太可能很帅很可爱，那是什么吸引了大名鼎鼎的李商隐为他作传呢？

作为真正大诗人的李商隐，当然深明传记的选材之道。所以他作传时避开李贺的诗歌不谈，另辟蹊径，避实就虚，放开手脚大述李贺的灵异之事——这正是李贺平静而短暂一生的引人入胜之处。并强调，文所述灵异之处是事事有来历、有出处、有证据，且证人们都来历可靠：李贺的姐姐，甚至包括韩愈这样的文坛巨匠，绝非作者自己道听途说、臆断揣测。这就不由得读者不信了。正因为李商隐知道自己写的是李贺的背面而不是正面，有别于正史，所以叫《小传》。

联想到历史上授予李贺的“诗鬼”名号，让人读本文如同读蒲松龄的《聊斋志异》。其实，“鬼”故事有什么不好吗？只要含真理，对后世有启发，无论是鬼神还是上帝，让苹果或者让梨打中牛顿或者马顿的脑袋，很重要吗？郭沫若从《聊斋志异》中读出了作者“写鬼写妖高人一等，刺贪刺虐入骨三分”的苦心，我们能从《李贺小传》中读出作者李商隐怎样的苦心呢？

少年才气，是既可恃又不可恃的。曹植、李贺有，方仲永以及千百个诸多名校“神童班”的学生也有，正反的例子在历史上多如繁星。李贺的态度是持之以恒地“苦吟疾书”。不仅如此，李贺还善于交友，近朱者赤、近墨者黑是千古不易的真理。志同道合的朋友可以与你如琢如磨，让你日日进益。李贺“每旦日出与诸公游”，天天天然地在野外上诗歌创作课。

这里面隐含着两条中国古典文人的进学原则：士，不可待在书斋里学诗；士，不可独学而无友。

李贺的苦功和用心可谓到了极致。日复一日年复一年地骑驴漫行，在天地间穷搜灵感和偶得的诗句投入破锦囊中，夜晚归家整理成诗篇。别人写作博取名声、地位，甚至金钱，李贺写诗的目的就是享受写诗的过程，所以“所至或时有著，随弃之”，不太注重自己作品的收集和“版权”，这本是另一种形式的快意人生，殊不知李贺的这种“不良习惯”让多少后世的研究者捶胸顿足啊。

李商隐以李贺的姐姐亲眼所见为证，言之凿凿地着意描写了李贺临死时窗中长时间烟气氤氲、管乐微鸣的奇景，为李贺升了天界做佐证并表示祝福。

呜呼。尚飨。

李商隐在文本的最后一段，一口气提出许多问题，目的只有一个——为李贺的怀才不遇鸣不平。人不重才天帝重，人间鬼才天上宾。好冥思苦想者，功至绝顶易通神。此言想来不假。传说释迦牟尼最后就是在菩提树下冥想了七天七夜才得以彻悟天地之妙的。李贺的行为举止与释子无异——只是释氏求生命解脱之道，李贺求文字烛照通幽。

呕心沥血、苦心写作的李贺二十七岁终于涅槃了，天帝召他去为白玉楼作记。大概是天帝看他这样不计生死地倾注心力，担心终有一天会被他在诗中道破天地的玄机，所以客客气气地派“绯衣人，驾赤虬”把李贺请了去。遗留人间为数不多的四卷诗歌是他生命盛开的红莲。如果天假李贺以数十年的阳寿，让李贺有机会行万里路，观市井、万物的兴衰，历人间沧桑的洗练，再来一两次蜕变，那么——齐名大唐诗坛巨子，由“鬼”而至成神成祖，我看是大有可能的。

一个人心之所至，真的能感召鬼神吗？红颜英才，真的会招来人嫉天妒吗？反正李商隐的《李贺小传》是这么说、这么解释的，说得有根有据，信不信由你。

无　题

（唐）李商隐

相见时难别亦难，
东风无力百花残。
春蚕到死丝方尽，
蜡炬成灰泪始干。
晓镜但愁云鬓改，
夜吟应觉月光寒。
蓬山此去无多路，
青鸟殷勤为探看。

人教版课程标准实验
教科书·必修五

文本《装在套子里的人》

套住我们的，往往是自己设定的套子

别里科夫死了，林黛玉死了，阿Q也死了，都是被一个个无名的、令人恐惧的套子勒死的。科瓦连科和华连卡没有死，而且还在比较愉快地生活着。

如果我们超越别里科夫的时代背景，我们会发现这世界到处都有套子。

道路是驾驶员的套子，大气层是飞行员航天员的套子，金钱欲是功利场上饕餮者的套子。别里科夫的套子是一个时代，更是他自己。别里科夫的同事科瓦连科和华连卡就没有感觉到有别里科夫身上那么多的套子。

人人生而平等——这似乎本应是天然的，但新兴资产阶级的这句革命宣言，从萌芽至实现历经了几百年。是谁、是什么套住了人类自由梦想的翅膀？

世界充满着有机的混乱、矛盾的统一。如果没有地球引力的套子，每个人都能飞翔，但同时这个世界也乱了套。如果你愿意反省你会发现，别人的套子最终套不住我们，套住我们的往往是自己设定的套子。

人一旦被装进某个套子，大都会变得疑神疑鬼、胆小且自私。“文化大革命”中无论是批斗者还是被批斗者，实质上都自愿或不自愿、自觉或不自觉地装在某个套子中。股市上的炒股者看见牛市上涨的股价表曲线比看见爹妈还亲。体制是产生套中人的温床。长期待在办公室的人，无论是小人物还是大人物，都有一套自己的“办公室政治”——这是身在体制中的套中人的必然选择。

流行的说法是：游戏规则。游戏规则本质上还是一种套子，只是新的游戏规则是进步的套子，老的游戏规则是腐朽的套子。如果游戏规则不是套子，为什么世界强权总是抢着要制定它，而后又强迫别人遵守它？

因为制定套子的人，总是会制定对自己有利的套子、废除对自己不利的套子。

我们是否反省过——我们自己现在是否也正在某个套子中？中学生日常行为规范是一个大套子，应试教育是一个更大的套子。只是若干年后，有人在套子中熬成了别里科夫，有人从蛹蜕变成了美丽的蝴蝶。

要想绝对不被装在套子中，除非让心灵成为大解脱的圣人，或者具有某些先天条件。这样的解放常人往往难以企及，但一定程度的觉悟，趋利避害，却是人人可以做得到的。如果杜十娘不把自己的爱情装在对李甲和自己过分理想化的套子中，便不会有葬身鱼腹的悲惨结局。毕竟，有些错误是可以纠正的。

今天国家大力倡导的素质教育，从某种意义上说，就是对传统考试套子的超越。超越套子才会有快乐，才会有新生。比较一下别里科夫与华连卡的精神状态就知道。上亿的青少年学生一旦快乐起来，释放出的创造能量该有多大？

万万不可小看套子的破坏力和自由带来的创造力。

地下潜影更谁知，一宵出土上高枝——这是高鸣秋风中的蝉超越套子后的骄傲。羡慕吗？害怕吗？冲破生命套子的蜕皮过程是极端痛苦的哟！

文本《边城》

空谷中，有一朵花叫“本真”

——掩卷潸然读《边城》

小翠和她爷爷本来就是平凡的小人物。可是，当今天都市的人们被虚幻的繁华浮躁逐渐异化，与生命的“真我”一步步渐行渐远的时候，终于开始在迷惘中渴望和回首眷恋生命的绿色——就是山谷中那种天然的绿色，终于发现在都市的浮华生活中，“寻寻觅觅寻不到活着的证据，都市的柏油路太硬踩不出足迹”(《水手》)！

《边城》中的小翠和她爷爷以及他们生活中的一切就成了珍宝，如同雪地上墙角的蜡梅，暗香阵阵，沁人心脾。

桃花源中的人“不知有汉，无论魏晋”，可惜陶渊明对桃花源中的人的具体生活方式和喜怒哀乐语焉不详，让今人无从欣赏仿效，总觉意犹未尽，以至让人生出无穷的猜测和遐想。沈从文的《边城》能让你同乐同悲，令你酣畅淋漓，文本中的人物真实得透明。对于这样的小说，谁还会去注意它的情节？单是对话语言、风土人情所透露出的“女儿红”佳酿般的纯厚，就足以使人一醉难醒了。

大匠示人以真，不示人以巧。

《边城》中那水、那黄狗、那鸭、那悲伤甚至那咒人的骂声，都让人觉得是那么美，都让人那么向往，恨不能置身其中，与他们同悲同乐。如果你也有这样的向往，说明你还没有被钢筋水泥、摇滚街舞迷失本心。那么，一起去湘西的“边城”看看如何？

品味一下吧：这里有生命的本真，有白日里不倦亦眠的单纯，“翠翠跑还家中去取小小竹子做的双管唢呐，请祖父坐在船头吹《娘送女》曲子给她听，她却同黄狗躺到门前大岩石上荫处看天上的云。白日渐长，不知什么时节，守在船头的祖父睡着了，躺在岸上的翠翠同黄狗也睡着了”。

这里还有逢醪即饮的天真老人，“那替手对于看龙船已无什么兴味，却愿意同老船夫在这溪边大石上各自再喝两杯烧酒。老船夫听说十分高兴，于是把酒葫芦取出，推给城中来的那一个。两人一面谈些端午旧事，一面喝酒，不到一会儿，那人却在岩石上被烧酒醉倒了”。好一个飘着曲声酒香的清凉世界！

这里有相依为命，心灵连为一体的祖孙关爱：

“翠翠一面注意划船，一面心想：‘过不久爷爷总会找来的。’但过了许久，祖父还不来，翠翠便稍稍有点着慌了。”

“翠翠望到这个景致，忽然起了一个怕人的念头，她想：‘假若爷爷死了？’”

“翻过了小山岨，望得见对溪家中火光时，那一方面也看见了翠翠方面的火把，老船夫即刻把船拉过来，一面拉船，一面哑声儿喊问：‘翠翠，翠翠，是不是你？’翠翠不理会祖父，口中却轻轻地说：‘不是翠翠，不是翠翠，翠翠早被大河里鲤鱼吃去了。’翠翠上了船，二老派来的人，打着火把走了，祖父牵着船问：‘翠翠，你怎么不答应我，生我的气了吗？’”“翠翠站在船头还是不作声。翠翠对祖父那一点儿埋怨，等到把船拉过了溪，一到了家中，看明白了醉倒的另一个老人后，就完事了。”在一个电影电视生活中充满着矫情的“爱”字的时代，边城告诉了我们“牵肠挂肚”、“由衷”的真实内涵。大爱无言，一如《斑羚飞渡》中的老斑羚，大爱中有理解、宽容、铭心刻骨，就是没有虚伪，容不得欺骗。

这里还有真正的孩童般的争强好胜、老当益壮：“‘你爷爷还可以打老虎，人不老！’祖父说着，于是，把手膀子弯曲起来，努力使筋肉在局促中显得又有力又年青，并且说：‘翠翠，你不信，你咬。’”如果若干年后的某一天你也能用这种坚强的方式来验证自己青春的不老，那说明岁月没有在你身上留下痕迹。

这里也有军人，但那只不过是穿军装的老百姓，身上同样涂着边城生命的原色：质朴、本真。“城中的戍边长官，为了与民同乐，增加这个节日的愉快起见，便派兵士把三十只绿头长颈大雄鸭，颈脖上缚了红布条子，放入河中，尽善于泅水的军民人等，自由下水追赶鸭子。不拘谁把鸭子捉到，谁就成为这鸭子的主人。”“军人扛了长凳出城看热闹的，都已陆续扛了那凳子回家。”“好勇取乐的军士，光赤着个上身，玩着灯打着鼓来了……玩灯的兵士，却在火花中绕着圈子，俨然毫不在意的样子。”军民一家亲，跃然纸上，给人甜而美的回味。

当然，这里同样有争执，但争执中没有世俗的铜臭俗气，却透着人性的纯朴和温暖：“白日里，老船夫正在渡船上，同个卖皮纸的过渡人有所争执。”为什么争执呢？原来，“一个不能接受所给的钱，一个却非把钱送给老人不可”。

我不知道孔子所说“郁郁乎文哉！吾从周”的理想社会是否如此。这是否就是孔子所倡导的“礼”治的原始意义？

深秋褪装的残荷，墙角兀立的干枝老梅，没有了花团锦簇的艳丽诱人，但花谢根留，生命本真藏在了泥土中。《边城》是一块净地，它的“净”不是人为打扫的，而是天生如此，本来如此——没有嫁接，没有基因变异，没有功名利禄的污垢。

据说，《边城》曾被诺贝尔文学奖提名，我想：那是因为它把人类最梦幻的现实和最真实的梦完美地结合起来了。第一次，我们可以在生活的迷乱中触摸到自己生命的本真。

哦，生活的本真原来如此简单和谐，生命的本真原来如此单纯美丽。

文本《哦，香雪》

雪在化，花将开，梦正香

90年代后出生的年轻人，不太容易理解《哦，香雪》里面那曾经激荡一代人心灵的主题。80年代初，一个古老的、封闭了几千年的民族即将向世界敞开大门，一个日出而作日落而息了无数岁月的小山沟的寂静将被火车的隆隆声打破，在那里，一颗颗年轻而冬蛰的心，会有怎样的感受和萌动？

这是一个将动未动、春来破土的年代，这是生产力的火山爆发前大地的平静。一个季节的雪正在化，下个季节的花将开，年轻的心中藏着的许多古老的梦：爱、知识与财富——正香酣着。作者巧妙地安排火车——从首都方向开来的，时间是一分钟，给只有十几户人家的台儿沟带来了季节的新风，寓意十分明显。

铁凝的《哦，香雪》选的就是这么一个新旧交替的题材，描写的就是这么一颗颗纯真而上进的心，在解剖中折射出一个时代。没有为什么，只有是什么。作者突兀地就让火车进了台儿沟，给这里的生活和心灵带来了悄悄的变化。这样的叙述方式显得简洁、明快，充分体现出短篇小说的形象爆发力和思想容量。只是，今天的高中生阅读时需要频频回首。

这种回首是值得的。80年代的改革开放给中国人带来的物质变化，今天的人们正在享受着，但已去的精神悸动，我们能够淡忘吗？

那时，中央刚刚吹响向科学进军的号角；那时，中国的服装还刚刚从清一色到出现杂色；那时，银幕上还刚刚出现青年男女拉手接吻的镜头；那时，人们的财富目标还处在对“万元户”无限神往的阶段；那时……

香雪是80年代中国改革开放初期农村青年人的代表，台儿沟是这样一块有雪、有梦，曾经长期寂静的小山村。

作者的表现手法非常传统，但对社会的变革、生活的感悟却敏锐而细腻，处处洋溢着清新，这种清新表现在香雪的细微行动和心理的演变中。香雪的性别特征、个性特征、时代特征都表现得细腻而恰如其分，香雪青春、求上进的形象如同一根鹅毛在撩拨着人们的心尖，痒痒的，使人血气澎湃上涌。

香雪可爱在哪里？小说的奥妙在于展示出了扬旧入新的特殊时代的那种微妙人文状态。语言和心理描写都是围绕这些来展开的。

用今天多元化的眼光来看，小说中几个少女形象的塑造有着隐隐的解说痕迹，有概念化倾向，但终究瑕不掩瑜：凤娇爱时尚美丽，进而暗恋年轻的乘务员“北京话”，香雪爱人造革皮书包、铅笔盒，她细腻的思想，爱美，对知识、对城里大学的向往，都恰如其分地体现出封闭得太久的那个时代，初见阳光后那种爱恋的羞涩与梦想的纯洁。

“台儿沟人从来是吃过晚饭就钻被窝”，当她们面对轰隆而来的火车，由于不懂得城里人的“游戏规则”，一切行为显得质朴本真：女孩子打扮是“把头发梳得乌亮，然后就比赛着穿出最好的衣裳。有人换上过年时才穿的新鞋，有人还悄悄往脸上涂点胭脂”，但这种“土气”难道不是一种美吗？当开放的社会人们烦腻于拉双眼皮、化浓妆的时候，逐渐发现质朴的无价；当人们长期生活在纯朴之中，久而久之，又往往会把质朴当作愚昧。生活就是这样交替着更新和前进。

香雪的形象，集新与旧于一体，妙在似与不似之间。既不是一无所知的田头壮硕的劳动女性，也有别于都市小资或者艳女，更不是戴深度近视眼镜的女博士，她就是她——在新风中有理想并勇敢追求，而又不失本真的香雪。

穷则思变。至于怎么变，不同人、不同环境、不同地域是迥然不同的，比如台儿沟与华西村、深圳都是从小村庄开始的，变化过程就非常不一样。未来，是谁也无法精确测算和控制的。从文学的角度来看，精彩也正在于过程，铁凝紧紧地抓住了这一流动的过程，运用对比的方法，让时间前后和人物之间，互为参照，把冬之寒、春之暖、心之蛰伏与悸动，对照映衬出斑斓的光彩来。

所以，作者在开头意味深长地说：“（铁轨）朝着神秘的远方奔去。”这是对青春对人生的憧憬和规划，这是大山对明天的企盼和厚望。处于多年后的今天的读者，可以见证中国大地曾经发生的一切——雪已化，花已开，梦更新更美，相续相连，民更富，国更强。

香雪，你和你的台儿沟现在还好吗？你想上大学的愿望实现了吗？真的好想念那个年代，和那个年代的你们。

一朵小花

（俄）屠格涅夫　戈宝权译

我看见一朵被遗忘在书本里的小花，
它早已干枯，失掉了芳香；
就在这时，
我的心灵里充满了一个奇怪的幻想：
它开在哪儿？什么时候？是哪一个春天？
它开得很久吗？是谁摘下来的，
是陌生的或者还是熟识的人的手？
为什么又会被放到这儿来？
是为了纪念温存的相会，
或者是为了命中注定的离别之情，
还是为了纪念孤独地漫步
在田野的僻静处，在森林之荫？
他是否还活着，她也还活着吗？
他们现在栖身的一角又在哪儿？
或者他们也都早已枯萎，
就正像这朵无人知的小花？

文本《归去来兮辞》

菊花笑

——莫被红尘俗事撞伤了腰

饥饿的人对食物的香味当然十分敏感，从污浊的官场上爬上来的人对自然的清香同样也有着特别的嗅觉。晨光、夜月、菊花甚至杂草都是那么沁人肺腑、透人心脾。中学时代在课堂上学习陶渊明的《归去来兮辞》，只是觉得陶渊明做人另类一些，不明白他为什么说到回家如此兴奋。如今人到中年，轮到我在讲台上给一如当年年少的我一样的学子讲解这篇课文时，我突然从心灵深处涌出缕缕菊花的烈香，而且，《归去来兮辞》在我眼里从散文变成了有情节的小说、有节奏的歌声。

陶渊明有一天突然发觉，自己居然不知不觉就做了县令之类的小吏这么多年——真是委屈死自己了。多次反省后才发现：半世官场生活简直都是在蹉跎美好岁月，原来菊花、种豆的田园生活才是自己的最爱。半夜嗅着花香，沐浴着窗棂透进的月光，回想起半世官场生涯来，让自己肠子都悔青了。“悟已往之不谏，知来者之可追”！

陶渊明是一个言必行，行必果的人。于是他立即挂冠向故园那几间老屋、几十亩薄田飞奔。一路上如得道的高人。此山还是此山，彼水也还是彼水；山是佳山，水是美水。只是这次回家一路上觉得身轻体健，还忍不住引吭高歌：归去来兮，田园将芜，胡不归！

那毫无修饰的歌声、那普通的田园、那毅然决然的行动、那令许多人可望而不可即的生活境界，一直流传至今，羡煞无数处于亚健康、“过劳死”边缘的现代文化人和所谓的事业成功者们。

有一个叫姜育恒的现代人也在歌中感伤地唱道：

曾经以为我的家，是一张张票根，撕开后展开旅程，投入另外一个陌生。这样飘荡多少天？这样飘荡多少年？终点又回到起点，到现在我才发觉。

——《驿动的心》

古今清醒的智者，对盲目奔忙与理想生活的感悟，殊途同归。

“既自以心为形役，奚惆怅而独悲”，禅宗的静虑太精神化、上帝的祷告太遥远、沉浸于文艺名著中又太劳神伤感，今天的我们，的确需要陶渊明那样的现实乐园，起码也得有一个那样的供灵魂栖息的精神桃花源。

《风俗通·两袒》说的是这样一个故事：同时有东西两家向一个姑娘提亲，东家的小伙长得很帅，西家的小伙家境富裕。你猜姑娘的最后选择是什么？

——东家睡觉，西家吃饭。

虽说是笑话，却蕴含着一条颠扑不破的真理：人的内心都潜藏有谋求利益、心灵愉悦最大化的奢望。

这似乎是永恒的矛盾：富贵与清贫、忙碌与闲适、王道与霸道、利益的攫取与损人后良心的折磨、纯洁的爱与现实的选择……大千世界，唯有人类拥有这种选择权，也正是这种巨大得几乎不着边际的选择权令人类作茧自缚，常常陷入相应的痛苦旋涡之中，难以自拔。陶渊明是其中一个企图自救的探究者和最终的觉悟者。他的看似矛盾的选择，平淡却不愤青，一时另类却引导着千秋万代，给物欲沉醉者塑造了另一种可供选择的现实空间。

归去来——让功名中人如何不向往念叨！

桃花源——叫劳碌中人如何不心驰神往！

好读书不求甚解——好享受的小资情调！

五柳先生——好风神飘逸的别名！

疲惫地游走在生活与理想、竞争与和谐、空灵与现实之间的我辈中人，的确有时喘一口气也会觉得很粗重，且有一种腐朽的铜臭味。拼搏，拼搏，“态度决定一切”，“细节决定成败”——翻新出奇的时髦鞭策和励志格言不绝如缕。有了态度还要行动，有了行动还要细节。生命的灯草越燃越亮，行动的陀螺越旋越快。思悠悠、爱悠悠，爱到归时方始休。纵有明月夜色，阑珊春意，也没了倚柳品香茗、挑帘观海棠的闲情！

有时觉得庄子的话虽然有些消极，倒也从另一角度揭示了生活的一个侧面：吾生也有涯，而知也无涯。以有涯随无涯，殆矣！

真正的圣人眼中或许没有红尘与方外、入世与出世的差别，但圣人的生活观凡人一下子是学不来的。即使有慧根的人，虽知其高妙也只能望洋兴叹，蠢笨的人更不用说了。《金刚经》说：若有人言佛有来、有去、有坐、有卧，即是谤佛。又说：无所从来，无所从去，故名如来。如果一个人还无法达到这样的境地，还得老老实实地选一个清净的地方去心斋、坐忘，不希冀一定能入定，只望求得心灵的片刻安宁，依稀找寻生活的灵感和“我是谁”、“我要做什么”之类问题的浅层次答案。

但陶渊明的选择是可以学得来的。所以有文化的人、富贵闲人们都愿意嚷着要学学他，于是想清高、想清净六根的凡夫们多了一种现实的心灵选择。“农家乐”、“郊外游”等生态休闲产业门庭若市。就连毛泽东也有“陶令不知何处去，桃花源里可耕田”的吟唱。因为陶渊明本来就是一俗人，虽然他嘴里说着“少无适俗韵，性本爱丘山”，实际上他不知不觉也在官场摸爬滚打直到四十出头。那年头做小吏肯定少不了低头、折腰、陪酒的虚礼和委屈。今天又何尝不是这样？但陶渊明是迷途知返的俗中佼佼，所以有了幸福的晚年和“觉今是而昨非”的千古美谈。

人生的选择其实很多：战死沙场马革裹尸是烈士的信仰，坐拥书城是学问家的最大快乐，遁世修身是阿罗汉出离生死的追求，坐过山车、玩蹦极是极限运动者心仪的体验，服摇头丸在迪厅里浑浑噩噩是现代无良少年燃烧自己生命的方式……

我想说的是，在人们不惜通过服兴奋剂来争体育竞赛第一的年代，请不要忘记陶渊明给我们启示了另一种选择：让惬意的生活游走在消极与积极之间。而积极与消极的定义权在我们自己。

周末了，让我们赏菊花吃秋蟹去！然后醉卧河畔青草丛中，或者学一回跳来跳去的蟋蟀，如何？

文本《滕王阁序》

诵读吧，让你的表达气韵生动，神采飞扬

——《滕王阁序》与学生驾驭语言能力的培养

有一句俗语：老和尚念经，有口无心。专门笑话那些读书只动口不用心的人。1986年我旅居在青城山山顶，独自度过中秋之夜。次日凌晨，一阵音韵和雅的诵经声透入我的耳膜，在宁静的山顶，非常摄人心魄——尽管我一个字也没听清没听懂。

就在那一刻，我顿悟语音诵读之妙。一如欣赏大书法家的草书，难道一定要认识每个字后才能欣赏？诵读的语音、书法的线条本身就是一种相对独立的艺术形式，而文章的内涵、文字的考证是另外一种学术形式。

所以我经常要求学生：不要惧怕古文，把古文当作流行歌曲来唱吧！试看《诗经》《琵琶行》《滕王阁序》，哪一篇不是它那个时代的流行歌曲呢？古人就是在咏唱中感悟文章的文义语义的。

古人论诗云：得意忘言，得鱼忘筌。读古文，同样不可过分拘泥于文字注疏——除非你立志成为文字学专家。字如鱼，文如水，鱼入水中，方有生机，否则死鱼一条，学来何用？

中医书说，花椒可以理气顺气，气顺则百骸通。许多学生不懂为什么要学骈文。现代人已不写、不用骈文，骈文是已经死亡的一种文体。一些老师也没有去想这个问题。学习目的和意义不明确，如何能使《滕王阁序》妙文深入脏腑？当今青少年，由于步入多媒体读图时代，所以直接用口、手操练语言的机会比起前人大为减少，相应的驾驭使用语言文字的能力也大为逊色。相当一部分学生高中写的作文中句子还不大通顺，词难达意，更难以理解什么是语言的珠圆玉润，什

么是节奏气韵的流畅生动……

处方是古老的、现存的：用经典名篇通过诵读、抄写来熏陶出对语言的审美直觉。王勃《滕王阁序》、王羲之《兰亭集序》就是这样的范文，尤其是语言节奏美的集中体现。

史载白居易年轻时读书读得以至口舌生疮，我想：这与白居易的传世佳作都是那么朗朗上口是否存在某种联系？

当你能把《前赤壁赋》读得如观秋月般的闲适超脱，把《兰亭集序》读得如惠风和畅般的清爽，把《出师表》读得愁肠百结，让人潸然泪下，那恭喜你，你已接近文章的人文审美内核了。

诵读，我认为是学习《滕王阁序》最重要的目的，至于文中大量典故和一些文字障碍，扫清即可，可以不求甚解。

如同儿童玩的积木和万花筒，灵机一动，花样百生。王勃真了不起，他把文字的积木玩得出神入化，用文字展现滕王阁的美景如转动万花筒。滕王阁不过方寸之地，给王勃写得天花乱坠，摇曳生姿，可见，世界从来都不缺乏美，缺的是发现美的眼睛和表现美的如椽大笔。

动词在句子中一般要重读，相对而言，平声的动词要轻一点，仄声的动词要重一点。名词要相对轻读，介词往往用于折转顺承。试看《滕王阁序》是如何起首和结尾的：

豫章故郡，洪都新府。

（每句全名词，无特别的重音。）

星分翼轸，地接衡庐。

（每句加入一个动词，出现一个动词重音，但“分”、“接”两个动词都是平声。）

襟三江而带五湖，控蛮荆而引瓯越。

（每句加入两个动词，第一个动词“襟”字是平声，后面三个动词都是仄声。）

以上分析可以看出：本文的诵读应由轻开始，一步步出现重音，而且重音愈来愈多，再加入介词来起润滑作用，使得诵读中变化也愈来愈多，终汇成音韵节奏的洋洋大观、句式变化万端的千古典范。

结尾王勃以语气舒缓的虚词来追求音韵的和雅、节奏的余音、意蕴的回味空间：

呜呼！胜地不常，盛筵难再。兰亭已矣，梓泽丘墟。临别赠言，幸承恩于伟饯；登高作赋，是所望于群公。敢竭鄙怀，恭疏短引。一言均赋，四韵俱成。请洒潘江，各倾陆海云尔。

试举例说明王勃是如何施展七十二般变化的。

让山之容、水之态随季节或急或缓地动起来：

潦水尽而寒潭清，烟光凝而暮山紫。

落霞与孤鹜齐飞，秋水共长天一色。

连续发出多个动作：

渔舟唱晚，响穷彭蠡之滨；雁阵惊寒，声断衡阳之浦。

词类活用，增大了语言的容量：

天高地迥，觉宇宙之无穷；

兴尽悲来，识虚盈之有数。

同学们可以根据自己的理解，再找出一些你体悟比较深的句子，吟诵一番，看它是否能与你的心灵共振？

文本《逍遥游》

勿言八千寿，“坐忘”不计年

《庄子》一书世称《南华经》，虽然世人把庄子与老子并称老庄，但两人是不同的。《道德经》是朴实玄奥的哲学，《庄子》是汪洋恣肆的散文绝唱；老子处世是骑青牛过函谷关、神龙见首不见尾的隐逸，庄子立身是辩才滔滔、出入朝野而不染的潇洒。中国浪漫主义的源头或许在更早的时候，但庄子是先秦浪漫主义的集大成者，后世百家奇特瑰丽的想象、浪漫恣肆的文风、齐生死等贵贱放浪形骸的生活方式，哪一个不是言必称《庄子》、行必奉《南华》？而本文《逍遥游》，则是《庄子》皇冠上的明珠。

后世惊诧于李白“白发三千丈”的大胆，“且放白鹿青崖间，须行即骑访名山”的飘逸，“天子呼来不上船，自言臣是酒中仙”的狂放，应知道——庄子才是浪漫的祖宗。《庄子》与老子《道德经》相比，离我们更近一些、更可爱一些，根本原因就是庄子的文章极具形象性。《庄子》行文境界宏大，漫无边际；想象绝美，不可方物；立论高峻，令人难窥全貌。身无半文、固守穷庐的庄子，在历史上的追随者却代不乏人，不绝如缕。治国者欲知无为而治之理、养生者欲窥身心调养之秘、工匠们欲登运斤成风之极、文学艺术家欲得恣肆变化之妙，都能从中各取所需，只要深入宝山就不会空手而归。由此可见《庄子》巨大的包容性，真的能超然于万物而遗世独立。

让我们也到《庄子》中做一次逍遥游。

教材节选的文本，以遮天蔽日、展翅九万里的鲲鹏闪亮登场，设作逍遥游的参照物，宏大壮观，如虹贯天地间。乍读本文，性格拘束、境界狭小之人，定会目瞪口呆，疑本文非人间文字。接下来以不知晦朔的短命朝菌、八千岁为一季的上古大椿来构成文章和思维的奇正之变，庄子的想象层出不穷、纵横驰骋、跳跃自如，让人目不暇接，在思维上极尽曲折起伏，让人有翻山越岭之感。

从水里“不知其几千里”的鲲到天上“背负青天”的鹏，你觉得逍遥、壮丽到极点了吗？

从蟪蛄命之短到彭祖寿之长，你觉得有变化无穷的惊奇吗？

从蜩与学鸠的渺小自足到杯水的浅薄无力，你看到世界浅薄可笑的另一面了吗？

有我们审美、惊叹、嘲笑之后，庄子不动声色地说：那些都不算啥。庄子敦促我们反省自己——作为人的我们呢？我们的精神自由吗？思想能够做到“定乎内外之分，辩乎荣辱之境”吗？身体肌肤渴望“若冰雪”、“若处子”吗？

惊诧而迷惘的人肯定会勃然大怒，庄周——你以为你是谁？口气这般大！

庄子平心静气地说：我是山野一匹夫。只不过我无己、无名、无功，心如虚空，独立守神，所以运天下于手掌，观日月于灵台。

你不信？好，庄子最后才告诉你：看似辉煌、为世俗之人津津乐道、无限仰慕的鲲鹏、大椿、彭祖、宋荣子这些，固然在世上堪称雄、寿、智，但都还未臻绝顶，纵然如列子那样能“御风而行”，仍然尚未达至人真人那种最高境界，都只能算是不同程度上的解脱，算不上绝对的自由，因为“御风”最终还是依赖于风。这些长与短、大与小、自由与超脱，都是有限的，真的不算什么。至于那些碌碌于功名之中的势利之徒，就更不用说了，简直如粪坑中的蛆虫，有什么自由可言！

既然追求自由，为什么不舍弃有限的小自由，去追求最大的、绝对的自由呢？

最大的、最绝对的、最无限自由的，是你自己——这就是《逍遥游》的主题。只要你做到无己、无名、无功，你就是至人、神人、圣人，你就能身同日月、心如木石、道法自然、无为而为，你就能不需借助于身外任何事物而“游无穷”。

这样的绝胜、绝美、绝大，且绝对独立的真我之境，你仰慕不仰慕、渴望不渴望？如果你肯定地回答，那就说明你是一位好道者、慕道者，那你愿意进一步去参悟生命自由之道吗？只要心斋、坐忘、绝圣弃智，你也能做真正的、绝对的逍遥游，你也能成就至人、神人、圣人之境。

庄子真是一位杰出的布道者，他深知情感和形象的熏陶，对于一个人思想的巨大影响力，他用自己的文字成功地进行了这种深刻的实践，并使这种方式流布后世、泽被万代。一幕赵本山的《卖拐》小品，对世人的警示力量远超十部教人防骗的教科书。

且不说思维想象、精神意境，单就写作的谋篇布局技巧而言，《逍遥游》这篇文本也是绝顶的榜样。

叹赏之余，作诗总括：

诗曰：不闻纷纷世上潮，守真抱朴自逍遥。彭祖八百椿八千，不如心斋梦蝶笑。

又曰：世界婆娑物欲流，奋起精神竞自由。鲲鹏扶摇万里程，无己方是最上游。

荃者所以在鱼，得鱼而忘荃；蹄者所以在兔，得兔而忘蹄；言者所以在意，得意而忘言。

大知闲闲，小知间间；大言炎炎，小言詹詹。

天地有大美而不言，四时有明法而不议，万物有成理而不说。圣人者，原天地之美而达万物之理。

——《庄子》

文本《陈情表》

永远的感动

——献给抚育自己成长的亲人

李密情文并茂、声泪俱下的《陈情表》，历来都被选作青少年的必读篇目，我想，关键是文中主人公李密有一颗在动荡时代不变其色的感恩的心。古往今来的学者们，都不约而同地想传播这种感人至深的人间亲情。

李密写《陈情表》时，政治处境是尴尬的，当然表情也绝不会轻松。蜀国遗老与祖母独孙的身份，新主人晋武帝赏识的天恩，家国与忠孝，一股脑儿地压在李密身上，要他做出判断和抉择，李密的精神能轻松畅快吗？李密创作《陈情表》，虽说隐含有政治上的原因，但祖孙真情确是字字发自肺腑，所以感染力很大。

李密既要说明自己现在暂时不能出仕晋朝的意图，又要防晋武帝司马炎猜疑自己桀骜不驯、怀有异心，以免一翻脸杀了自己，留下老迈的祖母无人照料，真不容易啊。自古天心难测——何况这颗正春风得意的帝王天心，本来就对自己不肯立即出仕狐疑重重呢？

李密选了一个很好的切入点——向正倡导以孝治天下的晋武帝娓娓述说自己慈爱可敬、年老可怜的祖母，述说自己发自内心的报恩之心。向一个日理万机的帝王专门上表章谈自己与祖母的故事，是需要有很大智慧和勇气的，亲情与政治无形中被挂上了钩。这样的故事，史上绝无仅有。而晋武帝居然宽厚地接受了，还特赏赐给李密奴婢二人，恩准他暂不出仕、陪祖母颐养天年的请求。这归功于晋武帝提出的“孝治天下”的政治口号和人伦亲情的巨大感染力。晋武帝虽说霸道，但在人伦面前，还是做出了妥协让步。或许晋武帝深知，一个懂得报祖母养育之恩的人、一个不惜冒着生命危险抗君命也要报亲恩的人，其人格应该是可信的。

“积善之家，必有余庆”，我们的祖先所极力推崇的道德因果关系，真的存在吗？

不论是有意还是无意，反正李密可以算是把晋武帝的心思看透了。换一种说法，那就是至诚的孝道，起码是一种放之四海而皆准的人类共同情感。

这篇文本的成语较多，且经常为人引用，大概是后人没有李密这么深刻的体验，不能写这么有力度又形象的语言来，所以干脆直接引用好了。“茕茕孑立，形影相吊”、“日薄西山，气息奄奄”、“人命危浅，朝不虑夕”，读起来节奏铿锵、含英咀华，体现出李密高超的文字水平。这些形象可怜巴巴的词语，使用起来却很让人产生孤独感，但后人还是不得不用。因为人世间有太多不尽如人意的事、鳏寡孤独的人，需要我们去正视、正对、关爱，更不用说每个人自己的至亲。从这个意义上说，李密和晋帝的感动，天然地应该是我们每一个人的感动。

天天吃米面的人，吃多了也就不容易感觉到米面原本就是很甜的。天天受到百般呵护的少年也未见得人人都怀有一颗感动的心。乞丐最知米面香，孤儿最盼亲情恩。如何才能让大量不是乞丐，也不是孤儿的少年，人人都拥有一颗李密那样的知恩、感恩、报恩的心呢？

我们上学当然是辛苦的，可亲人养育我们就容易吗？我们玩游戏听音乐，甚至做做明星梦当然是无可厚非的，但亲人们就不需要良好的物质生活吗？我们穿名牌开 Party 是快乐而潇洒的，但父母、祖辈的生日祭日你就没有一点记忆了吗？

常怀推己及人的宁静之情，常具不奢求于生活的俭朴之风，常有思家念亲的牵挂之意，常涌报答亲人的感恩之心，你的眼睛一定会看到生活中更多的美好，你的舌头一定会品味到生活中更多的甘甜，你的行为举止一定会具有凝重稳健之风和更富有创意。做到了这些，本身就是一种成功，做人的成功。

圣贤说：慈爱与感恩的一切意愿与行动，都是智慧之源、福报之根。

苏教版课程标准实验

教科书·必修四

文本《寡人之于国也》

孟子说：改革必须深化

人言孟子善辩。善辩之士必善思，必有一双洞察社会、善寻破绽的眼睛。文本《寡人之于国也》记载的就是这样一个故事：喜欢对百姓来一点小恩惠、假仁义的梁惠王，在孟子面前耍小聪明，想在老夫子那里博得“贤君、仁政”的认可，结果被孟子用一个犀利的“五十步笑百步”类比打乱了阵脚，还被孟子趁机进行了一番什么是真正王道的治国教育。

真是一篇让人忍俊不禁、大快人心的文章啊。

孟子对梁惠王教育的效果如何，我们不得而知。但这篇文本在今天有着巨大的现实意义。

三十多年来，中国改革成果斐然，综合国力在全球的排名直往前蹿，国家外汇储备即使不计算香港的，也已高居全球榜首。前些年，一些轻飘飘的人开始在媒体上拿别人来比较和开涮了：俄罗斯休克得太久了，待我们去指点指点他（我们的人均产值是不及人家的）；美国似乎已有点像曾经的大英帝国，正在走向衰微，因为他们的经济年增长率才 3.5%，我们最低也有 8%（别人的 3.5% 是多少亿美元？我们的 8% 是多少？）……

强盛的汉唐时代好像正在到来。但事实上，伟大的民族复兴之路崎岖而漫长，正如南宋诗人杨万里的一首诗：“莫言下山便无难，赚得行人错喜欢。正入万山圈子里，一山放过一山拦。”下山尚且应如此小心翼翼，何况是攀登上山，还要负重（包袱不少啊）？我们还正在登山的路上。

看一看每天的电视新闻，听一听温总理出给执政党的算数题，心里又会变得十分沉重：任何一个数字除以 13 亿，都会变得很小；任何一个困难乘以13亿，都会变得很大。

问一问我们的老爷子孟子，他老人家肯定会说：国家的改革还必须深化。

随着党和国家反腐的深入，我们从电视中见到了越来越多的大人物受审，但还有越来越多的小人物也加入了贪污腐化堕落的行列：房叔、房婶，银行的办事处主任、城建领导甚至金融机构的出纳会计，甚至村长。天下财富，不在民就在官，不在官就在民，贪污腐败的钱出自哪里？当然最终是人民身上。分配体制、监督体制……改革已到了深水区。

孟子还说：五十步的逃跑与一百步的逃跑本质上是一样的，改革不能五十步笑百步。为谁服务，如何服务，如何监管，如何惩治，执政者必须旗帜鲜明，措施得力，监督到位，雷厉风行，令行禁止。

我们有了三十年的好成绩，不等于民族复兴事业已经成功；有良好的惠民意愿，不等于有好的利民效果。有了好的政策措施，关键还要看执行力、可持续发展性。

国家的改革到了攻坚的关键，政治、经济、内政、外交都是如此。民生、能源、生态环境、人口增长、就业诸多老大难问题，金融黑洞，房价医疗等热点问题，钓鱼岛、南海等不容等闲视之的主权问题，还有形形色色的腐败案例、食品安全等揪心问题……

不要老拿“改革需要交学费”、“改革的阵痛”之类的理由来蒙事儿。要说人口密度大，日本的人口密度更大；要说国土大，俄罗斯的国土更大；要说历史悠久与苦难、生存环境恶劣，谁比得了以色列？犹太人立国于不产石油的沙漠中，周边纷争不断，以色列在硝烟中同样富且强。

孟子又说了：关键在于仁政、和谐的指导思想。孟子一向以坚定的民本思想作为治国纲领。二月河在《雍正王朝》中通过贤相张廷玉给雍正的赠言，寄予了一种帝王理想：唯以一人治天下，不以天下奉一人！但是，如果指望当权者人人都像大禹那样既有治水的本领，还有七过家门而不入的舍身无私的精神，那天下早就大治了，哪里还会有买官卖官包二奶的破事儿发生呢？所以我们必须要法治，我们需要有效的监督机制和有力的执行力。

中国共产党的理想是永远不能忘的，我们革命死了几千万人，不就是为了这个吗?

第四代领导人上任伊始，胡锦涛同志立即前往西柏坡瞻仰，这一举动，那些喜做表面文章的庸官们读懂了吗——中国共产党应该永远“先天下之忧而忧，后天下之乐而乐”！忘记历史、不勇于解决现实问题，会令我们失去执政之基。觉得自己应该享乐的官员们，应该重温一下这些中国共产党的常识。

不能因为我们抓了几个贪官就说明我们的政治已经很清明，政治文明的道路还很漫长；不能因为有部分平民开上了小车就说明我们已经达到小康，国家扶贫的任务还很艰巨；不能因为我们在国际上说话底气足了点就说明我们已经再现了汉唐雄风，我们离富且强的目标还有相当的距离……

更老的祖宗孔子说了：爱人者，人恒爱之；敬人者，人恒敬之。得民心者得天下——儒家的这一思想应该是永恒的治国真理，应该作为代代执政者的座右铭。

改革的确使人民的钱袋一天天鼓起来，更使一些人的钱袋已经撑破。但金钱的确不是万能的。人民除了需要提高物质生活水平，还需要许多金钱买不到的东西。唯正义、公信与仁义，才能凝聚起一个民族的伟大力量。胡锦涛总书记提出“八荣八耻”教育。八荣就是正义与公信，八耻是非正义。两只手都要硬。

孟子他老人家的思想正在延续。“三个代表”说中国共产党“代表中国先进文化的前进方向”，那么，孟子的“仁政”应该也是先进政治文化的一个有机组成部分。今天我们政府提倡的“关注弱势群体”、干部下基层、爱心救助就是仁政文化的显现。从电视中看到胡锦涛、温家宝与艾滋病患者握手的镜头，那些养尊处优的官场泥塑们做何感想呢?

让我们每一个中国共产党党员、共青团团员都来好好学习《寡人之于国也》这篇文本。

文本唐诗模块

别忘了带上中国人的文化护照

唐诗的确堪称中国人的文化护照。在国外，中国人还有一个名字叫唐人。

大唐历经初唐、盛唐、中唐、晚唐，一千多年来，中国人谈古论今时言必称汉唐，“唐”通常所指的大概是盛唐。单说文学艺术，诗有李杜，文有韩柳，书有颜柳，画有吴道子，陶瓷还有唐三彩等，蔚为大观，都堪称百代丰碑。必修四选取了唐代各个时期的代表诗作四首，应在探究中比较、聆听各个时期不同诗人的风格和体现的时代精神。

欲复兴盛唐国势，必先复兴大唐精神。

骈文、古风诗并非始于唐代。但只有初唐的王勃、盛唐的李白挟大唐国势之威，能思路开阔，妙手著雄文，把一条盘旋的蜀道、一座巍峨的滕王阁不厌其烦地渲染铺陈描写，极尽其妙，笔力雄健，甚至还有点张狂。不过，那个时代的名诗人哪个不是雄赳赳气昂昂的？

欲学唐诗，必先知唐诗的精神气质。才能沐浴大唐光辉，从而变化气质，陶冶性灵。

大唐，我来了。

《蜀道难》——李白一贯的豪迈气派。为了证明一句“蜀道难，难于上青天”，李白上追四万八千年，西及秦塞，东出剑阁，罗列太白、峨眉、青泥诸山，极尽夸张、铺陈之能事，呜呼，辞章之美，文字之能，令人叹为观止！

杜甫虽历经安史之乱，已处盛唐之末，《登高》一诗尽管伤秋伤老、说愁说悲，但仍然气势非凡，飘荡着盛唐的袅袅余韵。一片无边落木之景，一条滚滚长江之势，一望万里悲秋之感，一个百年老病之人，让人顿生英雄末路、美人迟暮之感，有“独自莫凭栏，无限江山”的深切悲壮，字里行间隐隐透着对盛唐去矣的无可奈何。

白居易的《琵琶行》，只不过借琵琶之音和琵琶女之事，抒自己的失意感慨。但诗中令人陶醉的琵琶音乐与人、事、情浑然一体。学的时候切不可只停留在比喻、通感之类的修辞手法上打圈圈。文以观心，学习中要学会观作者文字背后的“心”。本诗的音乐描写是为叙事、抒情服务的，要注重对诗的气氛的领悟。

比较一下韩愈的《听颖师弹琴》、李贺的《听颖师弹琴歌》两首诗，那都是写和尚颖师弹古琴的，技巧同样高超，只是气氛大不相同，因为韩愈、李贺的立意单纯得多。用现代文艺评论的话说：白居易是为生活而艺术，韩愈、李贺是为艺术而艺术。你看，同样是通感的运用，白居易写的是“间关莺语花底滑，幽咽泉流冰下难”，先美丽再哽咽，与琵琶女的身世不谋而合；韩愈写的是“浮云柳絮无根蒂，天地阔远随飞扬”，“跻攀分寸不可上，失势一落千丈强”，纯粹是自然意趣和个人对琴声的感悟；李贺写的是“芙蓉叶落秋鸾离，越王夜起游天姥。暗佩清臣敲水玉，渡海娥眉牵白鹿。谁看挟剑赴长桥？谁看浸发题春竹”，想象诡异，纯粹是为写琴声而写琴声。

唐诗是巍峨的高峰，既然是高峰，当然就有千红万绿环绕。读者是踏花归来马蹄香，还是插得菊花满头归，就看我们自己的领悟了。

护照，是每一个正当的公民不可或缺的身份标识。

附录

听颖师弹琴

韩　愈

昵昵儿女语，恩怨相尔汝。划然变轩昂，勇士赴敌场。
浮云柳絮无根蒂，天地阔远随飞扬。
喧啾百鸟群，忽见孤凤凰。跻攀分寸不可上，失势一落千丈强。
嗟余有两耳，未省听丝篁。自闻颖师弹，起坐在一旁。
推手遽止之，湿衣泪滂滂。颖乎尔诚能，无以冰炭置我肠！

听颖师弹琴歌

李 贺

别浦云归桂花渚，蜀国弦中双凤语。芙蓉叶落秋鸾离，越王夜起游天姥。

暗佩清臣敲水玉，渡海娥眉牵白鹿。谁看挟剑赴长桥？谁看浸发题春竹？

竺僧前立当吾门，梵宫真相眉棱尊。古琴大轸长八尺，峄阳老树非桐孙。

凉馆闻弦惊病客，药囊暂别龙须席。请歌直请卿相歌，奉礼官卑复何益？

雁门太守行

（唐）李贺

黑云压城城欲摧，甲光向日金鳞开。
角声满天秋色里，塞上燕脂凝夜紫。
半卷红旗临易水，霜重鼓寒声不起。
报君黄金台上意，提携玉龙为君死。

文本宋词模块

方圆乾坤，情重几何？

——成长路上，让这些佳句永远相伴

必修四中李煜、晏殊、柳永、李清照的四首宋词，写了四种生活状态：亡国忧、贵妇思、分离情、失侣愁，并分别代表了这四种情感的抒情极致。

大宋因赵匡胤黄袍加身而开国立天下，赵氏得天下后，怕有人模仿，重演“兵变”故技，所以立即对众将杯酒释兵权，崇文抑武。天长日久，柔弱绮靡之风渐尚。文学上诗演变为词，总体风格虽不及大唐的豪迈雄浑，却也别开生面，风光旖旎，细腻缠绵，呈现出万千气象，在历史上独树一帜。

大宋江山，是在南唐后主李煜“流水落花春去也，天上人间”的苍凉悲叹声中开国的，后人也大多是通过这些词句了解认识李煜的。李煜的许多词的确是字字珠玑。这位有着杰出艺术天才的亡国之君，虽无治国之能，却是深得文章之妙，一句“春花秋月何时了”，一句“小楼昨夜又东风”，写尽生死两难的尴尬隐忧。全诗以思念中的故国、眼前的昨夜小楼之间种种意象和思绪之间的跳跃形成巨大的艺术张力，真是平淡中见奇崛，忧患中见天真。

《蝶恋花》：晏殊的许多词主题较隐晦，需要慢慢品味。这与他一生命运通达有密切关系。《蝶恋花》表面上是写一个贵妇人对丈夫的思念，情感是幽雅清淡的，但晏殊写得很美。可见，文学艺术的内容与形式各自有相对的独立性，不能完全地说内容决定形式或形式决定内容。后人最喜欢引用其中的“昨夜西风凋碧树，独上高楼，望尽天涯路”来比喻做人治学的境界，但晏殊本来写的却是贵妇望穿秋水那种缠绵的思念。这样的“曲解”为晏殊所始料不及。这一点也不奇怪，人间种种情感原本是可以贯通的，学习探究中不可拘于前人的藩篱窠臼。

《雨霖铃》:后世往往把柳永的“今宵酒醒何处，杨柳岸，晓风残月”与苏东坡的“大江东去，浪淘尽，千古风流人物”相提并论，共同被奉作阴柔美和阳刚美的巅峰之作。其实，柳永的这首词境界并不狭小，感情也很激烈呢。“多情自古伤离别，更那堪，冷落清秋节”，柳永似乎在为自己多情的眼泪辩解。其实何须辩解呢？相比之下，鲁迅对爱的类比立论显得多么理直气壮:“知否兴风狂啸者，回眸时看小於菟。”柳永的辩解使他变得很可爱，同时也让后世知道:原来儿女情长也可以写得这么有声、有色、有气势！柳永，堪称一个“情”字立心的祖师。情为何物？读读这首词，或许你会明白的。

《声声慢》:李清照，在那个女子无才便是德的年代真是鹤立鸡群。倒不是物以稀为贵，女人天生比男人重情、比男人细腻，这些合在一起，就构成了李清照词的主旋律。诗由心出，此言不谬。如没有李清照那种国难、失夫的双重遭遇，怎能发出“寻寻觅觅，冷冷清清，凄凄惨惨戚戚”的声嘶力竭一波三折的浩叹？

李清照给我们出了一道脑筋急转弯题:什么样的冷，连锦裘加酒也挡不住、驱不走？

答案是——心冷。“三杯两盏淡酒，怎敌他，晚来风急！”

回顾大唐诗人，他们极少写个人家庭，很少成天为卿卿我我的情事所困。哪怕是身体孱弱的李贺，也成天嚷着要去边关舞枪弄棒，“男儿何不带吴钩，收取关山五十州”！大唐那种雄烈的时代风尚，深入读书人的脏腑与灵魂。宋代羸弱的国势和风尚，使得书生们诗文中言情言离别，蔚然成风。不仅是多情的柳永，纵然铁血如陆游，豪壮如辛弃疾，也有“满城春色宫墙柳”的言情名篇和“最喜小儿无赖，溪头卧剥莲蓬”的清新佳句传世。这些合在一起，终于开创了宋代一代细腻绮靡的词风。

文本《秋声赋》

听秋声：听出悲物悯人大情怀

文如其人，做人的境界就是作文的境界。同是写秋天秋感，欧阳修的《秋声赋》与苏轼的《前赤壁赋》的立意真是有云泥之别。前者悲天悯人，充满着激烈的入世之志；后者应物自然，洋溢着飘飘的出世之感。一是纯粹的儒者，一是释道合一的杂家。

寻常人很难在萧瑟的秋风中，听出《秋声赋》中这么多的感觉：波涛夜惊，风雨骤至，鏦鏦铮铮，如赴敌之兵衔枚疾走。这是真的秋声还是欧阳修的心声？有人说这是官场失意的欧阳修的特殊心境的写照。你同意吗？

我认为这种说法的境界是狭小的，不具有普遍意义，对于单纯的官场失意牢骚，大众是难以共鸣的。但本文的确千古流传。那么，应如何解读《秋声赋》的这种超越时空的价值？

“噫嘻悲哉！此秋声也。胡为而来哉？”这句话在全文很重要，甚至可以视为文眼。

——是呀，秋天为什么来到人间呢？其色那么惨淡，其容那么清明，其气那么栗冽，其意那么萧条，其声那么凄切。“秋，刑官也”，道出了秋天的景象如此令人不快，道出了万物与音乐神秘的天人感应关系。欧阳修心中似乎意犹未尽，激愤之情脱口而出：物既老而悲伤，物过盛而当杀。真是“天地不仁，以万物为刍狗”。

儒家以仁礼治世应物，有知不可为而为之的战天斗地精神。既不像道家那样与天争衡、追求肉体的长存，也不像佛家那样完全舍弃个体的一切、追求生命永恒的圆寂。在秋风催人老的环境下显得有点手足无措，唯有长吁短叹。身为儒生的欧阳修看生命衰老，“百忧感其心，万事劳其形”，却又无可奈何，“念谁为之戕贼，亦何恨乎秋声”！

“人为万物之灵”，一个人能显大悲大愁，才是性情中人。多少忧愁多少怨，都随风雨上心头！柳宗元对物对人的无限悲情，最后以叹息结尾，留下一大段空白，主题看似不了了之，实则余味无穷。

让我们再次诵读一遍《秋声赋》，探讨一下柳宗元留下的这一声叹息，一起来听一听秋声，然后扪心躬省：有没有听出悲物悯人大情怀？

秋 日

（奥地利）里尔克　北岛译

主呵，是时候了。夏天盛极一时。
把你的阴影置于日晷上，
让风吹过牧场。

让枝头最后的果实饱满；
再给两天南方的好天气，
催它们成熟，把
最后的甘甜压进浓酒。

谁此时没有房子，就不必建造，
谁此时孤独，就永远孤独，
就醒来，读书，写长长的信，
在林荫路上不停地
徘徊，落叶纷飞。

文本《奥林匹克精神》

【学生话题】

一个人的奥运

四年一度的竞技台——对手们往往在这一天才见面抖家底、见高下，竞技结果其实在圣火点燃前已经决出。奥运赛场上成功的、失败的事迹不胜枚举，许多壮烈的行为让人荡气回肠，心潮澎湃。每届奥运赛事，全球媒体云集，那些运动员们的极限故事不容置疑，也轮不到我们置喙。

奥运会当然是竞技运动，参赛者个个争强争先，但我却常常想——奥林匹克精神所说的“更高，更快，更强”，那个让运动员一生梦寐以求的“更”字，应该还有针对自己的意味吧？喜欢静思、内省的人们一定会这样想。

我就特别喜欢海明威的《老人与海》，认为那是人类历史上最好、最经典的个人奥运会——没有喝彩、没有掌声，甚至没有比赛规则，用桨、刀子都可以，一副大马林鱼的骨架就是老人带回的金牌。

孔子读《易》，韦编三绝，那种一门深入的读书求索精神，算不算是人类文明另一种形式的奥运？金牌是光照千秋的著述和万代师表的勋名。还有苏武，独居北漠大荒，茹毛饮雪，誓死守护大汉使节，富贵不能淫，威武不能屈，感天动地，最终战胜了所有来自自然和敌人的威胁利诱，那根已经变得光滑的使臣节杖，比照着千秋万代爱国者的气节。

小时候，看电影《红岩》，里面有个叫华子良的共产党人，作为重犯被关在渣滓洞，成天疯疯癫癫地在院子里那一方小天地中绕圈跑，直至有一天他重见天日，我们才知道华子良正常得很，他装疯是为麻痹敌人，跑步是为了锻炼身体，满怀希望地春待来年。长年累月的装疯卖傻，意志可比得上奥运赛场上的马拉松选手？

人生许多的奥运竞赛，是自己与自己比赛“更”，没有观众，也没有人计时，完全靠自己在心底把握。前往西藏旅游的路人，如果深入进去，时常会遇见一些到布达拉宫、大昭寺等著名寺院朝圣的信徒——三步一跪，五步一拜。信徒们的那种“拜”是真正的五体投地，无论年龄性别，路程少则数百里，多则上千里，那种虔诚，给游客心灵所带来的巨大震撼力，绝对不亚于奥运会金牌选手破纪录那一瞬间！我猜想，那些信徒是在用肉体苦行来净化自己的心灵。肉体与心灵之间，的确是一场长久的竞赛，而世上绝大部分人的一生，是心灵输给了肉体。

漫长的四年都是运动员自己与自己较劲，这有点像高考，甚至有点像人生。人生，并没有四年一度的赛事，更多的是鸡毛蒜皮的小事和点点滴滴的积累，灿如春花、美如流云、掌声雷动的时刻都不会长久，人生的常态是平淡。绝大部分时间都有竞争，但那都是一个人的奥运会。所以，我在为奥运赛场的选手鼓劲喝彩之余，常常扪心自问——我的下一场奥林匹克赛事是什么？是否在心中找到自己的对手？

看奥运会固然令人兴奋，但用一生去开好自己一个人的奥运，似乎更加有现实意义。运动项目嘛，完全在于自我设置——或终生一项，或每日一新，自由得很，只要每天能“更”就好。

一个民族，老当益壮的人多，那个民族一定强；一个民族，未老先衰的人多，那个民族一定弱。

对人生而言，重要的绝不是凯旋，而是战斗。

——顾拜旦

【教师话题】

奥运精神，圆融统摄的人格本真教育①

即将在北京开幕的奥运会，对于绝大多数人来说是一次精神体验，对于好动好胜好强的中学生来说，更是一次天人合一的青春盛宴。抓住这种精神在课堂上进行深入拓展，是很好的德育题材。

社会大环境下，体育精神早已超越竞技本身。在社会一片无休止的励志、拼搏教育声中，我们终于在疲惫中发现和谐的自然生态不可取代，和谐人格内生态更不可取代，人的某些与生俱来的，或者在长期的生命传承迁移过程中积淀下来的、已经内化成一种人的品质的东西，潜藏在人的意志深处，等着我们去发掘光大。

没有拼搏教育，人生可能没有较好的成就；但如果没有人格教育，人生可能会难以站立。树有筋而立，云无骨而散，人格就是一个人一生无形的筋和骨。

后工业化时代的今天，随着人造环境的大量增多、青少年与大自然斗争甚至接触的机会大量减少的情况下，人格本真教育的重要功能日益凸显。自尊、自强、自立应该是最基本的人格教育。

苏教版高一语文必修教材中选入了顾拜旦《奥林匹克精神》的演讲词，中学语文教材中有许多经典的篇目涉及丰富的人格教育内涵。今年恰逢中国举办奥运会，值此盛会，如何利用广为人知的奥运精神为契机，结合中学教材深入发掘，使那些健康向上的、传承已久的人格力量，薪火相传，代代不绝。

以“更高，更快，更强”为旗帜的奥运精神，绝不是某个英雄独自琢磨出来的，而是根植于人类奋发向上本能的一种精神，在人与自

① 本文写于北京奥运会开幕之前。

然、人与社会的漫长的惊险搏斗中得以形成和传承下来，奥林匹克之所以征服不同肤色的人们，根本原因就是这种精神本来就深藏于每个人的心中。人类曾经刀耕火种，无数次地面临险境，又无数次爬起来继续奔跑，优胜劣汰，群集共生，第一名与最后一名共存，都能赢得掌声与喝彩。北京奥运会倡导的“绿色奥运，科技奥运，人文奥运”，正是原始的奥运精神的因时而化，赋予了古老的奥运精神以强烈的时代感，精神本质没有任何变化。

我常常想，奥林匹克精神所说的“更高，更快，更强”，那个让运动员一生梦寐以求的“更”字，是针对自己还是对手说的呢？古希腊的圣火为什么能称“圣”火？为什么世上许多王图霸业都成过眼烟云，唯有希腊女祭司引来的火炬能够永驻人间？

奥运精神，对于处在人格形成阶段的青少年而言，应该具有广义上的圆融统摄作用。

中学生的语文教材中，有许多优秀的文本从不同角度给予了回答、塑造，深入解读这些文本的精神内涵，正是对奥运精神的拓展和深化。

看海明威《老人与海》的硬汉精神：老人连续八十多天未钓到一条小鱼，出海后捕到一条大马林鱼后，锲而不舍、勇敢地与鲨鱼搏斗，最后带回一副马林鱼骨架，你说老人的捕鱼行动是成功还是失败？老人是人生的胜利者还是失败者？无论如何，老人从大海带回的那副马林鱼骨架成了人类的一种永恒，老人梦中的狮子精神，成了人类永远的明灯：“人不是为失败而生的，一个人可以被毁灭，但不可以被打败”，老人身上洋溢的狮子精神又何尝不是全人类永恒的脊梁？何尝不是一种奥运精神？

初一教材中的文本《走一步，再走一步》，当一个人停在悬崖上无法进退，勇敢地迈出一步、两步，那也是少年儿童的奥运会啊！人生有时凭一念之勇，就能谱写自身的传奇。少年敢于迈出第一步，一生才能致千里。

看看《斑羚飞渡》中动物们的那种感人的镜头吧——那也是奥运精神啊！动物们舍生忘死地以一生一死的生命代价来换取自己种族的延续，动物们这种毅然决然的勇敢，是不是战胜自我小我的另一种意义上的“更高，更快，更强”？我们在震撼之余应该感悟到什么？

再广而言之，战胜自己的某种不良自私念头、摆脱矛盾轻装上路，应该是人生经常要与自己进行的“奥林匹克”运动，读初中文本《散步》中，一个中年人要求得在老少两代人之间、孝与慈之间平衡，难度一点也不比奥运平衡木运动项目小，这是一个人思想观念上的奥运啊。

只要我们愿意去思索生活、探究经典，奥运精神在教材中、在语文的课外经典著作中，更在生活的每一个角落。去生活中带回属于自己的大马林鱼吧——哪怕只是一副骨架，那是一块块人格的奥运金牌；在人生的十字路口勇敢地迈出坚定的步伐吧，那都是奥林匹克精神——一个人的奥运会。

> 奥林匹克最重要的不是胜利，而是战斗。
>
> 参与比取胜更重要。
>
> 体育就是和平。
>
> ——顾拜旦

文本《一个人的渡口》

百年渡别人，最后渡自己

110年，漫长的110年，有多少凡夫俗子在拼搏与享乐中消耗了生命？有几许人想到、做到用“善”与“仁”来洁净升华自己的生命，并且一生不变，直至生命凝结成五彩缤纷的舍利？

梦魂易警，几处寒烟。生命如白驹过隙，得意时该让心儿驻留何处？失意时该让心儿在何处流连？当满大街飘飞着教人健康、长寿、青春永驻的药品广告时，是否勾起你对这些关系一个人终身幸福的问题的思考呢？

永恒的题目啊！当人们整天为“生命在于运动”，“今年十九，明年十八”，“盈缩之期，不但在天。养怡之福，可得永年”等种种美丽说辞所困扰而不知所措时，我们应对青春、福寿这些关乎一生幸福的问题做何思考和选择？

采访她——听一听这位110岁老人的夫子自道，透过110年中四季365日的反反复复，看一看生命中有没有一种永不消退的原色？

假如同学们认真查阅资料，就会发现中国儒释道三家，无一不强调生命、生活、事业与道德修养的某种必然联系。这一点对于今天生活在物欲横流环境中的青少年学生来说，有着异乎寻常的意义：儒家曰仁者寿；佛家曰放下万缘，施舍为乐，有善行才会有福报；道家曰无为无不为，清心寡欲者方能长生。《易》也说“积善之家，必有余庆；积不善之家，必有余殃”。

为什么一切圣人法，都把无为、利他作为立论呢？可见，有利他之因，才会有利己之果。

健壮的肌肉不等于健康，餐餐美食不一定长寿，金钱带不来快乐和幸福。因为这三点，正是目前流行文化大力促销宣传所带给青少年的认识上的误区。

110岁了，她仍在摆渡。而且一直摆了九十多年。“摆了一辈子，把小孩都摆成老家伙了”，渡完别人——还用考虑渡自己吗？老人家的一生行的可是佛教中菩萨的善行、苦行啊！老人很平凡，又真了不起，一生平淡地对一个“善”字笃行不移。含德之厚，比于赤子。

在生命的旅途中，老人也曾多次遭受大苦大难：3 岁丧母，63 岁老伴自杀，但每一次她都把自己的灾难转化成善行：失去母亲使她养成能劳动的天足，失去老伴使她独自担起渡口的重担。

纵然慈悲情怀，老人也免不了黯然神伤：当她收养的男婴水生被亲生父母领走的时候，“老人含着泪给客人做了饭。从做饭到吃饭，整个中午，老人没说一句话”。最后，“脸背着水生说，还是走吧”，养母亲情，都在无言中，但老人选择了“舍弃”。

想一想，老人“舍弃”了什么？获得了什么？孰大孰小？

老人还是一个十分感恩的人：“俺哪儿都不去。这是县长给我盖的房子，县长，俺们寿县的县长给我盖的，包工包料 6600，包工包料 6600 啊。”老人重复说了两次“县长”和“6600”。一个不求索取、常怀感恩之心的人，总是对自己的付出满不在乎，对自己的一点获得却显得那么诚惶诚恐，时时挂念于心。为了方便为有特殊情况的人摆渡，老人说：“下雪也要摆。俺都穿衣睡。”

110 岁老人的这一生，你认为这算不算功德圆满，算不算快乐幸福呢？如果你认为算，那么简单地快乐，善良地做人，勤劳地生活，这就是老人和你我及所有人的生命原色。

只不过凡人的心灵常因环境的诱惑而动摇，进而被污染。所以禅宗的神秀对钝根的修行者说要“时时勤拂拭，莫使染尘埃”。老人家天生善、定、恒，不自觉地成了生命的觉悟者和返璞归真的实修实证者。她与别的贤哲一样，让我们高山仰止，景行行止；心虽不能，心向往之。

你相信老奶奶摆渡真的可能摆到 200 岁吗？我信。因为生命的莲花本来就是在生活的湖泊中绽放，高尚的德行本来就应该在滚滚红尘中成就和受到检验。老子曰：“上士闻道，勤而行之；中士闻道，若存若忘；下士闻道，大笑之。”

人生中的一切成就，都重在一个“行”字啊！

在我们每一个人的心中、行中都设置一个渡口吧，自渡，渡人；利他，利己。

苏教版课程标准实验
教科书·必修五

文本《阿Q正传》（节选）

挣扎·幻想·拼搏

——阿Q与民族的精神基因

中国人喜欢论出身，可能是历史悠久、血脉盘根错节的缘故。常有喜欢拉老外来进行比较的人们说：你看人家美国就只讲个人奋斗不讲出身。其实，不是美国人不讲出身，而是他们讲不清出身。学历史，学到爷爷的爷爷，在北美洲就找不到踪迹了，要寻根必须到欧洲去。我们历史长，这既不是好事，也不是什么坏事，没有必要做成戒指戴在手上炫耀，或者当作包袱背在身上。

坦率地说，我并不厌恶阿Q，因为他很真实。倘若在现在，他一定能成为一个著名的丑星，因为他身上有许多喜剧的天性：乐观开朗、善于表达、生活阅历丰富，这些性格特质绝不会亚于常拿自个儿开涮取乐的潘长江、陈佩斯。依我看，阿Q的品质和生活积淀比我们演艺界的许多所谓丑星强多了。

事实证明，鲁迅为他作传，真的是一项英明的选择：人、文、地方、精神都堪称不朽。正如沈从文写《边城》，令湘西吊脚楼的风景及其中人们的生活状态名满天下，让无数人无限神往一样，阿Q成了中国人文化中的一个符号。

据鲁迅先生论证，我们在鸦片战争后的血亲先辈叫阿Q（注意，是一个群体而不是某一个人，这才是鲁迅的原意）。此人形象有些不雅，光头，无业游民，好斗而常输，有色心而色胆小，爱出风头而总是成别人口中的笑话，喜逞口舌之强但又常常因此而讨打吃亏。

《阿Q正传》好像一幅魔画：初看很像身边的某些人，再看有点像自己；20世纪30年代看，像愚昧麻木的国人；今天看，好像又很有科学依据，甚至里面自慰的大话可视为调侃幽默，梦想的情节可视为心理调节。不信你可以静下心来试一试。这正是世界文学艺术名著的共性：无论是鲁迅的现实主义、雨果的浪漫主义，还是魔幻现实主义、野兽派、印象派，统统都像是魔画，且具有超越性——这是伟大文艺家对生活的提炼超越的结果。

圣人教化，八万四千妙门，皆因人、随缘、方便而设。文学名著的人物形象看谁像谁，那是潜藏在作品中的多元化人格内涵中的某一方面与我们相契合，在闪闪地招引着我们，等待着我们去以问题咨询问题，以生活证明生活，以心印心。

从某种意义上说，阿Q绝不是像有人解读的那样：一个安分守己、无个性无血性的蔫巴佬。他的血液中颇有点永不言败的个性基因呢。

阿Q好肇事——在赵太爷面前"枉称"姓赵、"乱攀"本家，向王胡骂战，欺负小D和小尼姑；且在人前甚至死前也始终口不服输：我爷爷的爷爷可比你阔多了！儿子打老子！二十年后又是一条好汉！

传统课堂教学中，称这些表现为"自欺欺人"的精神胜利法，是麻醉剂，是国人应该远离的精神鸦片。

可是，当你发现阿Q已成为一个民族的基因时，你如何远离呢？正如每个人都不可能揪着自己的头发使自己离开地面一样——反省是应该的，否认是不必的，远离是不可能的。

语言是行为的外衣。对阿Q，不能简单地解读为懦夫，他的内心是有可敬的自尊自强一面的。阿Q为改变自己的现状做出了不懈的努力：攀关系、上城里、打短工、偷东西来交易等，他之所以最终成为悲剧，是没有找到正确的途径和拥有足够的力量来改变现状，结果只好被现实打击、折磨、吞噬。

他的一切个性犹如辛亥革命的个性，辛亥革命的悲剧正是根植于中国无数个阿Q，两者的失败都是必然的。当一个人或民族向前看不到道路和希望时，他当然只能向后看，回忆老子、爷爷甚至更遥远的祖先。阿Q的时代正是一个之乎者的国粹与洋泾浜英语混杂、长辫子与西装并行的时代。

暴力、做梦，现代心理学把这些表现称为情感的宣泄。适当的宣泄对紧张的身体和心理都是有好处的：做梦梦见造反——我手持钢鞭将你打，得得，锵锵，得，锵令锵；做梦梦见发财跟女人——我要什么就是什么，我欢喜谁就是谁！这些本质上都是潜意识的宣泄。强压力、快节奏的工作生活方式往往会给人的精神带来极度压抑。心理咨询、内省、瑜伽术、上教堂向上帝忏悔，都是不同的缓解方式。日本有些大企业的做法颇有创意：把上司的样子做成模型，让员工在休息时间给它一顿拳头，以此来平衡工作中对上司的不满情绪，激励下属的工作热情。这种做法比阿Q更前卫，由语言宣泄变成了肢体的武力宣泄。

用语言宣泄被老爷们压抑的不满，用梦想宣泄“力比多”，是现代人的合理要求，但阿Q就连这些可怜巴巴的宣泄与梦想，也被读着圣贤书、养着小老婆的秀才一顿竹杠打得无影无踪——毕竟性命之虞比性欲之忧更急迫。

阿Q到城里做一回顺手牵羊的偷儿，略开了开眼界，就令未庄人巴结敬畏，足见新鲜的空气对于当时的国人有多么重要，人们对于新鲜的空气又有多么饥渴！几千年封建闭塞的农业社会使得统治者不需劳多少心就可以把“布衣黔首”们分而治之、愚而治之。

古人言：穷则变，变则通，通则久。可是赵庄的秀才老爷们不准阿Q求变，哪怕是嘴巴上的一丝丝满足，让阿Q们如何不想革命造反呢？

长时期的愚民政策，让阿Q只知道应该“革这伙妈妈的命，太可恶，太可恨”，可是连造反也不知怎么造、革命党到哪里去找、官司应如何打、杀头应如何画圈，思想还停留在“白盔白甲”的封建王朝更迭阶段。那些主张和实施“民可使由之，不可使知之”政策的封建统治集团的智囊们，看到阿Q这般傻瓜模样，应躲在天堂或阴间的某处，为自己如此杰出的愚民成果而偷偷发笑。

鲁迅先生从中反省，正面得出结论：辛亥革命的失败在于没有发动群众。

毛泽东从中反省，形成行动纲领：放手发动群众，壮大革命力量。枪杆子里面出政权。星星之火，可以燎原。

不然的话，就会如小说中所说，阿Q在城里看杀别人的头觉得“咳，好看。杀革命党。唉，好看好看”，到杀阿Q时“人丛里便发出豺狼的嗥叫一般的声音来”——‘好！！！’”如此循环，革命者便永无升入天堂的机会。

鲁迅的《药》可看作是对《阿Q正传》中这种国民精神的延续。

阿Q偷一个宣德炉、摸一下小尼姑的脸、出一口鸟气、再做一个任意选女人做老婆的春梦，就结束了造反，也结束了自己的性命。这看上去多么冤枉，多么自作自受。实际上阿Q还算不上一个革命者，仅仅是装在封建意识套中的一个小小的叛逆者，而且是孤独的叛逆者，装在布袋中的孤独者无论是狼、狗，还是虎，都是很容易被几棍子打死的。

我们是否明白：今天这些看似肤浅的道理是中国几代的“阿Q”们用脑袋换来的。

如果阿Q精神有那么一些消极成分，那也是一个时代逼出来的。阿Q一生是血泪交加啊，我们不要去怨他，也怨不得他。

中国近现代一百多年来，这样让人心痛、让人血泪交加的人物、事件、闹剧还有很多啊：火烧圆明园、甲午海战、袁世凯称帝、张勋复辟、“大跃进”放卫星……

所以我们要珍惜这些道理。民主的社会理想、韬光养晦的行动，对于今天的中国是完全必要的：我们虽独立但还不够富强，文化与文明程度在全球仍居于劣势，国家的周边环境虎视狼顾——一个智慧的政治老人谆谆告诫后来的执政者。这是对阿Q精神在新时代的反面解读。实践证明这是正确的，而不能视之为埋头沙堆的鸵鸟政策。

如果不能正面迎敌且无法逃走的时候，发几声抱怨、做一回变色龙未尝不是一种最佳的权宜之计。勾践有卧薪尝胆之苦、韩信有胯下之辱，盛唐的中央大帝国万邦来朝的局面是以国强民富、文治武功作为后盾自然形成的，绝不是唐太宗自己拍脑袋下圣旨自封的。情随事迁，与其做一个口中的空架子去当头扛大旗，不如低下头来谋一些实在的东西。

经过十年的折腾，我们终于学会从另一角度领悟一下阿Q精神。

还有谁嘲笑阿Q精神吗？

《阿Q正传》是一条河，两岸的景色四季不同；是群山，横看成岭侧成峰；是治疗诸多社会病的良医案头的一部抽象的小说化的《资治通鉴》，供医生百般思考与解剖；是一面哈哈镜，能令镜前失去原形的人们在变形夸张中深思和重新解读自己。

文本《围城·高松年与方鸿渐》

鄙视你——无行无骨的伪文人！

不是会写几行整齐的、“状若算子”的墨字就是书法家，不是会写几篇堆砌辞藻、发几声愤青呻吟的文章再配几张照片的就是著名文人。真文人，大文人，古人称之为文曲星，他们的功能应是为天地立心，为万物代言，为人间传情。欲为文，必先修已德、先正已心。圣人往往喜欢行不言之教，原因是圣人的人格、圣人的道德已经突破了文章的藩篱，本身就是无字的极品文章。

盛唐以后，随着中华民族鼎盛时期的远去，文人们花样百出：有宋儒吸收禅宗演化成程朱理学；有明清小说散文大家立足于市井，深掘出民俗风情的汩汩清泉；有五四民主激进的战士高呼“打倒孔家店”，希通过吸收西学来挽救苍老的中华文化。

从这些高尚的出发点来立论，杰出的文人们在历史上留下了各自的踪影。

看近代中华大地，文人之行又应是什么？文人何以立身？文人何以经营？答案纷呈，钱钟书的《围城》让高松年校长和方鸿渐二人粉墨上场，扮演了小丑的形象。前者无行，后者无骨。教材所选文本是高、方二人的一次正面对峙片段。二人无行、无骨的丑陋心术和言行，让人一览无遗，他们在杏坛滥竽充数，枉自称家，丑态百出，令人在呕吐中得到审丑的淋漓尽致的痛快。

钱钟书以入木三分（简直是有些刻薄）的讽刺艺术，令方鸿渐之类从欧洲“游学”（游荡？）归来的伪博士、高松年之流的伪科学家、三闾大学更多的伪知识分子，如芒刺在背、无处遁形。

20 世纪二三十年代，西风东渐已经成了气候，国学及其所代表的文化观价值观正在做最后的挣扎。甲骨文、敦煌卷子、北京人头盖骨正在做国学最后昙花一现的轰动。西方的实验方法、比较方法、哲学理念在中国日渐流传。知识、知识分子的概念难免开始变得有些鱼目混珠。高松年、方鸿渐这些人浑水摸鱼，做了南郭先生，还幻想、挣扎着一直舒舒服服地做下去。结果有后台、有手段的高松年做得有滋有味，没有背景、手段低的“士人”们做得唉声叹气甚至只有落荒而逃。

在《围城》中，装猫吃大象的伪知识分子充塞着三闾大学的门庭：校长高松年、系主任汪处厚、矫情的陆子潇……常言说乱世出英雄，殊不知乱世更出狗熊！

高松年虽然是伪科学家，但驭人的诡诈之术却一点也不“伪”，那可是真材实料，对“厚黑”二字运用得十分娴熟。可以想见，这一成果一定经过了千锤百炼，才达到如此出神入化的境界：嘴里说着话，目中射出三百瓦的眼光，脸上还能同时做出比方鸿渐的真惊惶表情自然得多的、惟妙惟肖的表情来，不是职业的厚黑学专家怎能有如此境界？“他没演话剧，是话剧的不幸而是演员们的大幸”，只是我们无法判定高校长是本色派还是演技派的演员，不然，稍许包装宣传一下，一定会有不少粉丝。

可是，校长的眼睛本来是应该用来识人察人，而不应该是用来跟老虎狮子对视的，因为跟老虎狮子对视，那是动物学家或动物园饲养员的事；校长的眼睛更不是用来蒙人吓人的，那是外交官、谈判代表的职责。高松年以为自己是谁？是眼似铜铃、喝退河水的张翼德？不过这回他遇上了惊弓之鸟方鸿渐，使他拙劣的小聪明和表演得逞，高校长好不满足惬意！起码证明，高松年没有站在生物链的最底端。

仅仅是靠高松年的现场面部表演就能搞定方鸿渐，那是太小看方鸿渐先生了。高校长的驭人之术如周星驰常挂在嘴上说的“如长江大河滔滔不绝”一样，多着呢。引君入彀、请君入瓮、抓君小辫，单刀直入，或柔或刚，不一而足。

“可是先生自己开来的履历上并没有学位——”高松年像一个捕蛇高手，一下就击中方鸿渐的七寸，令方先生有力使不上，只好就范。最妙的是高松年得了便宜还卖乖，居然还能卖得出去：“当然，我决计不计较学位，我只讲真才实学。不过……我以为先生收到了信”，最后让方鸿渐感激不尽地离开，这真像《卖拐》中的赵本山和范伟分别扮演的角色——一个会骗，一个以受骗为乐。

大凡名著，都具有某种程度的超越性。

由此可见，不论在哪个行业哪个领域，实力永远是第一位的。没有实力，甭奢谈条件和骨气。我们承认高校长的确世事洞明，人情练达，可惜了一块文学家的材料明珠暗投做了“生物学家”。倘若在中国乱世时代或者在“文革”期间，像高校长这样的人一定可以做奸雄，起码也是造反派头目，做一个什么野鸡大学的校长真是委屈他了。

圣贤是人格顶天立地后产生的大智若愚，方鸿渐是人格软骨缺钙带来的大愚若智，这一点他还不及贪吃贪睡的“夯货”猪八戒。猪八戒起码有一身蛮力和开朗的生活态度，许多人家乐意请他做短工，他还有一个好去处——高老庄。难怪西天路上一遇到困难或者受了委屈，猪八戒总要念念叨叨“分了行李散伙吧”，唐僧和孙悟空也不能把他怎么的。倘若高松年遇上猪八戒这样的“夯货”，他是不敢像对待方鸿渐那样无德无行地耍赖皮的。猪八戒要起泼皮来肯定比高松年厉害多了。

高松年犹如一只蝙蝠，在禽与兽之间左右逢源。在君子面前他是小人，大耍小人手段；在小人面前他是君子，大谈君子之道。呜呼，高松年之流在国人伪知识分子中何其多也！

方鸿渐是一个无骨的软体动物，由来已久。他不会肌肉爆发运动，只会原始地蠢蠢蠕动。方鸿渐着了高松年的道儿，是一种无可奈何，一种自愿的行为，犹如周瑜和黄盖。勇者是明知山有虎，偏向虎山行；懦夫是明知不平等，强笑签合同，“我今年反正是倒霉年，准备到处碰钉子的。也许明天高松年不认我这个蹩脚的教授”，其实，哪一年对于方鸿渐又不是他的倒霉年？方鸿渐似乎很有自知之明，但他却无一丝反抗的行动，哪怕是小人的阴谋也没有——不知是他想不出来还是不屑去想。方鸿渐与高松年不同，他是一个知道撒谎脸红的人。“鸿渐的脸红得像有一百零三度寒热的病人”，这只能说明他虚弱中还有几分未泯的良知。

逆来顺受，有怨言而无怨行，甚至连龌龊的、叛逆的丑行也没有，这是方鸿渐这类知识分子严重缺钙的症状。《红与黑》中的于连虽然是极端的个人奋斗主义者，但他工于心计，敢作敢为，不失为生命的燃烧者和战斗者，充分体现了那个资本主义上升时期的时代精神。看《围城》中的知识分子群体，令人沮丧。不过掩卷长叹后又想，当时国家尚且无骨，又怎能奢望一介书生不缺钙？但是，为什么也有例外呢：诸君看周恩来、鲁迅、闻一多、朱自清的铮铮骨力，比那些小丑如何？可见真是一样米养百样人。

方鸿渐少而受封建礼教的禁锢，个性几近泯灭；壮而游欧洲，如穷儿暴富、囚犯乍得特赦，一时不知如何面对，所以在欧洲游荡了四年，“既不钞敦煌卷子，又不访《永乐大典》，也不找太平天国文献，更不学蒙古文、西藏文或梵文。四年中倒换了三个大学，伦敦、巴黎、柏林；随便听几门课，兴趣颇广，心得全无，生活尤其懒散”，面对校园中的高松年之类的“学霸”，要犯上作乱，他底气实在不足。就连家乡小城的学校请他向师生做一次“西洋文化在中国历史上之影响及其检讨”都只有“胡扯一阵”，当然不可能在高松年面前、在大学的讲台上站得笔直，更遑论像周恩来、鲁迅那样铮铮铁骨，做国家栋梁了。

为人师者当以他为戒。

方鸿渐不但在高松年这样的学阀面前无骨气，即使在颇有心计、略有势力的妻子孙嘉柔面前也难以直起腰来。这一点，一个人与一个国家没什么两样：弱者无外交、无勇气，即使有一些铮铮的怨言，也是于时于事无补。在《围城》的末尾，失意的方鸿渐被孙嘉柔和姑姑联手打击，还被孙嘉柔扔过来的梳子打中了左颊，在上海的路灯下，他已经麻木得分不清是血还是泪，即使回家睡着后，也“没有梦，没有感觉，人生最原始的睡，同时也是死的样品”。

《围城》的故事中主人公没有结局，但其结局很容易想见得到——或许无骨文人都有着相似的结局。

文本《项脊轩志》

寻常感动：方丈小院百年天

中国小说从《东周列国志》到《三国演义》《隋唐演义》，都是以英雄为主角；散文从《兰亭集序》到《赤壁赋》，都是文人们对人生充满士大夫气的玄妙浩叹。至明清时代，小说的风气才为之一变，黔首市井、酒肆茶楼、俚语艳情，百花渐放。这一风气也同样体现在明清散文之中。甚至在明清画家的题画诗文中，也渐渐出现了市井化的趋向。

天惊地怪落笔时，街头巷语总入诗。

归有光以平民的眼光审视身边人、身边事，营造出一个清新的、寻常的、婀娜多姿的散文世界：《先妣事略》《寒花葬志》《项脊轩志》，处处用闲笔，写闲事，撷取生活微风中的涟漪，处处散发着平常生活的馨香。几千年被封建礼教深埋的人性开始苏醒，散文家们终于发现和开始关注——人生除了三纲五常，还有从每个人内心散发出来的点点滴滴的真善美。

强烈的对比能产生巨大的艺术张力。初中你学过法布尔的《昆虫记》吗——小小的一个昆虫巢穴，在一个季节里居然会有如此多的缤纷故事！南阁子——项脊轩，方丈小院中的百年老屋，就是归有光的巢，里面有几代人的希望、奋斗、悲欢聚散，有作者魂牵梦萦的缕缕感动和少年志向与情思。

人到中年，或许更容易与归有光共鸣。因为我们也有与归有光相似的自己的小巢啊！巢是一个概念，无论是华屋广厦还是斗室蜗居，都一样是我们在天宇下的巢穴。

时空的错落，叙述的断续跳跃，《项脊轩志》中的一切理解起来都不是问题。人生，不一定有很明晰的逻辑，重要而难得的是活泼的生活情趣和品位。

“借书满架，偃仰啸歌”，“余自束发，读书轩中……比去，以手阖门，自语曰：‘吾家读书久不效，儿之成，则可待乎！’顷之，持一象笏至，曰：‘此吾祖太常公宣德间执此以朝，他日汝当用之！’”这几个镜头真叫人满怀惆怅，有点“青灯有味忆儿时”的滋味呢。寒窗之苦、读书之乐、长辈之殷切期盼，伴随着多少少年在苦读中成长。

少年人，你从中体验到了一个古代士人少而学、壮而游、老而训的完整经历和感受吗？

归有光的字里行间充满着一种令人愉悦的氛围，无论悲喜苦乐。“一箪食，一瓢饮，在陋巷，人不堪其忧，回也不改其乐”，这是大贤之德。少年归有光俨然有颜回之风！

“尘泥渗漉，雨泽下注”、不见阳光、仅容一人居住的百年老屋，丝毫不能暗淡一个有志少年人的心灵。归有光外造环境——修葺房屋、“前辟四窗”、“垣墙周庭”、“杂植兰桂竹木于庭”，有明月半墙小鸟啄食之趣；内造心境——“偃仰啸歌”、“冥然兀坐”，居然有啸观风影、感知“珊珊可爱”的乐趣。妙哉，境由心生，此言不虚！惹得我都想去这间南阁子住上几天，看能否感染分享一丝归有光的快乐。

归有光的喜是真喜，叹却不是悲情，而是沧桑感。但沧桑之乐，杂于生活百味之中，微乎其微，如果不是有极其敏锐的生活嗅觉的达观者，是很难沙里淘金，从中体悟得到的。有几人能有闲情逸致去细嚼慢咽平凡生活，并从中品尝出真香来？

老屋分家，“诸父异爨”，少年归有光感知到的依然是亲情：犬吠、鸡栖、逾庖而宴。《项脊轩志》中没有等级观念，只有真诚的关怀；没有家庭历史的沉重，只有对读书生活的热爱。

祖兴子衰，归有光不述失落之愁，也少叙丁忧之悲，他更多地感知到的是长辈们的关怀之爱和自己苦读之乐。一句“瞻顾遗迹，如在昨日，令人长号不自禁”的唏嘘粗写，百年沧桑、人生百味，尽在不言的寻常感动中。

文章后面补写的两段，好像都是闲语：妻子回娘家后，向归有光转述娘家小妹对南阁子名称的疑问，自己病中对项脊轩的修葺，如今妻子已去，她亲手植的枇杷树已长大，这些事情若断若连。其实，这正是情感无逻辑、真爱无理由的最好注解。

树犹如此，人何以堪？感物伤春的人总是比别人容易产生移情作用。

爱、回忆、思念，需要理由吗？需要逻辑吗？

曹操横槊赋诗是一种英雄的征服之乐，苏东坡赤壁泛舟是一种名士的旷达之乐，那么归有光则感悟的是平常百姓、平常生活之乐。与曹操、苏东坡相比，归有光的快乐少了一分气势，多了许多质朴和真诚。舞台上艺术家铿锵的朗诵固然气势磅礴，富有感染力；但亲友的灯下“闲敲棋子落灯花”，情人的相拥“共话巴山夜雨时”，却更能深入我辈寻常人的脏腑。

归有光的《项脊轩志》，就是后者的美——一种乍看有些零乱，却让人情绪轻飏；乍听有些絮絮叨叨，却让人有耳语在旁的感觉。味道好极了，很有些现代感和亲切感呢！

面对如此优美隽永的文本，忍不住发出长长一声感叹：世上才百年，沧桑事又迁。漂泊万里路，情驻小院天。

南阁子——项脊轩，这里闪烁着归有光一颗寻常的、难以驿动的心。任凭岁月的似水流年、命运的风吹浪打，也卷不走、磨不掉一个人对磐石般的少年时代的回首与眷恋。

约　客

（宋）赵师秀

黄梅时节家家雨，
青草池塘处处蛙。
有约不来过夜半，
闲敲棋子落灯花。

文本《草书歌行》

万般节奏我自有，师古不如师本真

书法是无声的音乐，是瞬间生命韵律的凝固，是仁者、静者、寿者的艺术。古代读书人视书法为必修课，一如西方上流社会，一年中非得去歌剧院看几次歌剧芭蕾舞、听几次交响乐一样——这是一种修养和身份标志。信手直接写出来的字，古雅地说叫手迹真迹，是一个人心性的最好的显现，是心和灵魂的基因。晋唐王羲之家族的几大书家、唐代欧阳询褚遂良、宋代米芾蔡襄二人，诗文流传至今的不多，但片纸的书法，都让许多人咨嗟叹赏、手追神摹。

随着当今全球的开放融合，在很短时间里，东方的太极拳、瑜伽术甚至连剪纸、舞狮都风行世界，但承载汉字的中国书法却未能如此，原因在于文字的障碍，风行世界的语言是英语。中国汉字天然有象形会意之根、平上去入之变，高层次的书法还要求诗书画印一体化，令许多外国人望而却步。

美国贝尔先生对艺术的定义是：艺术是有意味的形式。书法就是一种有意味的线条，草书尤其如此。不要说自己不懂欣赏草书。草书是每一个人都可以懂的。草书与毕加索、马蒂斯、赵无极、韩美林的抽象画一样，抛弃了具体物象对笔和思想情感的约束，直指人心的潜意识和生命的律动。

从艺术欣赏这个意义上说，欣赏草书与认不认识某个字，甚至识不识字都没有直接关系。草书是韵律，是舞蹈，是武术，是行如奔马、矫如游龙的生命节奏，人人生而具有，不需他求。过分追求考据的学究气，只会成为欣赏者感悟生命的障碍。当然，如果你认识字，就知道所写的内容，或许更能加深对草书的理解，如此而已。

李白的《草书歌行》把这种抽象的感觉用如椽大笔进行了形象化、

具体化解读，诗仙的诗、草圣的书法——真是相得益彰的绝配。

“墨池飞出北溟鱼”，这个“北溟鱼”可不是一般水中的鱼，它出自庄子《逍遥游》：“北冥有鱼，其名为鲲。化而为鸟，其名为鹏。将适南冥，水击三千里，抟扶摇而上者九万里，若垂天之云。”这是李白一贯的“白发三千丈”似的夸张手法，是怀素出手不凡，有气势，产生的先声夺人效果。与下面“笔锋杀尽中山兔”一句，合在一起写怀素用笔的韵律：势大、迅疾、狠准，这是总体描述，是宏观感受，是全诗的总纲。

接下来“八月九月天气凉，酒徒词客满高堂。笺麻素绢排数厢，宣州石砚墨色光”四句是说，书法创作最佳的四大要素都具备了：人多热闹气氛足、笺麻素绢纸张好而多、名砚好墨、酒也喝得恰到好处。只欠东风怀素，看怀素怎样挥毫落笔。同时也隐说怀素名重当时，求书之人踏破铁门槛，书债太多，书写任务繁重着呢。

上下左右的四维空间对于书法家来说是不够的，尤其是写草书。古代中国的书家们崇尚太极图那样圆润、缠绕、盘旋的力——太极图是圆的，中国人处世、审美哪样不是以圆为美？“须臾扫尽数千张。飘风骤雨惊飒飒，落花飞雪何茫茫。起来向壁不停手”，外行看热闹，内行瞧的是门道，这四句诗说的是怀素用笔的技法和节奏：速疾、惊掠、轻缓、连贯，这些合在一起连成一片，就叫旋律。卓越的书家当然不会只会一种技法，也不会为卖弄技法而作秀，而是让所有的技法自然地在恰当的地方挥洒。一句话：缓疾得当，刚柔有致。

“时时只见龙蛇走”，古代人常用龙与蛇来喻书法的用笔。可是为什么不用虎豹作比呢？

我想是因为蛇的运动是原始的蠕动形态，具有古拙感；虎豹的运动是肌肉的鼓动腾跃，具有现代感。古代书法崇古、尊古、仿古，古朴在书法中代表着天然、不造作。先秦的各种篆书铭文、汉隶魏碑无一不是以古拙为美。古人在谈及用笔时还用了几个在外行看来有点莫名其妙的比喻：屋漏痕、锥划沙、折钗股。其实就是指用笔的自然、中锋、藏锋、力度深且透——“笔笔中锋”是真正的书法中正宗的古法，蕴含中国古代哲人对天地人运动方式的深刻理解，今天传承书法艺术的人（尤其是中青年）当深思力行，不可把不入流的作品称为创新。

“左盘右蹙如惊电，状同楚汉相攻战”，旷日持久的楚汉攻战——这用来比喻怀素书法的什么特点呢？我认为是犬牙交错、变化多端，再细微深刻一些，就是在笔画中所形成的“争力”：进与缩、正与欹、藏与露、直线与翻滚等种种矛盾所产生的争力，一幅书法作品笔笔含有争力内涵，才会容量巨大、气象万千。

“我师此义不师古。古来万事贵天生，何必要公孙大娘浑脱舞”，这最后几句是李白借怀素的书法张扬自己的艺术主张：以古为师不如以造化为师，描摹造化不如张扬自我。苏东坡也有类似的观点：诗不求工字不奇，天真烂漫是吾师。一切从古人那里挪来的、过分雕琢的东西，都不是文学艺术的高境。李白与怀素本来就有很多相似性，比如好佛老、喜美酒、尚本真，是理所当然的天然知音，所以李白对怀素书法的解读有很高的权威性。

以楷书“颜筋柳骨”之一的柳骨而名世的、作为士大夫的柳公权对楷书笔意，做了如是的定位解说，并成为千古铁律：心正则笔正。作为草书家的张旭、怀素一“颠”一“狂”，名号本身就是草书的最好注解：最高的规矩就是随心所欲的无规矩。癫狂飞扬起来，才有灵动的神采。

李白谈了他对怀素草书的感受，我做了书法技术上的一些阐释，你们的感受当然不可能与李白完全一样。欣赏多媒体投影出的怀素的书法作品，用形象的语言说出你的感受来，这是我们语文课的重要任务。

其他版本教材解读示例

文本《杜十娘怒沉百宝箱》（人教版实验修订本）

野百合有没有春天？

芒是什么？可以是太阳的光芒，也可以是秋天的荆棘芒刺。

杜十娘正站在爱情的芒上——她遇上了李甲，突然觉得天上阳光偏爱自己，很快又隐隐觉得有一种不安全感，觉得地面似乎有芒刺。两种感觉很复杂地搅在一起。芒刺在哪里？她一时也说不出来，只好一次次默默地测试爱情。

李甲本是一个无主见的花花公子，只知风情，不谙世事。可怜杜十娘身污心洁，从良志坚，一步一步地调教李公子：赎人、答谢、置家、周旋、向亲情妥协、与奸恶抗争，只是上最后这一课代价太大——竟用上了自己的性命。

为了测试出到底这根芒是否存在、它在哪里，杜十娘真是煞费苦心：李公子在她身上花钱如流水，她不动声色；李公子床头金尽，壮士无颜，她不嫌不惊，温柔依旧；为赎身向杜妈妈讨价还价，她以逸待劳；李公子东奔西走，无力筹款赎身，她坚持冷眼旁观；她把给李公子的银子有意换成碎银，一路上给李公子的银子也是仅够自足自用；李甲与宵小孙富一路密谋卖她，她心在滴血眼中却无泪。

——她终于发现芒在哪里了。而且还不止一根：名教、金钱、软弱、恶少，根根入骨。雪人一样的爱情看似高大却经不起太阳光芒的灼热。不过等她发现的时候，芒刺已经循血管进入自己的心脏。

南方的人们总是神往北方的冰雪，冬眠的熊肯定也总是在树洞中做梦时想象着春天的饕餮。人，总是盼望得到自己所没有的东西或者不太可能得到的东西。杜十娘是这样，李甲公子也是这样。甚至得到了也还不太相信这是真的，还要考验一下。古典的爱情总是有太多的梦想和假设：

“如果，我多一张船票，你会不会跟我一起走？”这是《花样年华》中主人公的追问。

“如果我和你妈同时落水，你先救哪一个？”这是古典女人出的千古难题。

结果呢，“好多东西都没了，就像是遗失在风中的烟花，让我来不及说声再见就已经消逝不见”。

刚烈的风尘女子杜十娘，就是这样的爱情理想主义者：向往并相信真正的爱情是纯洁的太阳，容不得半点杂质；要么全部得到，要么玉石俱焚，一点不要。结果是她被太阳的芒刺死了。她忘记了《诗经》中前人的深刻教训：于嗟鸠兮，无食桑葚，于嗟女兮，无与士耽！

爱情如芒，到底是秋天荆棘的芒刺还是太阳的光芒？那要看参与者是什么样的“氓”了。氓，民也。不幸的是，杜十娘遇上的是懦弱的“氓”李甲，再加上一个精于算计的大流氓孙富，背后还有一个李甲满脸礼教的做着布政使的父亲，终让苦心堆砌的雪人崩塌融化，爱情休矣！

杜十娘对自己的从良可谓慎之又慎。先“试婚同居”，再以金钱试探，连李甲的朋友柳遇春都看出了她的苦心，被感动了，主动为她赎身而奔走筹款。

杜十娘可谓知书识礼，“离了虔婆大门”，先“同公子到各姊妹处谢别”，再对柳遇春“倒身下拜，谢其周全之德”，对于李甲父亲的反对，也思虑得周到，“父子天性，岂能终绝？既然仓猝难犯，不若与郎君于苏、杭胜地，权作浮居。郎君先回，求亲友于尊大人面前劝解和顺，然后携妾于归，彼此安妥”。

杜十娘身入烟花巷，错不在她，错的是命运。“不是爱风尘，似被前缘误。花落花开自有时，总赖东君主”，现在她的“东君”李甲做主要卖她，她只有以死相拒。看日色破晓，潞河平静，天地分明，好一个杜十娘，在孙富的船上开箱沉珠，表明心迹，她要用太阳的光芒反刺那些伤害自己的人间轻情薄义的小人！

杜十娘的语言是绝唱，行动是绝美。无论现代人怎样唏嘘自己情感的伤痛和失落，都比不上杜十娘“妾椟中有玉，恨郎眼内无珠”的凄惶，比不上“命之不辰，风尘困瘁，甫得脱离，又遭弃捐”的绝望悲恸，比不上“向江心一跳”的证明。

今天许多人没有这样的耐心来像杜十娘那样等待爱情的太阳升起，苦心孤诣地测试爱情的真伪与纯洁。一切已经在没有太阳的夜色中开始、成熟甚至结束：没有清歌一曲明月如霜，没有辗转反侧清灯照壁，没有青鸟传信人约黄昏。

古典的爱情是“执子之手，与子偕老”的生死相依，现代的浪漫只要有鸡尾酒、派对再加一张床就够了。古典的爱情之痛痛一世，今人的爱情之痛痛一晚。

不在乎天长地久，只要曾经拥有。这是匆匆的现代爱情的格言。一见钟情的美好传说演变成了电视中八分钟速配的专栏快餐行为，对女性美朦胧的倾慕被代之以对女性三围的直接精确的丈量和比较。

减少感情的付出或许会减少感情的伤害，但这样带来的是现代人的情无所寄。不付出爱，但渴望得到爱，结果会怎样呢？孤独，单身，一夜情，夜色中一切好像饮鸩止渴。在第二天黎明的太阳光芒下，渴更甚，情更孤，心依然在流浪。

真的怀念杜十娘，杜十娘虽死于爱情的芒刺，但她毕竟感受过真正爱情太阳的光芒。甚至有些怀念神话中的夸父——一个企图抓住太阳，让阳光永照大地的勇士。他虽死于太阳的灼热，但他的手杖化作了千秋万代的桃林。

有时命运和环境会逼人做出这样的选择：是被爱情之芒灼伤，还是在没有太阳光芒的黑暗中沉沦？今天爱情的太阳还有芒吗？能灼人吗？当爱情之芒变得迟钝不再令人伤心的时候，人们只好与性相拥，这绝不是爱情的最佳选择和归宿。

文本《世间最美的坟墓》（人教版、沪教版高一必修）

天地有大美而不言

林荫、羊肠小路、树林、灌木丛，这是世界大文豪托尔斯泰的墓地。

这样的坟墓，世上还有好多，比如拿破仑的墓穴，歌德的灵寝，莎士比亚的石棺。这些伟人都知道，多美的语言也比不上无言，多豪华的排场也比不上朴素。灿烂至极，归于平淡；千秋功罪，留待后人评说。中国的武则天似乎也明白这个道理——她为自己的身后立了一块无字碑。

托尔斯泰不仅是伟人，更是一位可爱、天真、旷达的老人，一位真实的、大写的人，一位为自己盛名所累，却又幸福地归于童年亲手栽种的树木之下的普通老人。

文章题目“最美的坟墓”起码包含这样几层意思：朴素风景美、平淡人性美、深刻哲理美。郊外托尔斯泰寂寞的坟墓，向后来人无言地诉说的这些人生平常的哲理，后世听懂了吗？

这里的风景是那么宁静天然，除了那几棵树是托尔斯泰童年时无意中栽种的，它摈弃了一切人工的浮华虚礼，让名声、作品经历时间的洗礼，随季节风轻扬，春荣冬枯，听凭自然。愿意来到这里瞻仰的人们，都是托尔斯泰的知音，“成百上千到他的安息地来的人中间没有一个有勇气，哪怕仅仅从这幽暗的土丘上摘下一朵花留作纪念”，因为这些人知道——托尔斯泰不喜欢攀附虚名、破坏和谐宁静的人！

贤者的心中，自有一方自己的净洁天空。贤者携此心灵，出入纷纭的世界，不迷不乱，不惊不怖。曹雪芹如是，李白杜甫如是，托尔斯泰亦如是。贤者自有贤者隐形的翅膀，贤者自有贤者喜悦的理由——出入两无碍，动静皆有情。人间虽有刹那的灿烂与辉煌，但那终究是过眼烟云，不是心灵的本质。贤者不慕、不取、不为，贤者善守寂寞心。

只要是知音，纵然生死相隔，同样沟通顺畅。你看——托尔斯泰在坟墓里面，作者在坟墓外面，他俩不是在毫无障碍地进行着心灵的对话吗？

这就是所谓的心心相印。瞻仰托尔斯泰坟墓，不是要带一朵花、拍一张照片回去炫耀，而是要在静穆中熏浴、洗涤自己的灵魂。我想——托尔斯泰把坟墓做得如此平淡，既是为了自己的宁静，也是为了不惊扰后人的宁静。世间所有伟大人物的光芒，都是来自生我养我的大地，平静地回归大地才是天然本真，不是吗？

其实，每个人的心中，都有自己的一片天空。只是有的人，天空中阴云密布，有的人，天空中变幻而无定性，世间有多少种人，就有多少种不同的天空。每个人心灵的天空是可以擦拭的，你相信吗？名著的精神、前贤的作为、标杆的榜样，都可以拿来做抹布，轻轻地拭去心灵的那些污秽，重现欢乐与光辉。你甚至可以觉察到：我也是自己的托尔斯泰！

天蓝蓝，海蓝蓝，最美的还是心情的湛湛净光。

迟开的花朵更可爱

（俄）普希金　刘湛秋译

迟开的花朵更可爱，
美过田野上初绽的蓓蕾。
它们勾起愁绪万千，
使我们的心辗转低回。
正像有时难舍难分的离别，
比甜蜜的相逢更叫人心醉。

文本《齐人有一妻一妾》(人教版实验修订本)

齐人、乞人与畸人

孟子是讲寓言故事的圣手，而且大多寓意治国理政，怎么这一次有闲心说起这儿女情长、卿卿我我的闺房中寓言来？高三的文本《齐人有一妻一妾》很有名，以至于后世往往把好色花心、成功地笼络女人心的男子，半是羡慕半是嘲讽地戏称为有“齐人之福”。其实，像齐人这样靠诳骗妻妾度日，未见得就是福。今天，拓开眼界来看，一切心花、嘴大，最终为人所不齿的人，都是这样的“齐人”。

爱情婚姻的世界真的如一个万花筒，美好的传说和无行的丑态历来不绝如缕。远有纣王的妲己亡国，近有“冲冠一怒为红颜”的吴三桂；中国有“寡人有疾”的齐王，西方也有“不爱江山爱美人”的爱德华陛下。这样的故事读了叫人或喜，或悲，或怒，或憾，只有这个“齐人”的行径，叫人不忍读完，叫人肉麻可耻。

齐人在妻妾前狂吹、背过身去变乞人，纵然中华自上而下都认可“大丈夫能屈能伸”之说，并且有韩信钻人胯下的榜样，但那是以一个远大理想的名义钻的裤裆，所以后世不但不视韩信为耻，反而觉得为了神圣的目标钻裤裆是一种忍辱负重的壮行。寻常胸无大志的畏缩男人怎么会有资格像韩信那样钻裤裆呢？这与儿女私情没有什么关系。即使在生活普遍富裕、男女平等的现代，人们也会对那些肉麻地追在女人后面献媚的男子不齿的。

我看这则寓言，不仅能喻爱情婚姻，喻做人、治国亦可。

既然是寓言，当然故事肯定是作者编的。所以故事的细节语焉不详，好刨根究底的人往往读后觉得意犹未尽。在古代纳妾本来既不触犯重婚罪，也不算什么道德问题。“饱暖思淫欲”嘛，但“齐人”既然如此贫穷，又是如何能娶上一妻一妾呢？难道是用如簧巧舌骗的？

或者像陈水扁样用苦肉计挨一枪火中取栗来的？齐人的行径禁不起调查啊。

假如不幸身边就有一个如此的齐人，该怎么办呢？

孟子骂人真是直击人灵魂深处的丑陋，入骨三分。让人很容易联想到那种对上而揖、对下而骄的官场小爬虫。

一个人如果人格分裂、诚信有问题，即使做了官场大爬虫，是不是就不用像“齐人”那样“乞人”，只是骄人呢？

陈水扁在台湾官场是最大的爬虫了吧？但他还是一个“齐人”式的人物。因为他对人民骄、吹、骗，一会儿说要隔绝与大陆的往来、关起门来“拼经济”，一会儿大撒银弹“拼外交”，耗空台湾纳税人的金钱。拼来拼去，台湾失业率越来越高，自杀率越来越高，所谓的“邦交国”越来越少。对美国呢，他还得当“乞”人，还得在“民主国家”的大旗下，放下身段做屋檐下的小矮人，大搞“过境外交”，台湾人民听到的尽是“所与饮食者，则尽富贵也”之类的谎言大话，但美国总统国务卿乃至全世界所有有影响力的国家领导人都纷纷公开表态说：承认台湾是中国的一部分。莫非阿扁报说的“富贵”者是火星人？

连阿扁最大的金主、铁杆支持者张长荣都说：陈水扁，憨憨憨！其态度如同看破了“良人”把戏的齐人之妻，但除了“相泣于中庭”，又有什么办法呢？经济不好，怪在野党；国际地位下降，怪共产党；遇上“立法院”要罢免，阿扁干脆严令民进党“立委”不进场投票，巧言令色加无赖，让台湾政党和人民一时间真没有办法，只怪自己当初瞎了眼，选了一个泼皮的“良人”。

环顾当今社会，“齐人”何其多也！不良的媒体舆论又为这种浮华风气起到推波助澜的作用。如果社会不能沉静地反省，那么更多的一脸厚黑的无耻“良人”定会层出不穷。

有好色的“齐人”陈新民：《楚天都市报》报道，年过半百的鄂州市地税局原财务科长陈新民与19岁的空姐路某谈起了恋爱。他用340多万元公款维系着二人世界，直到自己身陷囹圄；还有好面子的“齐人”牟其中：开豪华车带小蜜，屁股后面却欠着银行或者别的什么人许多许多的钱，依然满口大言。

齐人的本质是虚荣心，正如拿破仑说伟大和渺小之间只有一步之遥一样，男子汉的雄心和虚荣心之间也只有一步之遥，社会的良知与错误的时尚也只有一步之遥。

相反地，齐人的妻妾，倒很有些大丈夫气概。与“齐人”这样的丈夫在一起生活，贫寒是必然的，但她们不能忍受的是男人的虚荣和欺骗。

这个齐人啊，读初中时看像阿Q，读高中时看像套中人别里科夫，读大学时看又像堂吉诃德；一百多年前看像自认天朝上邦的清政府，前几年看又像喜欢胡言乱语的陈水扁。

治疗“齐人”的心理病其实很简单，立志、强身、去虚荣，平常心做人，平等心做事，纵然没有大出息，起码做一个自食其力、脊梁竖起的真汉子，过一种平淡的、衣食无忧的真生活。成天琢磨着编圆谎言，既辛苦最终还会被戳穿，何苦来哉！

故天将降大任于斯人也，必先苦其心志，劳其筋骨，饿其体肤，空乏其身，行拂乱其所为，所以动心忍性，曾益其所不能。

居天下之广居，立天下之正位，行天下之大道；得志与民由之，不得志独行其道；富贵不能淫，贫贱不能移，威武不能屈，此之谓大丈夫。

——《孟子》

文本《荷花淀》（山东版必修二、粤教版必修三）

静悄悄的美丽牵挂的爱

《荷花淀》实在难容我们置喙，因为它太美了，太通俗了，几乎迷住了所有读过她的人。文化与通俗在《荷花淀》的文本中是天然统一的。但我们无资格说话不等于我们无话可说。如果说《荷花淀》已经有了一千种理解，那就把我们算作第一千零一种谬解好了。

初中我们读过《散步》《斑羚飞渡》，我们也觉得里面的主人公很美、很让人震撼。现在回首，总感到里面有若隐若现伦理道德说教的影子，涩涩的，很沉重；我们还读过安徒生的《丑小鸭》，也觉得里面形形色色的动物很美，给人以幻想，但那毕竟是童话。唯《荷花淀》是百分之百的真实生活，而且是抗战烽火中的生活。有妻子相夫的优美画卷，有男子上阵杀敌的壮美场面，有全民皆兵金戈铁马的袅袅余音。全文犹如黄钟大吕与琴瑟合鸣，真与幻、情与理、国与家水乳交融，难舍难分。

勇敢的壮美与女性的柔美本是事物的两极，但孙犁先生居然能把她们糅为一体，树立起二美合一的丰碑，不愧为现代散文大家。令我辈在心中简练揣摩之余，又有了面红耳赤的谈资话题，岂不奇哉妙哉、美哉快哉！

画卷的一切都以白洋淀为背景徐徐展开。

美之极是庄严的静穆

《荷花淀》开头，水生嫂出场亮相那画面，真是令人惊为天仙：

“月亮升起来，院子里凉爽得很，干净得很。白天破好的苇眉子湿润润的，正好编席。女人坐在小院当中，手指上缠绞着柔滑修长的苇眉子。苇眉子又薄又细，在她怀里跳跃着。”

“这女人编着席。不久，在她身子下面就编成了一大片。她像坐在一片洁白的雪地上，也像坐在一片洁白的云彩上。她有时望望淀里，淀里也是一片银白的世界。”

我一下子想起了赵本山小品《红高粱模特队》中那句脍炙人口的名言：劳动者是最美的人！

曹植《洛神赋》中洛神固然很美，“翩若惊鸿，婉若游龙。丹唇外朗，皓齿内鲜。体迅飞凫，飘忽若神，凌波微步，罗袜生尘”，但那是一种贵族公子哥儿玄想出来的虚幻、虚弱的美，水生嫂与洛神宓妃的美，犹如两条永不相交的平行地铁轨道。

古今善写女人的大作家大都不怎么直接写女性的容貌，原因是写得多么美也比不上读者想象中的美，所以干脆不写，完全留给读者自己去解读、去想象，或者由于对生活中美丽的真切了解，通过其他角度来写，作品只提供氛围、评论、效应等材料，这就叫作侧面描写或者虚写。曹植《洛神赋》过分详细的外貌描写，反而显出一种苍白——因为洛神毕竟是想象中的人物。《荷花淀》从头到尾也没有一句对水生嫂外貌的描写，只有语言、行动、心理等方面的描写叙述。但我们读了后觉得白洋淀的水香荷香飘溢，水生嫂的形象跃然纸上，在读者心目中成了美神的化身。

水生嫂是劳动者之妇，不是仅仅用来观赏的瓷娃娃，丈夫水生是抗日游击组长，面对生离死别水生嫂还能撑得住吗？还有静穆贤淑的气质吗？劳动者的女性美该如何存在和展示呢？风华绝代这个词语适合于白洋淀的水生嫂这些劳动妇女吗？

孙犁先生的《荷花淀》正是对传统女性美的超越、对劳动女性美几近尽善尽美的示现。

好女人本来就气质如水，但处于白洋淀抗战中的好女人不仅如水，还坚强如石、沉稳如山。兼具山、水的气质，拥有劳动、战斗的本领。《荷花淀》的审美境界不是从书斋中构思出来的，而是面对外侮，在家仇国恨的战火中形成的、家国一体的实践中体验得来的。优美与壮美，天然一体，难以分割。

一篇优秀文本，美的心灵、人的内心世界如何与外部环境合为一体，并通过外在环境和人的一举手一投足来在平面的语言中表现出来？这是语文课堂上经常需要探究的问题。

今天——一个色香味俱全的多媒体流行时代，重温孙犁先生给我们做的卓越演示和演绎，再次感悟他所赋予语言艺术那恒久的、不可取代的魅力，是一件十分惬意的事。

爱之极是藕断丝连的牵挂

在水生嫂如白洋淀般清澈透明的爱的镜子面前，水生对家的眷恋和作为战士的责任之间的矛盾毫发毕现。当水生嫂发现水生心中有事，即使在月光下，“她看出他的脸有些红涨，说话也有些气喘”，并且“看出他笑得不像平常”，真是有一双爱的火眼金睛。

在深夜的小院里，夫妻二人都在说、在笑，那是一种密切关注对方感受、害怕对方受到一丝伤害的一种试探性的说、笑：抬头笑（妻）、笑了一下（夫）、低头说（妻）、鼻子有些酸（妻）、呆呆地坐在院子里等他（妻）、流着眼泪答应了他……

水生嫂从静穆中生出来的关注眼神，我想那一定是一种灼人的凝视，再与一种可以直视潭底的白洋淀的清澈结合起来，形成了一种特别的和谐和美丽。

这是平原、白洋淀、战斗这些自然和人文环境共同孕育出来的，平淡而又高贵的劳动者、战斗者之美。

古有孟姜女千里寻夫哭长城的佳话；《三国演义》中关云长义降曹操后，时刻关注兄长刘玄德的消息，一闻音讯，立即跨上赤兔马，过五关斩六将，千里走单骑；钱学森在美国得知新中国成立，苦心孤诣筹谋回国，不惧威胁不受利诱，誓返祖国效力，建立了“两弹一星”的赫赫功勋。可见人世间无论是兄弟间、夫妻间、母子间，一旦心心相印，就会自然产生关注，关注会激发出巨大的力量！

有时关注的对象不仅是爱人，爱情往往会让人爱屋及乌，连同爱人的事业、朋友、父母甚至饮食、嗜好，都在视野之内，一览无余。

“她有时望望淀里”，夜深了，她在望谁？

“大门还没有关”，她在等谁？

——“丈夫还没有回来”！

过度地关注常常使人分心、劳神、受伤。“女人的手指震动了一下，想是叫苇眉子划破了手。她把一个手指放在嘴里吮了一下。”

偏有多情、豪杰之流，不惧伤痛，还以伤痛做幸福，让伤痛绽出一朵朵情感之花：如果革命有牺牲，那就请自我谭嗣同开始吧，“我自横刀向天笑，去留肝胆两昆仑”，这是对祖国命运关注带来的伤痛和幸福。《孔雀东南飞》《梁山伯与祝英台》那种“生不同席死同穴”的撕人心肺的结局，同样是深深的感情关注、感情交融带来的绝恋。

思之极是生死度外的追随

才过两天耶！四个妇女就按捺不住了，女人是天生的小说家，她们每个人都能信口说出现成的、无懈可击的借口——只要有利于爱情婚姻的幸福。古人描绘相思的佳句可谓多矣，有“为伊消得人憔悴，衣带渐宽终不悔”，有“意似痴，心如醉，昨宵今日，清减了小腰围”，对内心的情感发掘倾诉真是细腻得无复以加，但与《荷花淀》里的年轻女人相比，总觉得少了点什么。

孙犁笔下的思念不是静态的，而是由贵妇的闲愁呻吟拓开为战斗生活中少妇的真切关爱，生活境界一下子豁然开朗。源宽一寸，流宽一丈，审美格局随之清新开阔，内涵更贴近我们每一个人、我们的时代。

爱就一个字，思念和牵挂却如春蚕吐丝，总是藕断丝连。少妇往往比少女有更好的口才，是否是因为少妇有了家庭，并从家庭中获得了口头创作的清澈美丽、无穷无尽的源泉？思念本是幻，但由于牵挂的美丽，让无数的人们乐此不疲。她们记得爱人的神态、举动，她们猜想着爱人每一个细节，她们嗔怪着“狠心贼”的一切……

少妇的牵挂不需要别人安慰，甚至还怕别人窥视发现，否则，她们怎会“羞红着脸”？

男人呢，真的那么铁心肠吗？真的连“拴马桩也不顶事了”？真的

“一到军队里，他一准得忘了家里的人”？你瞧水生，打扫鬼子战利品时，专门“拍打着水，去追赶一个在水波上滚动的东西——是一盒用精致纸盒装着的饼干”，嘴里骂着女人们是落后分子，却“把纸盒顺手丢在女人船上”，还不好意思，“一泅，又沉到水底下去了，到很远的地方才钻出来”。可见，刀子嘴豆腐心不一定是女人的专利呢。起码水生就是这样，他内心充满对妻子的爱，溢于言行，朴实而清纯，一切都恰到好处。

壮之极是人民的汪洋大海

“那一望无边挤得密密层层的大荷叶迎着阳光舒展开，就像铜墙铁壁一样。粉色荷花箭高高地挺出来，是监视白洋淀的哨兵吧”——《荷花淀》有这样深情而富有寓意的描写。

看过《地道战》《地雷战》的人，对生活在平原的乡亲们的土发明，以及所产生的战斗效能惊叹不已。交错的地道、白洋淀的水道的确是人类战争史上壮观的奇迹，更壮观的是老百姓保家卫国的宏图远略和高亢激情。正是生于斯长于斯的故乡之情，才使人民智慧、勇敢，创造完美结合，才是智、情、行的土壤和源泉。

许多同学认为波澜壮阔的文章一定需要伟大的题材，其实不然。美国有个大画家叫魏斯，一生的绘画题材都不出自己生活的狭小小镇，却创作出《远方的雷声》等意味隽永的不朽作品。朱自清传世的《荷塘月色》写的也是清华园中师生们天天走过的一方荷塘，郁达夫的《故都的秋》弃大量名胜古迹而写牵牛花、槐树甚至扫帚的丝纹，同样产生了摄人心魄的艺术效果……

《荷花淀》与这些名篇异曲同工。

壮丽与壮美，被赋予了崭新的意义。“千里冰封，万里雪飘”，这种辽阔的眼界、气吐山河的胸怀当然是壮美，“会须一饮三百杯”，这种极致的潇洒自然也是壮美，还有“落日照大旗，马鸣风萧萧”，更是壮美的典型代表作。但孙犁做到了寓刚于柔，纳泰山于草芥，隐铜墙铁壁于茫茫的芦苇丛中。我们往往忽略这种百炼钢成绕指柔的壮美风格，并常常错误地把它归为优美一类。

今天要校正眼光，让《荷花淀》的壮美回归本位。

男子汉属于国家、故乡，社会性第一；妻子一心想追随丈夫，比翼双飞，还要当好内当家，这是典型的中华传统人伦观。但苦难的战乱把他们带上了战场，并把他们造就成坚强成熟的战士。看文本结尾处女人们的喳喳议论：原来打仗是如此简单！“回去我们也成立队伍”，一支新的抗日力量就这样诞生了！

是事实吗？是事实。偶然而轻率吗？不，一点也不。因为白洋淀人民背后有国恨家仇！

故剑霜飞，自壮山河气。雷雨潇湘呜咽水，杨枝遍洒英雄泪。革命先辈动人心魄的咏唱不是从象牙之塔中琢磨出来的，他们是人民行动的代言人。

听啊，千百万人正唱着同一首歌：大刀向鬼子头上砍去！那气势，不比奥运会开幕式更壮观吗？这是一种清风绿遍原野，百鸟森林齐飞的壮观。纵使唱得跑音走调，也能让读者泪如雨，情难忘。

今夜星光灿烂。凝望月色之美，回味想象着孙犁笔下的温柔壮美之乡。那白洋淀的芦苇、席子、水道、小船，还有水生、水生嫂等青年男女，令人心潮起伏，无限神往。

采莲曲

（唐）白居易

菱叶萦波荷飐风，
荷花深处小船通。
逢郎欲语低头笑，
碧玉搔头落水中。

文本《报任安书》（山东版必修三、粤教版必修五）

贤者善守寂寞心

一些影视作品中，主人公报仇雪恨的情节，有意无意地增添着处于青春生长期的青少年的乖戾之气。当痛苦得没有感觉、孤独得没有影子的时候，你的眼角是否闪烁着泪光？内心是否有彷徨？你会怎么样？放弃？诅咒？报复？

太史公司马迁的《报任安书》，以亲身体验告诉自己的朋友：失去做男人的权利、失去工作条件、失去职务，都不能泯灭一个国家史官心中的火焰，不能阻止《史记》之花的开放。并举周文王、孔子、屈原、左丘明、孙膑、韩非诸人为例来说明，痛苦与孤独，或许是命运的不幸，却未见得一定就是坏事。

“人固有一死，或重于泰山，或轻于鸿毛”，司马迁是生命的真正强者。他最终忍辱负重，成就了“藏之名山，传之其人通邑大都”的《史记》绝唱，飞越了所有个人的不幸和命运的绝望。

事实上，人生凑热闹容易，寻找心灵的寂寞很难，一生守住这种寂寞，运用这种寂寞之心来开花结果、成就大业的人更是少之又少，所以“唯俶傥非常之人称焉”。贤者、达者都善于紧守自己的寂寞之心。如果一个人少年得志、锦衣玉食，固然能培养出玉树临风的气质、潇洒的谈吐，却难有矢志不移的幽冥之心。

据说，日本明治维新后，有一个日本的企业家，为了学习德国的啤酒生产技术，在上门求职屡遭拒绝后，不惜苦心孤诣地制造一次事故，让该公司董事长的小车撞断自己的腿，从而在心怀愧疚的董事长安排下，当上了该厂的守门人。一年后他收集到完整的啤酒生产技术之后，不辞而别。

这样的学习方式，世界上有哪一门 MBA 课程会教你？除了志在必得的孤寂之心，把发展视作人生的第一需要的内驱力之外，还有什么能解释呢？难怪日本的经济在战后迅速腾飞，成为世界经济巨人。奇迹背后有多少类似的志愿者和牺牲者？

无冥冥之志，无赫赫之功。天下大事，都是由有心者、有毅力者、不达目的不罢休者，甚至置生死于度外者来完成。当然，像日本企业家这样的极端例子毕竟是少数，但大部分人应该在寻常生活中去树立自己的寂寞之心，寂寞的本质是杜绝浮躁，保持高度的平静。只有寂寞才容易接近事物的本质。万物的本质不属于玩世不恭者。

万物就是这样：你以寂寞的心对待它，它就成为你的朋友，对你说知心话；你以浮光掠影的态度对待它，它就以虚幻的影子来骗你。精神上离浮华越远的人，或许离事物的真理越近。司马迁在极度的痛苦中说的、实践的就是这一真理，千百年来无数杰出的成功者也是殊途同归。

“古者富贵而名摩灭，不可胜记”，因为他们可以有书、可以聘请最好的老师，却没有一颗体验书中意蕴的寂寞之心。当代年过九旬的学者文怀沙先生把自己的书房命名为“云何孤寂斋”，一语道破了一生事业与生命成功的秘密。穷困与通达的人，正在奋斗与初露头角的人，春风得意的少年与功成名就的长者，都一样需要紧守自己的孤寂之心。

紧守自己的孤寂之心，本质上是永远在心中高举一支火把。

失意的孤寂之心，是生命中扶摇万里的长风，可以带你飞过一次次绝望。命运如同跷跷板，有时现实会把这一头压至生命的最低点，我们要么接受现实，要么只有倾尽全力把心中的那一头往下压，直至重量超过现实的另一头，生命的跷跷板才会再次在现实生活中高高跷起。正如司马迁的证明：生命的一切绝唱，都有来自对心灵幽冥处的感悟。而这些幽冥处，需要不熄的火把去照亮。只有心灵寂寂，才有功业昭昭。

天际星光，眼角泪光，人间处处有冷眼和失望。你也可以有一颗恒久宁静的心，你也会有一对坚强的翅膀。如果绝望降临身旁，何不高歌一曲，携绝望一起飞翔？

是为感，共勉之。

文本《棋王》（节选）（粤教版必修四）

棋盘上的行道者

紫气东来，在明月与河流的天地之间，有一个老者骑着青牛朝着函谷关缓缓行走。他用《道德经》为中国人植下了“道”的文化之根。此种道，出世曰圣，入世称王。

世局变幻，在20世纪那场十年文化浩劫中，有一个青年后生，广参天下棋人，以棋入道，以道运棋，静如禅家，气贯阴阳，终于达到运斤成风、夺天地之造化入棋局的境界，有用棋局示现出我中华绵绵不绝的道家在野文化，读来叫人回肠荡气。

阿城的小说《棋王》以第一人称讲述了奇人王一生的故事。故事在热闹的环境中开场：下乡插队的知青王一生，坐在火车上立即寻对手下起棋来，浑然不觉亲情，视妹妹相送为累赘。后来的王一生犹如乱世中一心求道证道的修行者：脚走天下，心游棋艺，无己、无名、无功，最终成为棋王。

他对棋艺锐意精进，见棋必下，闻师必往，不拘任何虚礼，曾令同学的父亲——一个已成名的国内名手难堪。王一生破了宋人留下的残局，却拒绝拜这位名手为师，理由是高傲的：我已经比你强。这是狂妄吗？不，求道者的确首先需要这种不攀附名利的求真精神。高傲有时也是一种实事求是，狂狷有时也是一种诚实。据说佛祖释迦牟尼出生时就举起右臂宣示：天上天下唯我独尊。大道之士必有大气魄，这难道不是一种天经地义的事吗？

王一生在那些名不副实的所谓名手面前桀骜不驯，但对高人真师却礼敬有加。他“认识了一个捡烂纸的老头儿，被老头儿连杀三天而仅赢一盘。呆子就执意要替老头儿去撕大字报纸，不要老头儿劳动”。

此等精神，已经超越了普通的怡性修身范畴，达到身、棋、艺、心、生活合一，示现出技道一体的绝高境界，道之所存、师之所存的盎然古风。老头儿的棋路是道家一派，以柔克刚，无为无不为，玄妙得很呢。“古之学者必有师”，王一生从这一老者学习后，棋艺才算真正入流脱俗，用老者的话说，叫“有根”。仅凭小聪明自悟琢磨着下棋，再好也只是“没有根的棋”，是俗艺。从此，王一生才算是真正把天地阴阳之变纳入了棋局，进退有据，攻守应势，再以“天下人”为师，不求胜人，而天下人亦难胜己。

棋是一种游戏，背后是文化，是人生境界，更进一步说，是一种齐生死、等贵贱的生命修炼。这种文化是有传承的。士相帅在朝，车马炮在野，过了楚河汉界，卒子也能逐鹿王者。运用之妙，存乎一心。

阿城的《棋王》与其说叙述的是一个故事，不如说描述了一种人生的精神境界。这种境界充满禅机，暗合阴阳之道，富有生活激情。

——佛耶？道耶？儒耶？

棋道的莫测高深吸引了历代无数的高人隐士，高人隐士们又以自己的德行心得，滋润灌溉着小小的棋盘棋局。想不到名列“元四家”的大画家倪云林居然也是个中高手，而且还薪火相传，不绝于今。《棋王》中通过一个叫倪斌的年轻人来演绎倪云林的高士棋法，作为王一生棋艺的陪衬。倪云林的画名垂青史，散淡至极，他的倪家棋受业于乡野村夫，融入禅宗的意趣，料想必是藏诡变于静穆，自成高格。王一生居然让他的后人倪斌输得口服心服，那个传他棋艺的捡烂纸老头怕真的有些来历。道家文化的传人历来多隐于民间，且不求闻达，神龙见首不见尾。

教材的节选部分是故事全本中的高潮——王一生独战十大高手，而且是下盲棋。作者说：“我的心里忽然有一种很古的东西涌上来……读过的书，有的近了，有的远了，模糊了。平时十分佩服的项羽、刘邦都目瞪口呆，倒是尸横遍野的那些黑脸士兵，从地下爬起来，哑了喉咙，慢慢移动。一个樵夫，提了斧在野唱。”

这是作者对中华在野文化的探究、感悟和歌唱。

无独有偶，高三的另一篇传记文学《柳敬亭传》讲了一个说书艺人的故事，柳敬亭少年时也是自己凭天赋瞎琢磨着说书，自从遇上一个叫莫后光的儒生后，才真正脱俗，终生努力，终达圣境……《棋王》与《柳敬亭传》相较，一道一儒，一动一静，堪称双璧。可见中华在野文化的博大精深，小技通大道，百川归大海。

日升月沉、水枯花荣，唯有大道不移。但古往今来，闻道者多，行道者少；触道者多，成道者少。没有八十一难的煎熬，怎会有九九归一的正果？《棋王》中从“我”的角度启示我们感悟：王一生，即使在一个小小棋盘上悟道和行道，也是多么不容易啊。

传说南京有“胜棋楼”，说的是明朝开国时朱元璋与中山王徐达下棋为赌，赌的就是这座“胜棋楼”，结果徐达胜——这是帝王将相以江山为棋。

江山如棋，人生如棋，心灵也如棋。王一生是天地间的一个精灵。

道家说：心死则神活。王一生生于贫贱之家，表面上看来似乎不太在意棋盘外的一切，对生活的认识比那些富贵小康之家的认识清醒、深刻多了。庄子曰，道在屎溺中。无论一切技艺多么神奇，如果完全脱离了生活，还有什么意义呢？世界上所有的圣人都强调：一切伟大的真理都根植于平常生活中。

“不做俗人，哪儿会知道这般乐趣？家破人亡，平了头每日荷锄，却自有真人生在里面，识到了，即是幸，即是福。衣食是本，自有人类，就是每日在忙这个”，中国往往得意时是儒家，失意时是道家。因为动乱失意时人更容易看到世界、看到自己的真实面目。老子曰：圣人为腹不为目。信矣。

文本《米洛斯的维纳斯》(粤教版必修四)

有无相生

据说，西方科学家对宇宙进行了称重，并得出结论：目前我们所能观察和检测到的东西，只占宇宙质量的 4.6% ~ 4.7%。在人类眼里，这能观测到的 4.7% 就是“有”，其余 95.3% 的事物，就是“无”。科学家的称重，仅仅是针对物质世界而言，如果算上精神领域的体验、感悟、审美等，“无”的概念就更广阔、更玄妙了。

科学讲究实证，主要建立在“有”的基础之上，文学艺术立足于生活现实，当然也是建立在“有”的基础之上。但如果止于“有”，肯定是画地为牢，会束缚思想的翅膀，自囿于那 4.6% ~ 4.7%“有”的狭小空间。爱因斯坦的相对论、霍金的宇宙观，都是“无”的想象，再用“有”去验证。

艺术规律总结提炼现实的“有”，创作和欣赏艺术作品却需“无中生有”。那些成熟的艺术规律，又总是被一些不羁的天才或者偶然的因素打破，进入新的“无”与“有”的循环，周而复始，创新与重复永不停息。

八大山人、石涛和凡·高以独到眼光破坏了旧的“有”，王羲之以微微的醉意信手写成无法复制的《兰亭集序》，米洛斯的维纳斯雕像因为偶然打破了旧有的完美，从而造就举世无双的残缺美顶峰——这些，都是上帝的旨意吗?

“是道也，其来无今，其往无古，其高无盖，其低无载，其大无外，其小无内，其外无物，其内无人，其近无我，其远无彼。不可析，不可合，不可喻，不可思。惟其浑沦，所以为道。”(关尹子《八筹》)

“有”与“无”之理，不仅在宏观上成立，而且贯穿万物，放在一件具体的艺术作品上，其理如一。本文以西方雕塑名作断臂维纳斯为对象，用现代眼光，从审美心理、艺术有无等角度详细分析了这件艺术作品的伟大之处。

维纳斯原作是有臂的，断臂是偶然造成的，冥冥之中，审美者发现一旦失去，无须再续。上帝之手是如此鬼斧神工，让一件绝世珍品在偶然中诞生，且无法复制，任何再续断臂的尝试，都变成狗尾续貂。

断臂维纳斯无意中把审美者纳入了作品的创造，其本质是一种残缺美，残缺的部分由人的意识自然补充。泯灭了创作与审美的边界，成就了物与意、虚与实、作者与欣赏者的一体化，从而让每个欣赏者都认定：断臂维纳斯在专门向自己展示和诉说，甚至专门是为自己而作。

天地之间，无盈不缩，无往不复，所以万物忌满尚缺、忌巧尚拙。于文学艺术作品而言，欣赏者的审美活动非常重要，计白当黑、虚实相生必不可少。大凡巨匠，无不践行此理；大凡绝品，无不遵此大道。追求完美者，应首先对完美有正确的理解：人生在谋求得到的同时，要学会留白。只是繁花开，不等于春意，“春意闹”的感觉，才是整个春天。

诸葛亮说“宁静致远”，人一旦虚静，某些东西就会油然而生，比如反思、沉淀、健康，这是“无”的力量。但现在不少人不相信健康与精神的“虚无”有关，只相信有形的强健肌肉和药物。《黄帝内经》就说“恬淡虚无，真气从之。精神内守，病安从来”，把“无”视作“治于未病”的最佳方法。这是人身体健康的有无相生。

由此可见，有与无应等量齐观，看不见的精神与摸索得着的肌肉骨骼，共同主宰人的健康和生命。

老子说：“有无相生，难易相成，长短相形，高下相盈，音声相和，前后相随，恒也。”

西方绘画雕塑一向与东方书画并驾齐驱，格调迥异，像两条不相交的平行线。维纳斯就是西方艺术的极品，原始作品想来是有双臂的，但命运造就了它的残缺美。

执着于“无”，会令艺术在玄之又玄的孤芳自赏中走向虚无主义；

执着于“有”，会令创作满溢无味、不耐品尝而失去恒久的生命力。有无相生、得失互根，才是艺术与人生的大道，任何偏执一端，执着于有和得，对无与失的视而不见或者患得患失，都是一叶障目不见泰山的愚昧。无，尽管有些玄妙，但的确存在，单就艺术而言，躲在心灵深处作用于每个人的审美、行动和价值评判。

大象无形，精神之道，旷远幽冥，谁也不应忽略自己心中的“无”，即使你还没有意识到它的存在。

西平乐（小石调）

（宋）柳永

尽日凭高目，脉脉春情绪。嘉景清明渐近，时节轻寒乍暖，天气才晴又雨。烟光淡荡，妆点平芜远树。黯凝伫。台榭好、莺燕语。

正是和风丽日，几许繁红嫩绿，雅称嬉游去。奈阻隔、寻芳伴侣。秦楼凤吹，楚馆云约，空怅望、在何处。寂寞韶华暗度。可堪向晚，村落声声杜宇。

文本《季氏将伐颛臾》（粤教版必修四）

大争在于力，大治在于均

王道与霸权，文治与武功，历来是衡量一个王朝是否有所作为的两条标准。秦皇汉武，是霸权武功的丰碑，汉唐的“文景之治”、“贞观之治”、“开元盛世”，是文治和谐的楷模。

孔子治国理政的理念，强调的是“内功”。儒家的政治“内功”，就是以家、邦、国为代表的宗法制度作为社会管理的基础，修文德、施教化、严等级、均贫寡、谋安定。然后推行礼乐之治，天下大同。儒家概括为“修身齐家治国平天下”，以礼治国，为政以德。季氏虽贵为鲁国权臣，但其地位大概相当也只是卿大夫的“家”的范围，只不过他在鲁国很得势、很嚣张罢了。

孔子反对这场军事行动的原因，本质上是维护礼制，竭力维护“文王之治”、维护已有的社会等级秩序。《左传·僖公二十一年》载：“任、宿、须句、颛臾，风姓也，实司大皞与有济之司，以服事诸夏。”颛臾是大皞（伏羲氏）嫡系后裔。

尚礼的周王朝历来尊崇古代圣王，《史记·周本纪》载：“武王追思先圣王，乃褒封神农之后于焦，黄帝之后于祝，帝尧之后于蓟，帝舜之后于陈，大禹之后于杞。”在西周初期，周成王封颛臾为“颛臾王”，周天子给颛臾国的主要任务就是担任蒙山的主祭。不要小看这一虚衔，能够被周天子任命为主祭的人，来历都非同小可。依据《礼记·曲礼》：“支子不祭，祭必告于宗子。”意思是庶子或旁支的子孙不能参与或自行祭祀祖先，要祭祀必须告诉嫡系家主并取得同意。在古代，有资格祭祀祖宗的必须是嫡系大宗子，所以，凡是被保留下来的帝王古国，都是一些历史悠久的小宗祖国。国家不大，但都是先圣直系的嫡子嫡孙，历代帝王都要尊敬三分。颛臾就是这么一个小宗祖国，所以颛臾被称为“社稷之臣”。由于大皞（伏羲氏）被尊为中华民族最早的先祖，所以，颛臾国拥有极高的地位，是被历代帝王尊崇、关照的国家。但到了春秋末期，鲁国的执政季康子却想灭掉它，足见当时社会礼崩乐坏到何种程度。为了扩大地盘，连颛臾这样历几千年之久的“社稷之臣”都不顾及了。

颛臾封地那坚固的城郭，可不是一天修建成的。在华夏民族，颛臾的资历很深，根红苗正，人望很高，面子很大，动不得，谁动颛臾，就是反周王朝的礼治。季氏虽为鲁国权臣，在礼乐尚未完全崩溃的春秋末期，虽觊觎颛臾的地盘，但真正论理、兴兵还是显得有些心虚。作为季氏家臣的冉有、子路，更是处于两难境地——主子的实在利益和夫子的谆谆教导无法两全。他俩面对孔子的斥责，只好推诿战争的责任：“夫子欲之，吾二臣皆不欲也。”

这样不能“上下同欲”的战争，未战而败象已露。

决定战争胜负的，除了实力，还有人心向背。谁要是挑战现存国、邦、家的社会基础，破坏社会等级，就会让孔子激动不已，鸣鼓而攻之。在本文中，两弟子委婉地说“季氏将有事于颛臾”，孔子就立即十分敏锐地觉察到权臣季氏是在用武力挑战现有社会秩序，所以立即怒不可遏，对自己的两位得意门生发了一大通脾气，且声色俱厉，言辞犀利。孔子三用反诘句：“何以伐为？”“则将焉用彼相矣？”“是谁之过与？”洞察野心家那些巧言令色的借口和人性的贪婪，在原则问题上穷追猛打，毫不妥协退让。他毫不客气地谴责弟子，一针见血地针砭季氏，并忧心忡忡地预测“季氏之忧，不在颛臾，而在萧墙之内”，即使是激愤之语，也显示出一位仁者的睿智和深谋远虑。

文中先驳论再立论：谴责季氏，并批评两弟子作为季氏幕僚家臣的“行政不作为”。但背后隐含着另一个问题：治国如何才能保障长治久安？这才是全文的真正主题。孔子的回答是：治国齐家，物质分配都应立足于均，由均而安，由安而久，然后再辅之以德治、文教的化育。总而言之，收服人心是第一位的，武力侵占、奢华显摆是虚火上升，只能风光一时，之后必定因不均、不服而导致家国不安。事实上，孔子的这些观点的确是老于世故，与现代举债经营、超前消费的观念不符，但从长远看，不乏可取之处。

纵观春秋战国时代，社会走向礼崩乐坏，由德治走向“力治”是大势所趋，后世商鞅的严刑峻法得以推行并奠定了秦国的强大，礼治德治教化，逐渐从主流沦落为非主流，推行温文尔雅的均富、礼乐、无为的政策，难以从根本上消除诸侯日益膨胀的欲望。

大争在于力，大治在于均。德与力，应成为社会不可偏废的两翼。

孔子曰：“益者三友，损者三友。友直，友谅，友多闻，益矣。友便辟，友善柔，友便佞，损矣。”

孔子曰：“益者三乐，损者三乐。乐节礼乐，乐道人之善，乐多贤友，益矣。乐骄乐，乐佚游，乐宴乐，损矣。”

孔子曰：“生而知之者，上也；学而知之者，次也；困而学之，又其次也；困而不学，民斯为下矣。”

孔子曰：“君子有九思：视思明，听思聪，色思温，貌思恭，言思忠，事思敬，疑思问，忿思难，见得思义。”

——《论语·季氏篇》

文本《段太尉逸事状》（粤教版必修五）

但有公心与正气，仁者亦可敌万夫

古典小说中，当蔑视一人时，必口称其“鼠辈”。“鼠辈”者，行邪事像老鼠一样怯懦贪婪、遇强敌如老鼠一样仓皇逃窜。人之勇，首在于心，其次才是力。力胜是小勇，德高心直才是大勇，即所谓仁者无敌。人若心中有鬼，必然心怯，心怯则行动萎缩，首鼠两端，胆战者岂能入刀丛临敌？心正者，常能先人后己，置生死于度外，胆色自生，虽遇虎豹，也敢上前。

世事变幻，历史总是在治乱相间中前行的，文治与武功交替。治世读书人受敬，文臣出人头地，礼乐为尊，文人身登龙门；乱世暴恶者得志逞凶，武勇者跃马扬威。每读青史，总有阳气阴气、正气邪气扑面而来，本色派、演技派演员络绎不绝。历史，本来就是一个各色人等粉墨登场的舞台。

世人大多认为，武平乱卫边，文治国教化，是天经地义的事。悍不畏死的精神是沙场战士的专利，文官只管处理好案头文牍、廉洁行政、勤政爱民就算是好官了。连岳飞都说：文官不爱钱，武官不怕死，天下太平矣。

处于乱世的文官，免不了与武夫打交道，就像本文主人公段太尉。“秀才遇见兵，有理说不清”是常事。治乱世的文臣，必须具有特殊气质和才能方能胜任。史可法、文天祥视死如归的精神岂弱于马革裹尸的将军？看段太尉，凭文人的正气、公心和智慧，于闹市力勘乱兵，用仁忍数折强梁。他敢高调捋郭晞虎须，却低调卖马买谷替农夫偿债，做人处世，刚柔并济，有始有终，气质如止水，行事有担当，不逞匹夫之勇，不贪不义之财。可谓公、忠、勇、毅兼备。

古往今来，“良医不能救无命，强梁不能与天争”（《后汉书·苏竟传》)。故胸怀仁义、腹有良谋之士，大多秉持大勇若怯、大智若愚的原则应物处世。《史记》中说，敢于雇人在博浪沙刺杀秦始皇的张良，居然“状貌如妇人好女”，真让人不可思议。

由于作者所述段太尉之事，并未目睹，虽说事实可考，但对于人性的深入发掘，终有欠缺。所以在本文末尾一段，作者巧妙地用文学手法，宕开一笔，借“老校退卒”之口，出乎意料地言说段太尉“为人姁姁，常低首拱手行步，言气卑弱，未尝以色待物。人视之，儒者也”。进而衬托、揭示出段太尉迥异于常人的人格力量——段太尉的无畏，非是一时兴起，为博取虚名，逞匹夫之勇，而是人格使然。

书生固然文弱，但却不应只是会舞文弄墨、歌花咏月、吟赏烟霞，书生更应用正义正气担当社会责任甚至天下苦难，苟具直心忠诚，胆略自然外现。书卷养成浩然气，姁姁亦可行天下。

子曰：虽千万人，吾往矣！孙中山说：布衣亦可傲王侯。真正的仁者，无一不是大勇之人。若胸怀天下，以天下利益为怀，浩然之气自生，暴力强横，虽气势汹汹，仁者当不以为意。

乱世用武，国家军队中难免藏污纳垢，王师的正义形象荡然无存。看郭晞等军阀们手下那些如狼似虎的士卒，借战乱之机行横暴苟且之事，其暴行与叛军何异？在时势的需要和武力的高压下，地方长官也只能视若无睹。身为泾州刺史的段秀实，在这种情形下请命于上，不仅是人微言轻，简直是自寻麻烦。文中的描写虽轻淡，亦可见段秀实毫无对上刀山入死地的犹豫和畏惧，段秀实真是一位深怀赤子之心、视生死如平常的勇士！

通观全文，人物形象个个鲜活。上至军阀恶霸焦令谌，下至郭晞手下的虎狼士卒、邠州的地痞无赖，社会环境跃然纸上，恶人何其多也！知错就改、颇识大体的汾阳王王子郭晞，刚直将军尹少荣，虽着墨不多，同样人物棱角分明，纤毫毕现。不愧叙事的大手笔。

段太尉的成功与不朽，充分说明：人心不尚暴，唯德是馨。即使刀兵相见的时代，人心的取舍，也是普遍舍恶、弃暴，向德、向善的。

文本《郑伯克段于鄢》（粤教版必修五）

叙人心角落曰微言，克一己私欲称大义

本文围绕郑武王的长子与王后的乖儿子之间展开。其实长子庄公与幺儿共叔段同父同母，本应亲密无间，只因母后武姜有所偏爱，且锲而不舍地要为自己疼爱的幺儿争得本不应属于他的王位，于是就有了礼法与情感的冲突，使夫妻、母子、兄弟之间产生了恩恩怨怨。

古代王侯之家，侯门深似海，看似庄严神圣，其实家庭琐事与寻常百姓并无两样。钩心斗角夺嫡争权、阳奉阴违搬弄是非，祸起萧墙乃至兄弟刀兵相见，如此种种，史上不绝如缕。

本文叙述了一个发动宫廷政变而未遂的弟弟、一个老谋深算善玩政治阴谋的国君兄长、一个把偏爱幺儿子把私情不恰当地融入国事的母亲。愚而骄纵的弟弟共叔段，在全文中没有公开露面，算是暗线；武姜跋扈、偏执，喜搞密室政治，以妇人之私爱干预国家立储立君大事；而郑庄公始终隐忍、老练、识大体，善于变通，胜利后勇于折节，曲意周全母子之情，处事圆通而不失原则，大局把握分寸得当，还有颍考叔，可谓善于曲言讽谏的忠臣。这些人物，一个个无不性格鲜明，栩栩如生。

文章还有一个特色，就是对话描写特别多，主要通过对话来演绎情节发展和展示人物内心世界。

全文避开刀兵相见的具体过程，没有一般宫廷内讧的神秘、君王之争的神圣，却把人情世故、人性冲突写得跌宕起伏，庄公在武姜、共叔段阴谋败露之前对一切佯装不知。他对共叔段不悌不忠行为以柔弱之态为其提供方便，对武姜的暗中助力篡位洞若观火却忍而不发。待道义、军事、人情诸条件成熟后一举捣毁，足见庄公的阴险刻薄——他是一个始终把捍卫权力放在第一位、不惜牺牲母弟的国君，且

事后让人无话可说。故事中喜剧、闹剧、正剧的成分兼而有之，用轻松的笔墨表现出凝重的主题，颇有点现代肥皂剧的味道，堪称微言大义的典范之作。

在世袭的封建王朝，天子无私事，国君的家事亦是国事。故事显隐结合，作为母亲的武姜是诸多矛盾的起因，文章以她开头结尾。她偏爱幺儿共叔段，因为生育大儿子寤生时难产，所以特别排斥他，以致怂恿丈夫废长立幼！武姜出身申国王侯之家，但她的所作所为一点也没有大家风范，对亲生儿子尚且胸怀不大度，没有政治头脑。她大概把两个儿子当作自己身上纯粹的私有物件，取舍完全任随己意。

但王储是国君的继承人，岂能因私心亲疏而乱长幼之序？好在郑武公还不算昏庸，并没有因宠爱而遂她的心愿，不然，在武公死后，寤生往后的日子定会很难过。庄公即位，对武姜自然不利。所幸两个儿子都是自己亲生的，贻祸不大，新君郑庄公一肚子怨言也不好公开发作，只是感情上有些疙瘩罢了，毕竟是亲生母亲，天下人都看着新君的道德表现呢。

但不收拾又难以立威，出不了多年压抑的恶气。“多行不义必自毙”，机会是等来的，看来庄公成长中的委屈并没有白受，他懂得“将欲取之，必先予之”的道理，收拾弟弟共叔段的手法老练狠辣，虽未授世人以口实，却因没有体现出兄长的仁厚而遭史家含沙射影地诟病。

“郑伯克段于鄢”这个标题就暗藏了《春秋》原著的褒贬大义：弟有谋权篡位的非分之为，兄有先故意纵其为患再一举驱之的“克敌”之谋，母有刻意且锲而不舍的废长立幼之举，先为幺儿讨要险要的“制”为封地，后居然为幺儿篡长子的王位做内应，遂使亲者为敌，骨肉为仇，三人一闹，终成郑国的大不幸。幸有孝子颍考叔献计，终于使这个母子不亲、兄弟为敌的故事有了一个表面上比较圆满的结局。

《左传》不惧国君权势、不避王侯隐私、为褒扬礼义而秉笔直书的大史家的文风十分鲜明。读者细品详察，自可领悟其弦外之音，领悟史笔如铁的庄重肃穆、虚实结合和显隐自如的高超语言艺术，感知其行文背后所主张的道德价值观。

文本《西西弗的神话》（山东版必修三）

超越胜利：穷尽生活的过程也很美妙

关于人本身的科学历来纷繁复杂，尤其是在战乱年代和个人命运的低落时期——生命和生活变得渺小而难以把握的时候，种种人生价值观、善恶美丑的花朵就会如雨后春笋般涌现出来。法国杰出的文学家加缪，以哲学思考的文笔在世界文坛独树一帜，他 1943 年写的经典之作《西西弗的神话》为了昭示强调其哲学主题，还专门加有副标题“论荒谬”。

从《西西弗的神话》中，你可以看到这样的画面：桀骜不驯、满脸尘土的西西弗受到诸神的惩罚，日复一日做着同一件简单无聊的事——把巨石推上山顶，石头又滚下山去，西西弗又从头开始。这一过程反反复复，构成了西西弗人生全部的生活和劳动内容。诸神试图用这种无效、无望的荒谬劳动来消磨西西弗的意志，达到惩罚他的目的。但西西弗不以此为苦，坚定地迎接这种不见尽头的磨难。西西弗十分清楚，在诸神的刻意设计下，自己劳动的荒谬性，但他选择做自己命运的主人——永不停歇、永不放弃地前进。

西西弗是清醒而幸福的。他知道掌握着自己命运的诸神，降下的灾难和困难是难以逃脱和不可克服的，他对自己的荒谬命运有着清醒的认识。但他选择用顽强的劳动来蔑视诸神和死亡，用顽强的劳动来表达对生活的激情、对大地的热爱，让自己的心灵得到充实。结果出乎诸神的意料：所有这些，都给西西弗“带来了痛苦，同时也造成了他的胜利”。

一项没有结果、更不可能胜利的劳动怎么会成为西西弗的胜利呢？这是读者理解的最大难点，难道西西弗的胜利仅仅是自欺欺人的阿 Q“精神胜利法”？

阿Q精神的本质是奴性幻想下的心灵麻醉，西西弗是明知世上邪恶不可除尽，仍然迈出坚定的步伐；一个是被欺骗、被愚弄的奴才，只会在现实中对老爷说“是”、在梦中在醉中对生活乱想的庸人，一个是对现实生活的今天勇敢地回答“是”的悲剧英雄。

《西西弗的神话》用行动、用心灵回答了与人的生命意义息息相关的一个问题：人，没有必要、也没有可能消除生活中的荒谬，甚至有时候荒谬破裂的生活会与人终生相随。但是，我们不应把任何一种命运看作是对人的惩罚，只要你敢竭尽全力去穷尽它，你就是胜利者。

——无论是天空、海洋，还是深壑、苦难，作为人，敢于对一切生活和任何命运说“是”，才是每个人能够把握的、可以实现的幸福。

西西弗的精神超越了任何一个个体的人，是人类人性深处的普遍共性——明知不可为也要碌碌而为，只不过有人以此为乐，有人以此为苦。佛教中也有类似西西弗的形象，名阿修罗。阿修罗生性好斗而不服输，天天与天帝争斗。“阿修罗者，虽受天欲，与天无别，骄慢自高，无谦下心。”“一日一夜，三时受苦，苦具自动入宫中。”阿修罗受苦时间竟占到了生命的四分之一！这是对它不敬天的惩罚，所以佛将它位列在人道之下、饿鬼畜生之上。

可见，尽管东西方人的肤色、信仰有许多不同之处，但人性深处的确有大量相似的东西。作者加缪不相信来世，他是以世俗中人的眼光来看待西西弗的作为和心理的，这与追求涅槃的佛家对阿修罗的评价和分类完全不同。加缪的观点与中国古代的孔子倒比较相近，都是“人”学。《列子》中记载：“子贡倦于学，告仲尼曰：‘愿有所息’。仲尼曰：‘生无所息’。”孔子大约也感觉到人生的不可停息的“荒谬”性，但是，孔子更强调注重的是“天行健，君子以自强不息”的社会性和积极人生态度，而加缪看到的是个体性精神充实和无可奈何的抗争。

“荒谬”的观点，绝不是加缪玄想出来的，是1943年身处“二战”中、经历和目睹战争创伤疮痍的加缪，对世事深刻的哲学提炼啊。

人生或许本来如此，人性或许本来如此，西西弗的境遇无所谓是好事还是坏事，加缪仅仅是通过他的神话告诉世人：人生必须用斗争和奋斗来使人心得到充实，从而产生幸福感和满足感。儿童时成天迷恋于不停的积木游戏——最美的房子是下一个搭建的房子。成年后的财富、名望、地位或许都会成为人类天天不停地推向山顶的巨石——天天满怀希望地往上推，失败了再来，到山顶又滚下来，如此周而复始。企盼、等待、惊呼或绝望，然后继续再来。加缪再推而广之，“今天的工人终生都在劳动，终日完成的是同样的工作，这样的命运并非不比西西弗的命运荒谬”！

西方在“二战”后文学艺术出现一大批表现人性异化的杰作：荒谬的立体主义绘画和存在主义哲学、荒谬的嬉皮士雅皮士生活方式和摇滚乐歇斯底里的震撼节奏……从某种意义上说，承载这些理念和思想的人物，都是生活中不同表现的西西弗。

“他的命运是属于他。他的岩石是他的事情。”“他超出了他自己的命运。他比他搬动的巨石还要坚硬。”加缪认为人生的意义尽在于此：坚毅沉着、充实自足、穷尽今天生活的一切。“他以自己的整个身心致力于一种没有效果的事业。而这是为了对大地的无限热爱必须付出的代价。”

教人们在逆境中不懈奋斗、坚强不屈、以内心充实的乐观态度面对一切挑战甚至是生活的惩罚，正如加缪的老师格列尼埃所说，《西西弗的神话》是一首“含有微笑的悲歌”。

——“西西弗无声的全部快乐就在于此”，《西西弗的神话》给人们的正面启示意义也在于此。

【比较阅读】

“天行健”：有情宇宙观

李泽厚

道家说：人之大患，在于有身。佛家说：苦海无边，无有涯岸。但人偏偏有此生命和身体。人人还得艰难地活着，活大不易。人没有利齿、巨躯、锐爪、快腿，靠“善假于物”而生存，肉体、精神受尽了千辛万苦、万苦千辛。个体早夭，群体灭绝者，比比皆是。然而还顽强地活着。这就是个体人生和人类历史。

为此，不容易“活”而顽强地“活着”和“活下来”这一事实，即可构成“活”的意义，它支撑“活”的意念，成为“活”的理式和力量。这正是中国“乐感文化”的本源。“活”本荒谬而偶然，“活”或“不活”的意义都由人自己去建构。问题只在于是把“活”的意义建构在不活、他世、上帝，还是就建构在这“活”本身？对儒家来说，“活”（生命）的意义即在“活”本身，它来自此“活”（生命）。也就是说“活的意义”就在这个人生世事中，要在这个人生世事中去寻求。由于人首先是活在天地自然之中，而且是如此艰难辛苦地活着，“活”在这里便是挣扎、奋斗、斗争和这种奋力斗争的成果和胜利：终于活下来。我以为，这就是儒学之所以赋予“活”（生命）以雄伟阔大的宇宙情怀和巨大情感、肯定意义的由来。宇宙本无情，自然本中性。但儒学偏偏以为并强调“天地之大德曰生”、“生生之谓易”、“仁，天心也”，将“人活着”和自然界的存在和万物的生育，看作宇宙自然的“大德”，这就是以“情”为体，将“人活着”予以宇宙性的泛情感化，即给予整个宇宙自然以温暖的、肯定的人的情感性质来支撑“人活着”。从而，它不是抽象的思辨理性，不是非理性的宗教盲从，而是理欲交融的实用理性和乐感文化。这是一首情感的诗篇。但这是用理性语言说出来的诗。它说的是：正因为“活”得如此艰苦凄怆，“活”本身便是件大好事。四大非空，有情更实，生命多么美好，自然如此美妙，天地何等仁慈！那么，又何必去追求寂灭，舍弃生命，或颂扬痛苦，皈依上帝呢？就好好地活在世界上吧。只要不执着、不拘泥、不束缚于那些具体事件、对象、烦扰中，那么，“四时佳兴与人同”，“日日均好日”，你为什么不去好好地欣赏和“享受”这生活呢？你为什么不可以由此“悟道”，进入这“本体”、这宇宙而“天人合一”呢？宇宙自然即是那有灵知、有情性的上帝。

所以，儒学无原罪或原恶，而只有原善。因为“人性善”是与“天行健”、与“天地之大德曰生”相承续而依托，它就相当于基督教的“圣爱”。但这个“天行健”、这个“天地之大德曰生”的圣爱，却又仍然是“人行健”——人类总体为“活”而不屈不挠前仆后继的奋斗的本体提升，而并非任何个体的情感体验或现象。再重复一遍，战胜一切艰难险阻，历经苦难死亡，而奋力不息地生活着斗争着，在诸生物族类中创此伟大世界，这就是人类总体的伦理“本体”所在。从《易传》《中庸》到董仲舒，到宋明理学，儒学把这伦理“本体”提升为足可敬畏的宇宙本体，伦理秩序即宇宙秩序，宇宙秩序即伦理秩序。在这个伦理——宇宙本体系统里，人的地位就当然是“参天地，赞造化”，不是屈从在客观目的论或人格神的主宰之下；相反，天地的存在倒是统一于服从于“人活着”这一根本主题。“活”成了由“人道”而“天道”的普遍性的伟大价值。但这并非西方的人类中心论，而仍然是人与自然宇宙互相依赖共存的“天人合一”论。

选自李泽厚《世纪新梦》（个别句子有删减，着重号为原著所加）

阅读上面的文字，回答：

1. 简述作者所说的中国“乐感文化”的内涵。

【回答示例】“乐感文化”是儒家积极的人生观的概括。它有几层含义：

①生命的意义在于生活和本身，即生命的过程。这个过程无论艰辛或痛苦，都是作为生命的一种成果和胜利；

②儒家赋予这种生命的过程以雄伟阔大的宇宙情怀、巨大情感和肯定意义；

③儒家在人的生命基础上，推己及人，视宇宙万物生命的过程都是有情的，并且应“仁”相爱，因为人生苦乐无常，所以便应自我珍爱和相互珍爱，享受生命过程，视一切生命为有灵性的上帝。

2. 在文本中，“天行健”与“人行健”是什么关系？

【回答示例】“天行健”是将儒家乐感文化以“情”为体，将“人活着”予以宇宙性的泛情感化的形象说法，是儒家对一切生命有情的赞歌。“人行健”是“天行健”和儒家乐感文化的本质和实际内涵。即

“人类总体为‘活’而不屈不挠前仆后继的奋斗的本体提升”。

3. 在本文中，作者既说“（人）‘活’成了由‘人道’而‘天道’的普遍性的伟大价值”，又说“西方的人类中心论”，这两种说法是什么关系？

【回答示例】由“人道”而“天道”的普遍性的伟大价值在于在人与宇宙自然的和谐中达到天人合一，“人类中心论”是视人为宇宙之尊，与万物是主仆关系，以牺牲万物的和谐来满足人类的种种无尽的欲望。前者强调的是和谐、依赖、共存，后者注重的是人的价值的张扬、欲望的满足。

4. 简述儒家“天行健”的宇宙人生观，并加以评述。

【回答示例】①正如题目所言：“天行健”是中国儒家的宇宙人生观泛情感化的形象、诗意说法，同时也是“人类总体的伦理‘本体’所在”；

②“天行健”的宇宙人生观视天地间的一切生命为美好，是一种积极的、乐观向上的宇宙人生观，它以天人合一的万物和谐为最高境界；

③“天行健”以仁与善为伦理的根本出发点，强调在仁与善基础上的万物和谐。

人教版选修教材

《中国小说欣赏》选讲

文本《水浒传·李逵负荆》

真李逵在此！

李逵在梁山好汉中，既没有鲁智深那样的正气、义气，为助人三拳打死镇关西的事迹，让人觉得特解气；又没有武松在景阳冈三拳打死白额吊睛大虫的豪气、英气；更没有玉麒麟卢俊义那样的富贵气、入云龙公孙胜那样的仙气。李逵有时让人觉得有点市侩的俗气和恃力称雄的霸气：为了得到几条鲜鱼去讨好当时还在江州做囚犯的宋江，不惜鸡蛋碰石头，与浪里白条张顺大战一场，结果被淹得半死。

李逵类似的吃亏胆怯的故事，还有不少：忠义堂上惧怕及时雨宋江，相扑惧怕浪子燕青，走路惧怕神行太保戴宗，连没面目焦挺这样不入流的步兵副将也能随意摔他几个跟斗。“黑旋风”那厮就会挥舞两把板斧，仗着一身蛮力和舍生忘死的勇敢乱砍一气，武功上一点招数和技术含量也没有，凭什么在《水浒》诸将中威风凛凛、在后世评书艺人的口中声名赫赫，且在三十六员天罡星正将中位列步将的前茅？叫人好不气恼！

我怀疑梁山好汉排座次时，宋江有结党营私、徇私舞弊的嫌疑！谁都知道，宋江在江州做囚犯时李逵就紧跟他，是他的保镖和死党，宋江也经常给李逵一些散碎银子，每次干机密的事儿，定会让李逵紧随。

细细琢磨本文，让人惊讶地发现——长期身处底层、仰人鼻息的生活，让李逵看似粗鲁憨直，原来是他有意无意地把真实面目隐去了！尤其是在比自己位高、财大、艺高的人面前。只要不是原则问题，李逵就继续在人前扮猫扮虎，装傻充愣，挥着两把板斧打头阵，在高州下枯井背贵族子弟小旋风柴进出来，在东京为宋江密会名妓李师师看门，丝毫不以为意——因为柴进虽不是同路人，毕竟也算是一条好汉；

李师师本来就不是什么良家妇女。李逵恼起来顶多也就胡说一通闲话、乱放一把火出出气。只要能大碗喝酒、大块吃肉、高声骂娘就好！

别看李逵成天嘴里大呼小叫，其实平生只有两次动过真火：一次对老虎，因为老虎吃了他瞎眼的老娘，李逵就杀了老虎全家；另一次就是在荆门镇刘太公庄上，李逵不惜与宋江翻脸。先砍倒杏黄旗扯碎“替天行道”四个字，再“拿了双斧，抢上堂来，径奔宋江”。围绕荆门镇刘太公庄上发生的这个故事，我们终于看清了看似大大咧咧的黑旋风的另一面——好一个性情中人！真好汉、真豪杰、真李逵原来在此！

落草为寇的绿林中人，本就无法无天，抢几个漂亮小妞做压寨夫人，在那个混乱年代里根本不算一回事。更何况宋江自从杀了阎婆惜之后一直单身，下山弄个妙龄女子做夫人，也是合情合理的，难道让他一辈子打光棍，或者微服到附近市镇中去登一则征婚启事，然后来一番自由恋爱再结婚？

那年头，别的山寨、别的好汉都是这么干的，家常便饭。即使在梁山，也有先例可以援引：原朝廷命官双枪将董平，在上山落草前就先抢了自己顶头上司的女儿为妻，还杀了那位上司家中的其他人。但偏偏李逵就不依，而且专门针对宋江。李逵可以容得下好色的矮脚虎王英、杀父夺女的双枪将董平，却偏偏看不惯平日里满口道德义气、忠义堂前竖着“替天行道”杏黄大旗的呼保义宋江去抢良家女子做压寨夫人！

细读全文，就知道李逵完全是在借题发挥、指桑骂槐，颇有点秋后算总账的意思，绝不仅仅是逞一时之意气、出一口鸟气。俗话说“蔫人出豹子”，在宋江面前一向口拙的黑旋风，一旦动了真性子，骂起人来居然也能口若悬河、入骨三分，让人看了非常意外和解气。

你看：

“我闲常把你做好汉，你原来却是畜生！”——宋江一下从“大哥”变成了“畜生”，让人窃笑不已；

“山寨里都是你手下的人，护你的人多，那里不藏过了。……杀了阎婆惜便是小样，去东京养李师师便是大样。”——此等一针见血的见解，只有李逵能说、敢说、会说！

“我若还拿你不着，便输这颗头与你。”——一个“还”字颇有神韵，暗示李逵对宋江的诸般作为早已忍耐不住！他早就在暗中盯紧了宋江，时刻准备“拿”宋江！为救素昧平生的刘太公的女儿，用自己的脑袋打赌，唯真李逵才会如此。

“你两个先着眼瞅他，这老儿惧怕你，便不敢说是。”——谁说李逵只会粗鲁地抡板斧？他断案很注意细节、很懂得人情世故呢！

但是，一旦发现自己真的搞错了，李逵绝不强词夺理、无事生非，这是真李逵的豪爽与坦荡之处！恶毒地骂人、知错后毫不犹豫地准备自行了断，“既然输了这颗头，我自一刀割将下来，你把去献与哥哥便了”。燕青建议他负荆请罪之后，李逵一系列忸怩、羞愧和不安的动作与神态，显得很可爱，“好却好，只是有些惶恐，不如割了头去干净”。

多智、友善和乖巧的浪子燕青深谙宋江的心理——他知道宋江喜爱李逵的忠诚直爽，不会轻易杀李逵，燕青负荆请罪的建议，是为了给双方一个台阶下。这才使故事有了一个较圆满的结局。“梁山泊自此无话。”

至于宋江再派李逵与燕青二人下山擒贼，自然是知人善任、敦厚待人的“大哥”胸怀。在《水浒》中，李逵与燕青下山一起出差的次数最多，因为宋江知道燕青的机智对李逵的鲁莽是一种很好的弥补。李逵寻贼的急躁、与贼打斗的一马当先、对贼下手的狠重，自是他的一贯作风和本来面目——真李逵在此！

“李逵心焦面热”“李逵那里睡得着，扒起来坐地”——李逵憋着一肚皮窝囊气呢。

燕青道“且等天明却理会”，“李逵那里忍耐得，腾地跳将过去了”——见了贼人，李逵还等得了天明吗？

在擒贼的过程中，燕青、李逵二人的不同脾气、秉性在细节中很充分地流露出来。燕青善于投机取巧，能用弩弓射绝不用刀枪搏斗，能潜身暗行、伏在黑暗处偷袭绝不与贼人正面比勇斗狠，也绝不贪功冒进。李逵则只管明刀明枪地砍杀，只管“砍翻在地”，逞意气之快。坦率地说，如果没有燕青同行，李逵绝对不会这么顺利地杀贼救人。

此是题外话，且按下不表。

敢骂、敢恨、敢杀，也敢自杀谢罪、敢羞愧地负荆请罪，才是真好汉李逵。李逵这黑厮，真的很可爱、可敬。他的出身、修养、见识和武艺水平，使他难以独树一帜、独当一面，要任性逞强，就不得不站在宋江哥哥“替天行道”的杏黄旗下乘凉庇荫，所以他平时的言行又有几分憨厚收敛、形象也有几分迂直可怜。

想《水浒》中那个叫李鬼的，以为腰上有两把板斧、脸上有一把连鬓的胡须，再配上黑塔式的身躯和洪钟式的嗓门，就想冒充黑旋风李逵去劫道，真是笑煞人也！翻烂《水浒》整部书，你何曾见到李逵对穷、弱、正、义之人如此吼叫过——“若要从此过，留下买路钱”？

真李逵是率真中有几分狡黠、冲杀中有一点无奈、豪气中有一些鲁莽。

真李逵，只对那些不平、虚伪、肮脏、狡诈、口是心非之徒挥动手中的利斧，一旦发现是自己错了，宋江还是他的“及时雨”哥哥，他还是愿意下跪、负荆甚至献上头颅，为宋江、为梁山替天行道、奔赴战场血染黄沙的——尽管他不愿意接受招安！招安是大事，李逵很有自知之明，知道自己不懂这些大事，绝不去瞎掺和、去强出头。但他有良心，懂得正义，即使落草为寇也绝不忘却、含糊甚至堕落，更重要的是他不惜用生命去呵护心中的正义，敢于坚持和坚守底线，哪怕是“大哥”宋江也不能例外——只要触及李逵的道德底线，立即翻脸不认人。

【提要钩玄】《水浒传》中，李逵是个常常出现的人物。他的故事不完整，虽个性鲜明却零零碎碎，虽真诚勇敢却少惊天动地的事迹。本文是李逵性格的集中反映——真与伪、顺与逆、鲁莽与精细，几乎是同时爆发式地展示出来，让人目不暇接。要注意从李逵的言行中体察李逵的内心世界，李逵的语言中有许多愤懑和潜台词，而他的真性情正是通过这些愤懑和潜台词展示出来的。

【阅读难点】小说中人物性格的差异性

同样是听了刘太公的话，为什么李逵立即信以为真，怒从心中生，而燕青的反应大相径庭？从课文中我们知道，李逵对宋江“去东京养李师师”之事一直耿耿于怀，而燕青却生长在大名府首富卢俊义身边，见过大世面、经过大风浪、有过大起大落的人生际遇，所以行动和性格都平静稳重得多，遇事更思虑周详。

在矛盾中展现人物、在冲突中聚焦人物的内心矛盾，要从李逵的语言中，领悟到他长期不满而又被压抑的内心世界的另一面。

【师生互动】用细节描写展示人物

李逵之怒、之憨、之精、之黠、之忠、之正、之义，在文中分别有哪些细节和语言描写？试找出来做一番品析。

【话题】人，没有绝对的鲁莽与精明。你认为在李逵身上是不是这样？课外阅读李逵与李鬼、鲁智深拳打镇关西片段，比较一下，鲁智深、李逵身上的鲁、直、真、豪有什么不同特点？

水浒人物出场词

宋　江

起自花村刀笔吏，英灵上应天星，疏财仗义更多能。事亲行孝敬，待士有声名。济弱扶倾心慷慨，高名冰月双清。及时甘雨四方称，山东呼保义，豪杰宋公明。

李　逵

黑熊般一身粗肉，铁牛似遍体顽皮。交加一字赤黄眉，双眼赤丝乱系。怒发浑如铁刷，狰狞好似狻猊。天蓬恶杀下云梯。李逵真勇悍，人号铁牛儿。

文本《匡超人》

肩上道义，士人永不折断的隐形翅膀！

古代学童启蒙的《三字经》，熏陶了一代代中国读书人。匡超人——一个士人沉沦的典型故事，他从朴实善良走向厚黑堕落，再一次证明了《三字经》中的真理：“人之初，性本善；性相近，习相远。”一个德的修养，岂能随人生的起伏而放松改变？正德才能修身进业啊。

从万世师表孔夫子开始，真正的儒家士人都应是正人君子，穷则独善其身，达则兼济天下，都应以修身齐家平天下为己任。这是读书人的根本标准和目标。即使随波逐流，也应慎独守正；从商做贾，也应君子爱财取之有道，方可谓之儒商儒生。那些成天为蝇头小利而行走江湖、钩心斗角、蝇营狗苟的昧心商贾，在古代同样是为人所诟病的。

古代的士人，大概相当于今天的精英阶层，他们凭功业、道德、文章、社会名望，列“士农工商”四民之首。达者食有鱼出有车，展平生之志；贫者固守寒庐，养育一颗平淡宁静的儒生心灵。

少年的匡超人就曾经是这样的楷模。他少年时孝行表率乡里，父亲的遗训更是字字珠玑：“功名是身外之物，德行是要紧的。”但是，长大的匡超人又成了一个反面的典型，成了恬不知耻的士人垃圾。匡超人的经历和巨大反差，岂是“人生如戏”四个字能轻易概括得尽？

未经世事的少年人，往往会认为“德行”是个抽象的概念，是令人厌恶的空洞说教，就像初入商海的学徒把经商与挣钱画等号一样。但是，对于尘世浮沉的父辈来说，德行是立身之本，经商不完全等于挣钱。德行、诚信、信誉，等等，才是永恒的东西。看古往今来的成功者、名牌企业，哪一个不是把德行与信誉视为生命？

可是，一些士人在人生旅途中，把宝贵德行渐渐淡忘，与德行渐行渐远，直至无德无行地游戏一生，甚至堕落为社会的渣滓。

匡超人人生的巨大反差，当然有社会的原因。明代统治者设计了八股文，令无数皓首穷经的士人们死在八股文这个绳套里，直至两眼翻白、呜呼哀哉。《范进中举》中的范进，是其中一个还算幸运的典型——毕竟他在生命的暮年得以中举、得以扬眉吐气，不负斑白的鬓发和所受的委屈。

从明朝统治者的角度来说，设置科举八股文，大概是为了扼杀社会精英分子的创造性和不安分的心理，这与盛唐开科取士有着本质的不同——唐太宗说“天下英雄，入吾彀中矣”，顶多是让天下英雄为我所用、不生异心。曹操说“明明如月，何时可掇？忧从中来，不可断绝”，则更多了几分平等、民主意味，视天下英雄为师为友，得天下英雄助己成就王图大业。

在统治者如此的阴暗心理笼罩下，元、明两代企图走科举仕途之路，期望“学成文武艺，货与帝王家”的那些士人们，的确有几分先天的不幸。因为明代统治者要的是只会念八股文、作八股文的奴才，元代更甚——把士子排在优娼之后。那个时代，胸怀道义的士人的确是比较抑郁，看明代中后期的政坛，皇室荒唐事百出，官场妖孽丛生。

但人无骨不立，树有筋而韧，真正的士人岂能因富贵而失掉风骨，因口腹而丢却道义？

匡超人的可悲、可叹、可耻，主要仍在他自己。先是名士习气的熏染，然后是地痞奸吏的诱导扯拉，再是得意后与上司女儿的婚姻——虚伪、缺德、厚黑、无赖、无行，一样样如鬼魅上身，匡超人从此加入名利场的群魔乱舞，久居鲍市不知其臭，难以自醒、自拔。

人生不要幻想自己托身于高山冰川、绝壁幽谷，做一个永不闻人间烟火、永断世俗污染的逍遥者，而后养成高尚的德行和伟岸的人格，而是应该具有“出淤泥而不染，濯清涟而不妖”的定力和自洁能力。要用一生做到这样，洁身净心、反省自己是必不可少的。否则道高一尺魔高一丈，堕落是迟早的事。一个人的德行和人格，只能在纷纭红尘中成就，也只有在巨大的诱惑中成就，才是真正可靠的德行和人格。

看失去良知羞耻之心后的匡超人，先作奸犯科，再翻脸不认，停妻另娶，攀附显达名流，介于士、宦、商之间，不伦不类；如狼奔豕突般奔走于朱门；成天把某某名士权贵挂在嘴边，攀富贵、结地痞、吹牛皮，且日久天长后食髓知味，脸红而心不愧，迷途而不知返。从一个家教严谨的大孝子，演变成这般模样，真是令人唏嘘不已。

古人说从善如登、从恶如崩，真是一点不假。一个人心中一旦有了恶的种子，终将有一天会在合适的温度湿度下发芽，不计手段、不顾廉耻地奔向梦中的名利富贵。天性品行纯良的匡超人，就是如此渐渐变成这样一个文痞的：吹起牛来如精神病人，翻起脸来如市井小人，甚至刚刚被牛布衣讥笑“所谓‘先儒’者，乃已经去世之儒者。今先生尚在，何得如此称呼”，却依然只是红一下脸，然后继续吹嘘“唯有小弟的选本，外国都有的”，如此厚的脸皮，的确是有些“超人”。

人生本自多风波，尘世本自多诱惑，书本上与梦中的那些善与恶，通通会在生命的过程中一一出现在每个人面前，无形地检验着生命的道义与德行。冥冥之中，匡超人的人生到底还是由他自己在不自觉地掌握着：孝顺时吉人相助，堕落后潘三之流的牛鬼蛇神就来相纠缠，无赖后又在牛布衣面前自取其辱……换言之，荣辱得失，常常就在自己的一念间。

士人的沉沦，往往是从肩上放下家国与道义开始的。没有了铁肩，缺了人格的钙，成天对小利嘤嘤以求，怎么会有真正的妙文华章？杜甫贫而不贱，清寒一生，永不放下心中忧国、忧民、忧君的重担，清醒一生，贤德千秋，诗歌如江河万古流。

道德人品真的是人间最难的，却又相伴终生的大学问，因为道德人品不是写写说说，而是要身体力行。圣贤尚且如履薄冰，日三省乎己，普通士人岂可等闲视之？看一看清名臣大儒曾国藩的励志格言吧：不为圣贤，即为禽兽。

如此刻苦自励，才能永葆士人的风范和生命的圣洁。

吾辈读书求学者，悟透了道德文章、名利富贵正反两面的例子了吗？自警啊——功名利禄太沉重，折断了多少曾经有着抱负、理想和美好信念的有志人生的翅膀！匡超人只不过是其中一个典型的例子罢了。

【提要钩玄】匡超人的堕落真是一个令人目瞪口呆的“奇迹”，但反观生活中一个个鲜活的例子，又让人不由得不信。匡超人的堕落固然比较极端，但类似的故事经常在现实中上演。

【阅读难点】选取生活片段、提炼语言和场面，透视人物的内心世界。

【师生互动】匡超人从纯洁到厚颜无耻，由善到恶，你认为根本原因是什么？

【话题】守本真、知本色、常反省，勿失纯朴本心

有许多古老而伟大的真理正在一天天被污染：遵礼守信、自尊自强、艰苦奋斗等等，紧守这些简单朴实、历经岁月检验的真理何其难也！道高一尺，魔高一丈，这个魔就是身外的种种诱惑：功名、虚荣、享乐，一点点蚕食着那些本来上进、有德的士人的心。失意的人所受诱惑小一些，得志者更容易掉进泥潭。多少被押上刑场的高官显贵，都曾经是胸怀济世壮志的本色书生！

佛教育弟子说：好的念头如同种子，一个人不但要有好的念头，还要善护念，才能使种子发芽长大。播种、护念吧，这是一个人升华超越自己的必由之路。绝大多数士人在年少时或许都有好的意愿和理想，但是，一个人做一件好事不难，难的是一辈子做好事。人的一生绝不止一个念头，而是念念相续，其中，世间的五光十色时时诱惑着得意的、失意的士人的心。

一个士人紧守道德的藩篱有多么重要！

文本《长恨歌·围炉夜话》

生活的密码：上海弄堂的“风语者”①

不要小看“夜话”的零碎、清淡、没有逻辑，那或许是沉淀许久而后泛起的潜意识，里面的内涵丰富得很。

上海的密码不在博物馆，在一条条弄堂阁楼中，平民的梦、成功、失望、幸福和往事的感伤，都出自这里。鸽子、风铃与里弄的闲言碎语，甚至夜里的梦呓，记载着一切。

去过葡萄酒厂的人都知道，葡萄美酒是放进一只只橡木桶中，封存好，然后埋入地窖中。酒的美味和价格与埋在地下的年代久远成正比。看那一只只橡木桶在地上滚来滚去，里面藏着多少颗葡萄昔日在枝头的往事旧梦啊！

尝人间深情、知生活真味的人，节奏总是缓和而沉稳的，世人谓之成熟。时令到了花开，时令过了花谢，有什么好急的呢？所谓凝望、痴等、呆坐、遐想之类的词语，描述的就是这些人、这些事、这些景。“满城风絮，梅子黄时雨”，就是此等若有若无、若浓若淡的美景。小憩中有点小资，享受生活的过程本身就是在实现着梦想。

本文充塞着香、味、色的世俗情调，可这样的氛围却不让人觉得俗不可耐，反而透着几分“活在当下”的禅意。

王安忆的《长恨歌》应围坐在火炉旁，一边煮着咖啡一边读，或者在市区里弄的小阁楼上，一边叠着千纸鹤一边流泪细品。用咖啡的苦

---

① 《风语者》是吴宇森导演的美国著名电影大片，故事发生在第二次世界大战期间的太平洋战场上。日军用各种方法破译美军的密电码，让美军在战场上吃尽了苦头。为了改变这种局面，1942年，29名纳瓦霍族人（美国最大的一支印第安部落）被征召入伍，因为他们的语言没有外族人能够听懂，所以美军将他们训练成了专门的译电员，人称“风语者”。每个“风语者”都肩负着美军的至高机密。

涩压住被勾起的百味，用千纸鹤带走思绪。《长恨歌》是取自白居易《长恨歌》的寓意呢，还是取自李煜的“胭脂泪，留人醉，几时重？自是人生长恨水长东”的句子呢？

我更愿意相信作者是取自后者。因为我看到更多的是城市生计的故事和缥缈的色香味的积淀，还有对细腻的生活情调的体验品味，而不是一个人与另一个人之间相思、爱情的凄美。

这是已经消失的、一个曾经备感压抑的时代的另类，是另一种形式的独立守神、向天而歌，是现代都市“东篱把酒黄昏后，有暗香盈袖”的洒脱和逃避，是“躲进小楼成一统，管他冬夏与春秋”的人格自我完善。作者说：“这其实才是上海芯子里的气味。”

人生本来是缘聚缘散缘如水构成，缘好者欢喜于眼前好景，缘差者悲伤于自己的命运。忽忽一生将过——一声叹息，来世未知，叫人如何不怨流水作祟、时光无情呢？闲适的人们更容易产生感慨。

小说需要把诸多现象、许多偶然集中于一人身上，便于突出，术语叫作典型。王琦瑶就是这么一个作者选中的典型人物，就是随橡木桶滚动的一颗怀着枝头旧梦的曾经的葡萄。上海开埠的历史并不长，说是怀旧，也就是专指人们对二十世纪上海上、中叶的梦牵魂绕。

人之怀旧啊，其实怀的是自己人生的某种幸福的，或者可能幸福的缘与景。王琦瑶曾经美丽、风光过，怀旧和等待是必然的。鲁迅就不怀旧，他只解剖、批判和憧憬革命，因为在他心目中已经看透了几千年的“旧”，概括起来只有两字：吃人。这样的旧有什么幸福可言、有什么值得怀念的呢？

《长恨歌》就按这样的心绪从一只鸽子俯瞰上海开始，一幕幕地展开。本文《围炉夜话》让1957年这样一个大时代在芝麻香中徐徐散开，由嗅觉弥漫至全身。作者笔下的上海怀旧，细腻传神，同样的日子与布料，精巧的上海女人总能搞出一些花样来，让人感觉有点醉人呢。

“白天都是打发过去的，夜晚是悉心过的”，这不失为特殊时代背景躲避尘嚣的好方法，中隐隐于市呢。

一个小火炉，把外面时代的车轮轰隆的夜晚分隔开来。王琦瑶、毛毛娘舅、严师母再加上一个萨沙，这些寻常人与鸡毛事，经王安忆用一盘小磨一磨，放在生活的炉火上一煮一烤，立即迸发出“细碎的声音和细碎的香味”来——或许是生活本来如此或者本应如此？是人们自己薄情寡趣？

美呀，纵使读者是一个粗犷的硬汉，也会情不自禁地被几个女人的小磨、上海的夜晚诱出缕缕柔情来——这是文学作品对人的熏陶功能。上海小女人把生活的五味放在小磨中慢慢地磨成粉、牵成丝，能不柔吗？

看几个女人磨糯米芝麻，哪怕那磨是“一圈圈地空转”；听几个女人谈论衣服，哪怕仅仅是说，“一人一件地说，眼前像有羽衣霓裳在飞舞”；闻炒掺着几颗大白果的西瓜子的香，哪怕带一点苦味，也“有一种穿透力”，还“带着点醒世的意思”；甚至，玩挑棚棚、九连环、七巧板这些儿童游戏，也毫无时下流行的装嫩嫌疑，因为作者真正地从游戏中感觉到：“它们哪怕是这世界上的灰尘，太阳一出来，也是有歌有舞的”。这就好像一个科学家从蜘蛛蜜蜂身上看出了仿生学、工程学原理，你还能说这是儿童捉蜻蜓的嬉戏吗?

作者强烈的怀旧情结，溢于字里行间，形于几个小女人的神色中，我们只等着被感染好了。一花一叶已不再是个体意义上的某物，而是怀旧中的情愫因子。谁还会把满汉全席上的花椒、辣椒、孜然这些调料，等同于山坡上的原物呢？前者是食文化精品的组成部分，后者是普通植物的果。

叶圣陶先生有“观钓颇逾垂钓趣，种花何问看花谁”的对联，那种清淡和闲适的超脱，只有悟入生活、深得生活真谛后的长者才会有。王安忆则是完整意义上的生活痴迷者，可爱的小女人，《围炉夜话》中的审美与叶圣陶的境界是不同的。观钓与垂钓、种花与看花在文本中是融为一体的，让读者也情不自禁地投入其中。

“是花还是非花”？怀旧中尽管有许多成分是幻影，但却是许多从社会主流退到平庸而平安角落的人们的心灵旅店，它丝雨雪花中孑然兀立，向南来北往的旅人们昭示着——这里有间客栈。

《围炉夜话》话的就是这种独到的感觉。圣人忘情，俗人尤其是小女人多情，不然怎么彰显女人如水？几十年的有憾、有怨、有情、有伤的生活，多苦也要回味啊，一只小火炉、一盘瓜子几个小女人，不管外面烟尘动荡，只要心如水、情似梦，絮絮说来，说什么都是歌、是舞、是生活。

人为什么会“长恨”呢？原因还是舍不得。如果舍得、放得下，轻轻地抹掉、顶多如壮士断臂一样斩掉就行了，还恨什么？伍子胥鞭楚王之尸、人民绞死墨索里尼，还有那些决绝分手的情侣们，双方就没有长恨的唏嘘，只有短痛的解脱。

夜阑降，百草藏；梅花香，冬来也——品读一回《围炉夜话》，人间凉暑、过时景、来年梦，定会齐上心头，管教你梦里也带黄金甲。

【提要钩玄】这是一篇极具都市氛围和女性色彩的美文。文章的美，在于作者精细，我们好像看见一个美丽的农妇把一把把黄豆送进石磨的孔中，然后不停地、有着悠悠节奏地推转磨盘，从石磨的缝中流出白的浆汁——那是富含生活之钙的豆浆。推磨、送豆、炮制成豆浆，一点也快不得，快了就没有生活的原汁原味了。方便面、机器磨的豆浆跟这种小石磨磨出的豆浆是完全不同的风味啊。

【阅读难点】宏大的历史与琐碎的生活也有关系吗？历史也是由生活片段和细节组成。

【师生互动】练习“有滋味有寓意”的生活细节描写，把本文与鲁迅的《秋夜》做比较，有什么相同和不同之处？

【话题】花香四季真生活

把每一个夜晚都当作《一千零一夜》来度过，倾诉、倾听、细细地辨识每一缕光与影，然后小心地收藏在心的深处。寻常人一掠而过的惊悸，在作者这样的生活修行者心中会沉淀为底片，一生中可以无数次地冲洗成常新的相片。

这不仅是一种生活态度。显微镜下看生活，触景生情地感悟生活，更是平凡大众在尘世中的静心修行方式。避开喧嚣闹剧，独自营造和养护自己的心灵，这固然不是大事业，却是一种很美的境界。心浮气躁的人很难做到像王安忆这样——把生活中的琐碎当作禅来修炼、当作理想来凝望、当作美食来反刍咀嚼。

黄桷兰花开的时候，谁都知道它的香艳和美丽，都愿在黄桷树下多站一会儿，甚至偷偷摘下几朵。花谢的时候，大多数人会将黄桷兰遗忘，直到来年花开才会重新想起自己曾经有过的惊喜。

王安忆这样的有心者不是这样，我猜想，她们会在黄桷兰将谢的时候将花小心翼翼地摘下来，串成串放在枕边或者挂在脖子上，用各种各样的方式延续花的生命，继续享受花香。香气散尽后，还会把花浸入酒中，泡一瓶黄桷兰酒，专治夏日的蚊虫叮咬，时时回忆起黄桷兰的种种美好，数朵枯萎的黄桷兰沉于香洌的酒中，阳光下从瓶外看，就像无数朵黄桷兰在开放。

无心者的花，只香一季；有心者的花，四季常开。无论窗外的寒风多么凛冽，我们都应该在心中保留好春天花的底片，那是万物的灵与美，也是每个人生活的最佳住所。

乌夜啼

（南唐）李煜

林花谢了春红，
太匆匆，
无奈朝来寒雨晚来风。

胭脂泪，
相留醉，
几时重，
自是人生长恨水长东。

文本《红高粱·罗汉大爷》

怀念红色，怀念漫山遍野的高粱

偶尔冒出部《狼图腾》，国人兴奋了好久。原来草原的牧民千百年是如此斗争生活的！

现代的都市人群让别人安排着生活惯了，正逐渐丧失自己独立的寻找和眼光，当然也就少有什么真正的浪漫和勇敢。一张方桌、几支蜡烛、几朵玫瑰、几瓶香槟就权当作都市青年的红高粱地，无聊的青年们在那上面重复单调地耕耘着所谓惊心动魄、夜不能寐的思念与爱情。

爱与恨，需要许多修饰与包装吗？

高粱红，菜花黄，本是天地之间最自然的事。人，尤其是今天的都市人，越来越像活在人造的环境中，甚至连精神世界，也被精英们早就设计好了，而后形成所谓的潮流和旋涡，吞噬着赶时髦的都市人群的创造力和个性、血性。

所以语文新课程把个性化自主探究放在十分重要的位置。生命与生活的体验本来是不同的，也无须强求一样。儿童看《奥特曼》，少年看《游戏王》，青年狂热地拥向《星光大道》，参加种类繁多的明星梦的海选、PK 投票，总之，人生如同考试的填空题，看似千头万绪，其实出题者已设计好一切，让万千考生头破血流，标准答案在命题者手里紧紧攥着呢。

这样人工的头破血流，这样的红色，不是我们怀念的。

我们怀念的是那种高粱翻红浪，英雄下夕烟的红色。《红高粱》就给了我们这样令人振奋的红色。红高粱地是故事发生的大背景。红高粱养育了好汉们，又是好汉们最好的藏身之地，还在高粱地深处孕育风流和他们的下一代——小说中是这样写的。

《红高粱》的作者莫言说，“在进步的同时，我真切感到种的退化”。

显然，作者的写作目的，是想矢志不让民族的种退化，不让沸腾的热血冷却。可见，血色一样的红高粱对民族血性的重要性。

所以当年电影《红高粱》一出炉，就让读者觉得耳目一新，十分过瘾，再加姜文、巩俐的倾情演出，国际大奖的声名显赫，《红高粱》可以说是在中国的那一代人已经妇孺皆知。莫言、张艺谋为人民尤其是为青年做了一件功德无量的事。因为他们让我们重新看到了生命中敢爱敢恨的真正红色、真正的喝酒、真正的热血，一句话——喝了咱的酒，一人敢走青纱口！好酒！

其实，人人本来都敢走青纱口的：宗教圣徒们在敦煌，商家山西乔致庸在口外，革命者西北红军在黄土地，哪一个不是借着一口气、几斗高粱、几口高粱酒打下天下、创下辉煌、留下美名的？

只是太平日久，奢风渐起，阳刚蒙尘，是需要在精神上清理洗涤了，《红高粱》就有着很好的功效。

世上思想和行动的转变，有的靠自身领悟，有的如干柴遇外来的火星被点燃。莫言真切而深刻地把握住了罗汉大爷蔫豹子式的中国农民性格，故事情节的安排与人物性格的推演配合得天衣无缝。

罗汉大爷本来就是个普通的只懂饮食男女的良民，他不知道“人生自古谁无死，留取丹心照汗青”，他的智慧和勇敢来自朴实与本能——爱国爱乡、护家护主。见到日伪军来拉骡子，大爷还低声下气地说“弟兄们，有话好说，有话好说”之类的话，只是——那些兵痞会听你的吗？

“日本兵还眯着眼睛对奶奶笑”，“锋快的刺刀下刃在罗汉大爷光溜溜的头皮上豁开一条白口子”，奶奶用罗汉大爷的血抹红了脸来迷惑鬼子伪军，等他们走后用烧酒洗了脸，“把一瓮酒都洗红了”。

作威作福的工地监工，一藤条一藤条地抽打，良民罗汉大爷依然迷迷糊糊，直到吃午饭时，“罗汉大爷脑子里的火苗腾一声燃旺了，火苗把他丢失的记忆照耀得清清楚楚，他记起这半天来噩梦般的遭际”。

造反吗？读者心里一紧——原来罗汉大爷仅仅是“心里萌生了跑的念头。”只此一个悬念，高粱地生长的农民的人性特点显露无遗：虽然内心有阳刚血性，但外面却包裹着厚厚的外壳。

“他自由自在，不自由都是因为怕”，顿悟后的罗汉大爷一身是胆。而后有用铁锹狠狠收拾“忘恩负义吃里爬外的混账东西！里通外国的狗杂种”——黑骡，并引出了一系列惊天动地的故事。此是后话，按下不表。

征骡、流血、敲诈，从物到人，从身到心，被侵略者奴役的人，没有一丝是属于自己的——罗汉大爷终于明白这一道理。“忍”字头上一把刀，当刀开始入脑裂骨时，又如何忍呢？忍无可忍也就无须再忍！

罗汉大爷虽普通却不畏缩，虽有低声下气顺民之举却不忘祖宗、不昧良心，就像一只成熟的西瓜——敲开花斑的皮，就会露出血色的瓜瓤来，又像《五人墓碑记》中的五义士，老实巴交的百姓，同样有捋权臣虎须、让权臣触霉头的胆略。实际上，罗汉大爷最终的报复发泄对象依然是黑骡子而不是人——多么刚烈血性的农民还是农民，而不是战士。这样的人物刻画分寸，作者莫言拿捏得很准确。

革命是一种红，人性的雄烈、奋发，大刀向欺侮自己的一切砍去，无论神鬼，这也是一种壮烈的红，姑且称它为高粱红吧。莫言的《红高粱》更多是描述后一种红，天然、真切、质朴、不褪色。

如有侵略者、有流氓强敌这样对你，你会如何？你敢不敢有大动作？莫言对高粱地生长的人物的理解十分准确、细腻、传神。他只是想通过发生在红高粱地里的故事告诉人们：倭寇这样的暴风骤雨、狐假虎威的汉奸小白脸这样的小小蝗虫，谁都奈何不了漫山遍野的红高粱，改变不了喝红高粱酒的人的那种血性刚性。

红高粱，那是一种与华夏同在的精神；红高粱酒，早已流淌在炎黄子孙的血液中，遇血更红，逢土而渗，见火而燃。看人间宵小、阴柔，能奈我华夏红高粱何？

【提要钩玄】一个民族的优与劣，当然是由其内在的素质决定。战争的胜负、经济的强弱，除了正义与否，最终也是由这些素质来决定。计谋与勇敢，只是民族素质开出的一朵朵花朵。所以，我们有理由认为：莫言是个有思想深度的作家，尽管他喜欢用貌似调侃的语气来写作，重要的不是语言风格，而是思想。莫言的思想，让读者“横看成岭侧成峰，远近高低各不同”。读者应从莫言的另类俏皮的语言中去体验小说背后的大背景和深刻的思想意义。

【阅读难点】本文是从自由、刚强、自立等人的本性方面来阐释罗汉大爷和奶奶的爱国行为的，直击一个伟大民族永不屈服于强敌、不屈服于个人命运的民族本能和性格。避开了道德的说教、政治的理性，让爱国主义与人性、民族性合为一体，变得赤裸而光明。

所以，作者说：“他（罗汉大爷）像一个忠实的老人家点缀着我家的历史而且确凿无疑地为我们家的历史增添了光彩。我奶奶是否爱过他，他是否上过我奶奶的炕，都与伦理无关。爱过又怎么样？我深信，我奶奶什么事都敢干，只要她愿意。她老人家不仅仅是抗日英雄，也是个性解放的先驱，妇女自立的典范。”

作者想告诉我们：罗汉大爷和我奶奶的勇敢是源自人性深处不屈的本性。而这种伟大的人性遇敌愈强、遇挫愈勇、遇血更红——正如同红高粱一样，这才是我们民族得以繁衍发展的根本。智者不失其民族的本真、本心、本性。

【师生互动】莫言的寻根思想，本真而有穿透力。主人公的言行率性、大胆而富有个性。莫言正是通过这些看似不经意的描写来展开人物的生命本真世界的，讴歌这种根植于民族种性的自由、独立、率真所蕴藏的巨大力量。这是我们民族的根。

【话题】爱国、不畏强暴，是一种与生俱来的本能，而非外在的道德灌输。伟岸的人格和旺盛的生命力，是成就事业和一切善行的根本依据。无骨的猥琐小人，岂能与此等人言舍身报国？让我们来议一议，伟岸的人格和旺盛的生命力，是天生的还是可以后天培养的？应如何培养？在日常生活中有哪些具体的表现和内涵？

在中国广袤的国土上，甚至许多说不同方言的人群，都有着自己独特的民族种性。试解剖漫谈一下自己地域种族的种性特点。

粤教版选修教材
《唐诗宋词元曲选读》选讲

文本《观猎》

江山一日猎，胜君百日禅

特写镜头、镜头快速转换的使用，并非始于今天的电影。庄子的《庖丁解牛》，就是以庖丁的手、肩、足、膝的一系列动作协调舞动的特写镜头、以一连串“砉然响然，奏刀騞然”的天籁亮相的，这样的开头一下子就激起了读者的好奇心——想不到屠牛、解牛也有如此美妙的境界！

与晚期一派宁静而意趣盎然的诗歌风格不同，晚年成为禅者的王维，年轻时的诗歌那么遒劲有力，颇具豪迈的大唐气象。这大概与一个人的年龄、心性、修养有关吧？

渭城是个好地方啊，阳刚与优美兼具，所以王维既有“渭城朝雨浥轻尘，客舍青青柳色新”的清新名句传世，又用《观猎》为渭城的阳刚之气再添上一笔。

本诗开头的手法，是类似《庖丁解牛》那样的特写镜头——“风劲角弓鸣，将军猎渭城”。天地万象，人间万行，把风、角弓、将军、渭城四个平淡的名词用劲、鸣、猎几个动词一串联，境界立现。环境气候人物，言有尽而意无穷，王维诗歌风格一如既往：平中见奇，叙中见理，寓意于象。这是华夏古诗文独有的妙处。

“草枯鹰眼疾，雪尽马蹄轻”，颔联的句子结构与首联类似。王维非常善于从万物中捕捉灵感，“枯”与“疾”，“尽”与“轻”看似信手拈来，实则存在着因果关系，充满禅机。古人避春季而选秋冬田猎，一为动物生命的休养生息，二为草枯雪尽后地平天高，鹰疾马轻。诗中的将军率众田猎，与其说是为获物食肉，不如说更像是在万物枯寒的时令张扬一种人的力量和精神。所以王维对将军田猎的过程和收获虚化处理，着力于用环境描写和用鹰、马来烘托将军田猎时所挟的某种气势。

“忽过新丰市，还归细柳营”，可以想象出轻裘骏马的将军多么风采潇洒！既然是田猎，必定有速度和力量之美。把“忽”与“还”连用，再配上“新丰”、“细柳”两个地名，其速度之美宛如电影镜头剪辑所产生的效果。

末了，王维再次宕开一笔，营造出一大段虚白，用更大的背景来彰显出一种力量，可谓碧波踏浪的典范之笔：

“回看射雕处，千里暮云平”——将军射的是猛禽大雕，看的是远处的地平线，眼高意远，好大的气魄！由形而神，将军从形象潇洒一跃而风神豪迈，至于将军是否射中雕、射中了多少只，已经不是问题了。读者定然会在熏陶中不由自主地认为：如此壮士，当猎沙场；如此气度，当平天下。寻常飞禽走兽岂能配将军神采？

写作之道，真的是写形不如写势，造势不如传神，王维在诗中进行了大量的虚化处理，却留下一个意气昂扬的清晰的将军形象，王维可谓善辨虚实、善用虚实的智慧者。

观猎，按常理似乎应是弓张箭飞的场面，但王维着笔时弃剑拔弩张而就取盛唐独有的意气，舍杀气血腥而取景象与人物的大气，王维是一介信佛的书生，所以他不打猎，而是观猎。将军猎天地之物，书生悟天地之灵。本诗可谓立意匠心独运、气韵充满仁和，真书生本色。

赞曰：草枯意气盛，雪尽大地真。减到无字处，更显壮士心。

又赞：江山一日猎，胜君百日禅。观钓羡鱼者，何不横钓竿？

文本《青玉案·东风夜放花千树》

十字街头寻寂寞：硬汉辛弃疾的美丽邂逅

宝马，香车，佳人，一个让人激情飞扬的元宵之夜，一个硬汉在人群中徘徊。铁骨铮铮的硬汉辛弃疾也有情感的邂逅？这真有点让人难以置信。

但这是真的，而且正是在这一夜，辛弃疾对生命的意义有了质的顿悟。

佳人无名无姓，或许在辛弃疾眼中只是惊鸿一现。这次元宵灯会上的美丽迤逞，却在历史上留下了长长的倒影，后世许多士人的灵魂感受到了巨大的撞击——有人从中探美寻芳，有人从中感觉到含蓄美的魅力，更有人从中参悟出做学问的至大境界。真美大美、真我大我、至善至刚，莫非真的如作者所言：隐于幽冥的寂寞之中？

——“众里寻他千百度，蓦然回首，那人却在，灯火阑珊处。”

从词的表面意思来看，上片极尽繁华之事，下片佳人出场，但转瞬即逝。这的确是一个短暂而充满柔情的故事。佳节、佳人、胜景，可惜这次美丽的邂逅刚“笑语盈盈”地开头，又寂寞孤独地煞了尾，并没有什么浪漫而使人心跳的过程——因为辛弃疾本来就不是在讲情感故事而是在提炼一种人生的高远境界。他在词的末尾出人意料地给出了一个结局：人生的巅峰感觉、绝美的意境，原来都在寂寞的“灯火阑珊处”！

此等表达手段、此等人生境界、此等胜景体验、此等孤独寻幽的自我了悟，唯顶天立地的大丈夫方能看得真切、道得明白。

或许每个人的心灵深处，都有这么一个灯火阑珊的地方？那里的神坛上存放着自己的偶像、信仰和生命的全部寄托？当我们历经繁华热闹，千回百转甚至用一生去寻找某个目标时，最后蓦然发现——一切尽在身边，在少年时曾经因心高气傲而毫不留意的某个角落，那里有属于自己的人、属于自己的花或者别的什么契合点。

生命不在于有多少无聊的寻找，而在于契合。舍小求大、舍近求远，“宝马雕车香满路”的繁华，万水千山的无限风景，未见得就是自己的，人生中许多不属于自己的东西，终会“笑语盈盈暗香去”。

人生何不回头一看？从远处收回目光，看窗前的露珠，反观自己的心灵。那里或许有佳人在、在真情在、有趣事在，窗棂瓦缝中，正射进与自己幸福愉悦相契合的那束光明。万不可小看那个灯火阑珊的地方，那里或许是一个人情感与理想的最后归宿。志者行万里，行者览千山，终会归于一，人生——我们是否可以把那个“灯火阑珊处”视为一？

执着于“众里寻他千百度”的辛弃疾，定然是个痴情痴性的人。观稼轩的一生，从西北望长安，到醉里挑灯看剑的沉雄；从拥万夫射天狼，到抒栏杆拍遍的抑郁；从气吞万里如虎的龙马精神，到江晚独自愁的孤独惆怅，豪气满腔却又壮志难酬，他的一生是一首天然的跌宕起伏的长篇史诗。

本词可以算作这首史诗的尾声，虽不响亮却经久回荡。

以身许国的人，面对大好河山，无论是美人、胜景佳山水，都能够在寂寞中慎独守神，在失意中不失顶天立地的气概——辛弃疾真汉子也。

桃花开了，大雁正从头顶飞过，河床的冰正在变薄，时时都有生命“笑语盈盈”地激荡着人生的美好，处处都有“花千树”在述说着让人猜想的消息，暗香幽香浓香，来来去去，但我们须得凝神守志，然后才能虚静纳万物。

卷帘看风景，独在帘后笑。试问帘外客，我心可知晓？春夏秋冬，有我而美，因我而艳，但真正的花王魁首，终快乐地归于寂寞尘土，静静地朝天而眠。

文本《青玉案·凌波不过横塘路》

满城柳絮立春心

天地有心，天地之心在正气中；日月有心，日月之心在光明光华中；季节有心，季节之心在人的体验感悟中。

世人说爱，大都以生离死别或者死去活来为极致；隐者说禅，又往往以一尘不染为净。本诗作者贺铸调和二者，用直陈其事的真心真情，于春天的芳尘中为我们立一颗纯净的相思之心。因爱而凝望，因望而思念，因思念而在风花絮月中立心，一切环境都因爱而有形或无形。桥归桥路归路，烟草柳絮梅雨中，贺铸让人、季节、情感相融为一，赋予了男女相思情以春天般旺盛辽阔的生命力，凭这此词亦当永垂不朽。

前贤曰：为天地立心。但天地之心除了正气之外，也少不了旖旎的爱恋呢，否则，人间岂不是少了激情和生机？

江南，有多少浪漫发生在梅子时节？在多少多情的相逢相思发生在窄窄的雨巷？当相思成空时，多情者还可以让思绪随柳絮一起逆风飞扬。或许在飞扬中你会发现天高地迥的另一番景象。“试问闲愁都几许？一川烟草，满城风絮，梅子黄时雨”，可误用入乎其内，出乎其外——倾情去爱去相思吧，如果不得，还有无限的春雨在为你的下一次祝福。

现代人说距离产生美。其实古人亦深谙此理，贺铸这首诗的语言在朦胧与清晰之间流连，佳人的形象若隐若现，风采若明若暗。此等手段，唯崇文抑武、残存大唐遗韵的北宋初年有类似的境界和气象，唯富贵闲人贺铸这样的人能写之。本诗这种细腻缠绵的旖旎情感加上结尾的名句，为贺铸赢得了“贺梅子”的雅号。

还是回到北宋，继续听贺铸的心声吧——

很近又很远，暗恋又惘然，一怀心事，只好说与“月桥花院、锁窗朱户”，眺望佳人，佳人不过横塘路，她只在远处徘徊，奈何？诗人巧妙抓住心爱的女子始终不到横塘来，造成一种距离感和朦胧感，诗人空望中徒然相思勃发、烦恼丛生。让读者替作者着急惋惜。

下片与上片相承相续，作者笔锋一转，从两眼情的渴望到案前题诗抒情，最妙的是最后两句流传千古的妙喻：“一川烟草，满城风絮，梅子黄时雨。”他以虚写虚，抛开了眼中泪、意中人的相思描写窠臼，宕开了情感描写的新境界。贺铸的这两句佳句所选意象全都是属于阴柔型的，与男女相思暗自呼应吻合，并起到推波助澜的作用，关键是——他把一颗孤独的心融入了春天的大自然，并由此而获得寄托和永生。

多么惊世骇俗、卿卿我我的爱情，也是个体的；多么单薄的寂寞春天，也是属于所有生命的，对生命而言，二者之间有着天壤之别。屈原独自行吟于汨罗江畔而名垂千古，是因为他的诗歌把个体、诗歌与祖国合为一体。贺铸正是突破了个体相思的藩篱，让后来者因睹雨、见絮、观水而想起每个人心中那些若有若无的情愫，从而超越了那些声嘶力竭的呼号型相思诗歌。

我们读诗、写作，均应为文章安上一颗心，阅读理解、命题话题，本质上都是观心（别人的）、立心（自己的），在读与写中共同酿成自己的人文情怀。

驱遣万物于笔端，是写作之道；融激情于巧妙的意象示现，是写作的技巧。贺铸的这首诗，是一个很好的榜样。

粤教版选修教材
《短篇小说欣赏》选讲

文本《狂人日记》

大爱最疼，大仁最勇，大医最“狠”

烧罢！烧罢！
烧破世人的梦，
烧沸世人的血——
也救出他们的灵魂，
也捣破他们的监狱！
……
哦！我知道了！
是残风来侵你的光芒，
你烧得不稳时，
才着急得流泪！

——闻一多《红烛》

众所周知，鲁迅在日本弃治疗身体的小医而以治国的大医为已任，臧否几千年来的民族传统之失，直击许多敏感话题，终成医治中华民族精神痼疾的国手。尽管个别观点在今天看来或许有点矫枉过正，却依然影响深远。《狂人日记》正是他对国人的一个早期的诊脉医案，其时，年轻的鲁迅还没有开出成熟的处方，他一边对病入膏肓的祖国望闻问切，一边在嬉笑怒骂中静思着手术方案。

还是把重点放在孩子身上吧，他们是华夏的明天，救救孩子。

五四前夜，华夏民族患的应该是疑难杂症。望之民有饥色，嗅之有鸦片遗臭，闻之如“磔磔”枭鸣，切之脉象不齐，这些大概是几千年封建礼教的沉疴再加上八国联军造成的惊悸后遗症。纵然是国医圣手，一下子也颇感棘手，踌躇难为。华夏民族的鼎盛期真的已过？无月的夜空，投下点点依稀的星光，狂人只好踟蹰独行，单枪匹马对封建礼教的堡垒鸣鼓而攻，有点像堂吉诃德——只是堂吉诃德沉浸在对过去的怀念中，用长矛刺风车；而狂人直面未来，用匕首投枪刺向狰狞的群敌。只有信念与热爱的光明，照在冰原中孤独的狂人那寒寂的心灵世界——这已足够了。一颗活泼泼的大爱之心，胜过千万死灰般行尸走肉的麻木的心灵。

易子而食，亡国灭族之兆啊。

在几千年长揖、下拜、一团和气已成定式的情况下，突然杀出一人来，一下子用匕首投枪戳破虚伪，敢于在礼教圣贤的佛头着粪，揭穿皇帝的新装，那人在那时当然不受欢迎。首先是坛上受拜的神定会万分恼怒，拜惯了的人群抬头发现神像已碎，神坛上空无一物，定会群起而攻之，恨不能食其肉寝其皮、诛其心伐其骨以泻其愤。杀头容易，随便捏造个罪名即可，卫道士们亦深知杀头不如诛心，诛心才能永绝后患。但诛心却是一件很难的事，暴力权势只能诛行不能诛心，尤其是对于“狂人”这样心逾金刚、视一切封建势力如寇仇的革命者而言。

历史上从来都不乏口诵圣贤之言的阴毒小人，再经千百年那些小人们的“群策群言”，代代相传，积淀下来许多方式——比如谣言、毒辣辣如刀子的眼光、让人猜不透的行为暗号，“预备下一个疯子的名目罩上”，总之，“狂人”之类的人得死，或者永远消失——最好是自动、自愿、带着悔意和惭愧而去死，争取下世转投胎争取做个顺民良民。

“直捷杀了，是不肯的，而且也不敢，怕有祸祟。所以他们大家连络，布满了罗网，逼我自戕。”几千年的腐朽陈旧欲诛杀“狂人”，结果先被“狂人”一剑刺个正着。世上怀赤子之心的人，最具勇敢精神、果敢的意志和超凡的能力——“狂人”或许正是这样的勇士？

“老头子和大哥，都失了色，被我这勇气正气镇压住了。”好一个赤条条来去无牵挂的狂人！这种孤独的赤子之心与鲁迅青年时期“寄意寒星荃不察，我以我血荐轩辕”的夫子自道一脉相承，鲁迅就是黑暗中的那个因爱、愤、怨的积蓄而发狂的“狂人”。

这并非是“狂人”的幻觉，历史上这样的例子不胜枚举。“我翻开历史一查，这历史没有年代，歪歪斜斜的每叶上都写着‘仁义道德’

几个字。我横竖睡不着，仔细看了半夜，才从字缝里看出字来，满本都写着两个字是‘吃人’！”《狂人日记》是小小说、大历史——封建礼教从圣贤的理想之治走向杀人软刀的历史。孔孟之道的原始精义始于修身齐家，而后齐天下。“狂人”反其道而细察其虚伪——由身边人文环境至自己的家族家庭。吃人——被吃，琢磨吃人——防被吃，腐朽礼教的套路大抵如此，只是在不同环境中，根据对象的不同，选择性地披上不同的外衣。

在光明磊落的境地中回首曾经身处的黑暗，怎会不愤怒？狂人的心情正是这样，狂与怒中饱含着对尚在黑暗中洋洋自得地在“吃人—被吃”中转圈子循环的亲人产生的大爱真爱——快出来呀！救救孩子！

满口仁义道德的伪君子泯灭了厚德，让圣贤们塑造的、原本神圣的礼教只剩下一具与人性自由对立的空壳，但这具空壳已经熏陶、愚昧了华夏生命几千年，从人到狗，“与恶人居，如入鲍鱼之肆，久而不闻其臭”。

所有的虚伪，在不计功利得失、不惧谣言攻讦的赤子“狂人”那犀利的眼光中，都会被看个通通透透，“狮子似的凶心，兔子的怯弱，狐狸的狡猾……”；所有的肮脏，在赤子无私的自我解剖中，都被袒露无遗，“我未必无意之中，不吃了我妹子的几片肉，现在也轮到我自己……有了四千年吃人履历的我，当初虽然不知道，现在明白，难见真的人”！

狂人的醒悟先是始于自己怕死自度，而后推己及人要去度人——妹子、家人、周围形形色色的人群。对几千年封建礼教的批判反思千头万绪，当然难以一人一言以蔽之，鲁迅于是虚拟一个“狂人”，使思想在空灵中可以天马行空地扩大，既能击中旧礼教的痛处，又超越了具体的人与事，且自贬为患精神病的“狂人”，不予那些伪善礼教卫道士以把柄，这的确是以小见大、藏实于虚的最佳选择。

狂人的本质是赤子、是战士，他在纷乱危险中把一个个身边的不同生命个体看得入木三分；狂人的表现是急躁怀疑，内心是爱深如海；他是我们眼中孤军奋战的勇者和先贤。在一个没有法制、没有信任、没有安全保障甚至没有做人尊严的社会中，我们可以也应该理解他的狂躁不安。

狂人不惧那些老贼、贵人怪怪的眼光以及他们的吃人阴谋，狂人真正担心的是孩子——“今天也睁着怪眼睛，似乎怕我，似乎想害我。这真教我怕，教我纳罕而且伤心。”狂人不是怕自己被孩子吃，而是怕他们在吃人的环境中长大后也去毫无愧疚地吃人，果真如此，则我民族无望矣！

家贫知孝子，国难现忠臣，这样伟大的“狂人”，在那些个岁月里是前仆后继啊，鲁迅是其中的一个典型代表。

“吐出你的心看看，可是这般红？”许多的鲁迅闻一多这样的“狂人”因爱而呕心沥血，因爱而怒不可遏，庸俗的世人认为他们狂狷不羁，不可理喻，妨碍了奴隶们的“正常”思维和生活，恨不能除之而后快。但——旧时代的丧钟总是一声接一声地敲响，从来没有间歇停止，正是“狂人”这样的仁人志士在不断昭示我中华民族生生不息的勇敢和智慧。

竹影过，月西沉，每逢末世，总有圣哲们因大爱慈爱而寂寞，因勇毅执着而遭冷遇，但他们往往不以为意。鲁迅就是在这段中华民族“数千年未有之大变局”尾声中的一位新时代的伟大觉悟者和旧思想的无情终结者，他以民族为心、以人民为念、以呐喊为戈，狂人在中国五四以后的新青年运动中逐渐找到越来越多的知音，终成燎原。

先贤奉礼教本为造就社会贤达，没想到被无耻的伪君子拿去把人变成了吃人的动物。吃人的人终也成了别人吃的对象，封建礼教一旦被狂人揭破了那层遮羞的面纱，其命休矣！

五四运动让科学民主的思想深入人心，而今阴霾散尽，民族进入复兴的正轨，传统文化正在再次进行反省。愿华夏从此夜夜都有“很好的月光”，人们不再“用着疑心极深的眼光，面面相觑”，都拥有阳光灿烂的笑脸。

庄子在《逍遥游》中描述了一种身心高度和谐、与天地精神相往来的仙人：“藐姑射之山，有神人居焉。肌肤若冰雪，绰约若处子”，但那是一种静态的、超脱的和谐，远离尘世，与中华民众无缘。鲁迅先生一生直面现实，从来没有一丝的奴颜媚骨，也从来不给那些封建礼教的孝子贤孙们一丝面子。他给孱弱国民开的处方是——强其心智壮其筋骨，废其伪善兴其真勇，在斗争中取得一席之地，在抗争中取得新的和谐。

鸦片战争后的中华，面临亡国灭种之虞，更需要的是狂人这样的清醒战士，而不是出世的超脱。真的慈悲大爱，正是在红尘中度尽众生，正是率领自己的同胞杀出重围求生存。

【提要钩玄】狂人的种种“幻觉”看似零乱而无逻辑，其实是有逻辑的。这个逻辑是情感——爱与憎的情感，一个人在情感的顶峰处会变得语无伦次，所以狂人在常人眼里看来是“病态”的，因为庸俗的世人不具有狂人那样的大爱，世人往往只为生存而活、为自己而活。而狂人是舍己度人，奋不顾身，“我以我血荐轩辕”。狂人心中有的是溺于苦难的中华民族，他的目光、思想犀利而具穿透性，语言“无厘头”而令心怀鬼胎的奸佞小人心惊肉跳。

【阅读难点】你认为鲁迅为什么要把一个封建礼教的革命者、破坏者设计成一个“狂人”，为什么鲁迅不采用正常叙述的小说方式而采用狂人＋日记这样的独特体裁，使小说看起来像一个精神病人的病历？为什么鲁迅不从正面来直接塑造“狂人”的革命者、思想者形象？

【师生互动】狂人的真知灼见，在身边人（甚至亲人）眼中成了臆想；狂人怀疑一切，包括骨肉亲情；狂人身处危险，发出的却是“救救孩子”的呐喊。狂人心地善良、“臆想”合理，却不合情以致招来四面对立；身边社会环境“吃人”，不合理却合情合法，这种复杂的矛盾关系，你认为到底是一种社会的真实还是“狂人”的错觉？

【话题】你认为这篇小说以“狂人”心理日记的独特方式来表达作者的思想，有什么优势？是否可以用别的文学形式来替代？

文本《游园惊梦》

青春在海峡那边，鱼尾纹在海峡这边

长期身处富贵的人，隔着美丽的肥皂泡在透视生活，肥皂泡一旦缩小甚至破灭，往往比生活在贫寒中的人更容易看破人情冷暖、感悟生命的无常。钱夫人就像一个漂流瓶，当然不是普通瓷做的，而是金玉制作的精致的漂流瓶——被擦得锃亮摆在将军府的客厅，被命运抛进大海随波逐流；乘计程车而来，乘别人的吉普车而去；在得月台赢得喝彩唱戏，为钱将军一人唱戏，为排遣寂寞唱戏。酒至半酣，已是半梦半醒时分，只是风韵犹存的钱夫人还在自己的一生浮华中沉醉，自得其味，虽“惊梦”仍舍不得退场。

《游园惊梦》的作者白先勇是大名鼎鼎的“小诸葛”白崇禧的公子，他十几岁随父亲到台湾时已经知事明理，对于从大陆跟蒋介石退踞孤岛的上流社会的生活和心理自然是再熟悉不过了。本文像一壶醇厚、甘洌、味道绵长的铁观音工夫茶，让伏案专注阅读的读者在复杂的情感体验中抬起头来时，已恍若隔世。

普通人对生活的熟悉是一种浅层次的熟悉，杰出的小说是一种浓缩的万花筒，景象更集中多变，味儿更浓更复杂。谈玄猎奇未见得就好看，平平淡淡也可以引人入胜。小说重要的是味儿——那种在氤氲中喝酒微醺、在窗前观鸟走神、暮霭中沉思时前世涌上心头的味儿。

小说不是讲什么道理，小说的第一要义是“好看”。情节人物语言心理环境，五味混杂，让悟入胜境的读者像食客喝着温酒吃火锅，在麻辣烫中脱光上衣挥汗如雨，灵魂早已上了九霄。至于嘴里嚼着的是牛筋还是豆芽，含维生素A还是B，已经不那么重要了。

有些人靠奋斗支撑着身躯藐视困难，有些人靠幻想麻醉自己打发日子，有些人靠回忆美容、暖心房——大多富而闲的人才有这种资格，台湾白先勇先生的《游园惊梦》中主人公钱夫人，就是这么一种人生曲折、五味俱全的人。

小说人物是逐次登场，情节安排天然无痕。窦夫人桂枝香、赖夫人、天辣椒蒋碧月、黑头余参军长、小白脸程参谋，一个个或含蓄，或张扬，或青春常驻，或徐娘半老的“角儿”票友们粉墨登场。

一开头，作者就用平淡的笔法暗示出主人公钱夫人的“跌价”：“窦公馆门前两旁的汽车已经排满了，大多是官家的黑色小轿车，钱夫人坐的计程车开到门口她便命令司机停了下来”，在小说末尾处再次写到虽年老却未失势的赖夫人乘“林肯”名车离去。夫去人老的钱夫人的复杂心理，读者一想便知。小说中通过类似的生活细节来演绎和暗示人物身份心理微妙变化的地方，还有不少，细心的读者可一一找出咀嚼。

钱夫人出身风月场，嫁入高官豪门，刚届中年又丧夫寡居。失去了大陆文化氛围的根、失去了丈夫，短暂的繁华、风采又顶什么用呢？但又总是旧梦难断——从南京到台北，钱夫人在小圈子中总能遇到故人，勾起对昔日的回忆。小说在不经意的与故人相遇中开头。

去会一个从前的好姐妹，结果先碰上一个过去不怎么上眼的副官。“那个随从便赶紧迎了上来，他穿了一身藏青哔叽的中山装，两鬓花白。钱夫人从皮包里掏出了一张名片递给他，那个随从接过名片，即忙向钱夫人深深的行了一个礼，操了苏北口音，满面堆着笑容说道：‘钱夫人，我是刘副官，夫人大概不记得了？’‘是刘副官吗？’钱夫人打量了他一下，微带惊愕的说道，‘对了，那时在南京到你们大悲巷公馆见过你的。你好，刘副官。’”

白先勇这样看似平淡的开头实则很高妙。这个意外的相逢既起到了烘云托月的作用，又极大地在有限的文字中增大了文化、背景和情感的容量。两鬓花白的随从与表面气派、繁华的窦公馆形成一种无奈、沉重和滑稽感。从整篇小说来看，故事的发生、发展、高潮、结尾诸要素皆备，但相互间淡然无痕，没有特别的凹凸不平，极具大家风范，也非常符合本文这一群富贵闲人们的生活状态，让人在美酒中飘然微醺，感叹世事的沧桑无常。

作者非常善于描写环境，并用环境来暗示和对应人物的难以言传的心理。古典的红木几椅、紫檀硬木桌椅、景泰蓝的瓶樽、杭绸的旗袍、乌木架流云蝙蝠镶云母片的屏风，还有戏曲用的铙钹琴弦、小鼓、笙箫管笛、大铜锣，现代的鹅卵形的大穿衣镜、大地毯、沙发，但“镜子里看起来，杭绸竟有点发乌”，“这份杭绸还是从南京带出来的呢，这些年都没舍得穿，为了赴这场宴才从箱子底拿出来裁了的。早知如此，还不如到鸿翔绸缎庄买份新的。可是她总觉得台湾的衣料粗糙，光泽扎眼，尤其是丝绸，哪里及得上大陆货那么细致，那么柔熟”，而且“台北不兴长旗袍”。这些描写非常符合钱夫人这些前朝“剩女”们的独特心理——一切念旧，因为她们辉煌在旧日的秦淮河得月台、在南京、在上海，在台北她们是偏安一隅的外来者，是青春已过的半老徐娘。特别是钱夫人发现“三阿姐”窦夫人桂枝香“果然还没有老”，更让自己失落感油然而生——钱将军已逝，钱夫人失势失宠，成了典型的过气黄花;窦夫人正春风得意，“窦瑞生的官大了，桂枝香也扶了正”。

过了海峡，一切皆成回忆。好在沧桑中终还有几个同病相怜、相知、相欢的故旧姐妹，也算是人过中年后的些许安慰和幸事，为小说笼罩了一层晨雾暮霭般缥缈的人情暖意。

流水落花春去也，浮生还忆花下欢。“似这般都付与断井颓垣”，同样的华文丽句，在青春和中年的女人、得意的和失势失爱的女人唱来，味儿有着天壤之别——韶华已逝，空镜自照；枫叶虽艳，总不是春。只有窦夫人的亲妹子天辣椒是个例外，“任子久一死，这个天辣椒比从前反而愈更标劲，愈更佻善了，这些年的动乱，在这个女人身上，竟找不出半丝痕迹来”。

岁月风尘对某些人是一种伤害，对另一些却是营养。

钱夫人在生活的闲适和心灵的焦虑空虚中一一比照着过去的一切，纵然场面依旧，春情微泛，但终是流水落花春去也，唯余“资深美人”泪空流。

虽说古今泪同，流泪的背景和原因却不同。有人悲恸而哭，有人喜极而泣，还有人在人生的起落中悲喜交加，恰如大团的冷热云气乍逢交汇，岂能不雷电大作？钱夫人大约可以归于这种情况。二十岁时从“戏子”嫁给六十靠边的钱鹏志将军做“正正经经”的填房夫人，一朝出土上高枝，而今斯人已逝、斯景已逝，国民党政府从执政党沦为偏安台湾的地方政府，虽春心犹存，但青春已不再。

同样的锣鼓声，不同的境遇和心境，戏台、票友、上场的、谢幕的匆匆如过江之鲫，真是人生如戏啊。好一个苦乐参半的婆娑世界。

小说用环境来暗示烘托人物，“（窦夫人）看见那片秋月恰恰地升到中天，把窦公馆花园里的树木路阶都照得镀了一层白霜，露台上那十几盆桂花，香气却比先前浓了许多，像一阵湿雾似的，一下子罩到了她的面上来。”把秋天皎洁的月光比作白霜，把桂花的浓香比作笼罩人的湿雾，此等美丽而略带凄清的韵味，非历经甘苦之人难以言说。王国维在《人间词话》说：一切景语皆情语。虽是针对诗词而言，但小说又何尝不是？

作者还善于妙用凝练的动词来示现人物心理的微妙变化，也显示出作者雄厚的文字功底和对生活的深刻体察。小白脸模样的程参谋，懂戏、更懂女人。他在小说中若隐若现，大概是窦瑞生的部下，但不知在窦公馆里是什么角色，反正他劝钱夫人吃菜说的是“这道菜，是我们公馆里出了名的”，听口吻俨然以主人自居。

“程参谋那双细长的眼睛却眯成了一条缝，射出了逼人的锐光，两张脸都向着她，一齐咧着整齐的白牙，朝她微笑着，两张红得发油光的面靥渐渐的靠拢起来，凑在一块儿，咧着白牙，朝她笑着。”钱夫人在迷茫中灵魂开始下坠，“她低下头去，细细的啜了一口手里那盅香片”，“钱夫人抬起头来，触到了程参谋的目光，她即刻侧过了头去”，把出身微贱、曾为贵妇人、如今又成寡妇的钱夫人，在献殷勤的年轻军官程参谋面前那种春心初动而又矜持的心理，在不动声色中表现得惟妙惟肖。

伴奏的笛子声太高，钱夫人的嗓子不行了。钱夫人一生就像这次窦公馆的唱戏：心高而命薄。瞎师娘的谶语缠绕了她一生“蓝田玉，可惜你长错了一根骨头——”。钱夫人以孙女的年龄做了钱将军的夫人，以钱将军遗孀的身份坐了宴席的主位，却挡不住程参谋火辣辣的目光和花雕的酒力，“没乱里春情难遣，蓦地里怀人幽怨”，钱夫人在酒力中已经迷乱，苍老的钱将军待她的好、短暂如烟的富贵、情欲的萌动与诱惑，令她分不清从前与现在，何时是梦、何时是醒。

钱夫人在半醉中的意识流描写，正是她的内心独白，她的良心在徘徊，在情与理、做孤独的贵妇人与普通的自由自主女人之间的徘徊。她的惊梦，是一种中年对青春的怀念、失势后对得势时的回味、寂寞对热闹的留恋，准确地说，连反省都算不上，更非人生的彻悟惊梦。类似钱夫人的做梦、惊梦、续梦，遍于大千世界的人心，遍于失意后的台北，极具社会和人物的典型性。从这个意义上看，钱夫人不是个体，而是一个社会阶层。

统观小说，白先勇把几十年的时间、海峡两岸的空间融于窦公馆的一场晚宴、一幕《游园惊梦》的戏曲中，的确是功力非凡。

“眼看他起高楼，眼看他宴宾客，眼看他楼塌了（孔尚任《桃花扇》）。”钱夫人的富贵、情欲、尴尬乃至人生的起落，随酒意一风而散。窦公馆的楼虽未塌，但夜宴曲终人散，桂花飘尽便入冬。听戏中人结尾处那一声轻叹：“变多喽，变得我都快不认识了——起了好多新的高楼大厦”。

天凉了。月在天心，酒醉人心，聚散离合好个秋。

【提要钩玄】《游园惊梦》与其说是在讲一个故事，不如说是在传达一种充满富贵女性特征的氤氲氛围，让人在微醺中被熏陶感染，在一唱三叹的京剧唱腔中击节入戏。因为作者白先勇的主旨正是要告诉读者们——生活如戏，只是一场无法排演、准备的戏。任何人都曾经是某一幕戏中的主角演员，而下一幕或许成了票友、跑龙套的甚至坐在台下当观众。每个人都曾经年轻过，也终将老去，时间、原因不同罢了。贪恋青春富贵等一切美好的人常常不肯、不愿接受这些现实，可见做一个真实的、活在当下的人何其难也。

“似这般都付与断井残垣”，“早知如此，何必当初”？生活的逻辑、情感的逻辑与数理逻辑是不同的，不是有A就有B的必然。任何人都只是物质世界中随风而行、随缘运转的一微尘而已。

【阅读难点】小说的视点是主人公钱夫人的眼睛和心理活动：前因后果的介绍，往事的回忆，情感的咀嚼，对周围人与事的敏锐感受等等，所以小说虽然跨越时空、人物众多，但却散而不乱。

【师生互动】小说中的一帮曾经的舞台姐妹、如今的富贵女性相聚，有人正得势、有人正失势，有人正神采焕发，有人已神情落寞，这都与她们丈夫的官运相连。这帮妇人都青春已过、嫁作他人妇已久。这一点与名剧《游园惊梦》中的女主角未婚思春的杜十娘完全不同，作者为什么要选择“游园惊梦”来做小说的标题？

【话题】在乱世中寻觅幸福的钱夫人，你认为她的人生是否就像一个悖论？因为嫁给年纪像爷爷一般大的国民党钱将军而一跃上高枝，也因为钱将军的离去而独守寂寞。你认为钱夫人的“梦”究竟是一个怎样的梦？她的梦为什么不能圆满？她后半生的幸福在哪里——重新寻找还是独守美好回忆？

第二辑

拓展阅读

引言　灿烂名著是塑造人格不可缺少的阳光

名著导读，人教版教材专门列出来附在教材中，可见编者的意图与厚望。的确，对于一枚枚青果来说，名著是需要导读的，太阳有时也需要拨开乌云才能见到。名著的魅力已经历经时空的检验，长盛不衰，历久弥新。

但名著的寓意往往博大精深，曲径通幽，而且都深深地根植于各自民族心理、各自时代风尚的土壤中，纵然你是颖悟的上根之人，也须自我探究、明师指教，在合作中碰撞交流，才能真正参悟受益，“古之学者必有师”。同在一片蓝天下，赤道的阳光、青藏高原的阳光、漠河的阳光，春夏秋冬不同季节的阳光，能一样吗？

事实上，大多数中国人的确很难理解加西亚·马尔克斯的《百年孤独》为何孤独，因为那是南美洲的民族孤独史；而电影《刮痧》也表明：在一些美国人的眼中，孙悟空是一个偷王母娘娘蟠桃、偷太上老君金丹，还毁坏桃树、破坏炼丹车间的不守法纪的彻头彻尾的暴力分子；处于农业社会心理健康的人们，很难理解已经进入后工业时期的美国著名电影《本能》所表现出来的人格分裂和变异。

但十八岁的你一定对歌德的《少年维特之烦恼》无师自通。因为这本名著讲的如同身边事，如同自己的眼中泪、心中情、意中人。不同的是，维特的情感比你的自由，因为你有高考的重任在身——你肯定忍不住又要咒骂该死的应试教育了。

同是名著，东西方对于人物、事件的处理，显示出截然不同的人文内涵：中国人诗意较浓，比较理想化，追求圆满的结局：《西厢记》中张生中状元，《窦娥冤》中上天示警导致冤案昭雪，《水浒传》中人物个性的单纯化、极端化，唯《红楼梦》中的人物最贴近真实的生活。

但少年读《红楼梦》总觉淡而无味。而西方名著比较严于解剖生活:《辛德勒的名单》中辛德勒的人性与兽性、崇高与卑劣交织，还有《巴黎圣母院》那一幅幅法国的社会风情画，宛如《清明上河图》长卷一般。当然，西方也有《堂吉诃德》手持长矛的寓言式悲剧英雄。

名著的复杂多彩当然是源于生活的复杂多彩，青少年读名著，犹如小女孩抱洋娃娃、男孩子玩打仗：那是为未来做母亲和做战士举行的预演呢。每一个青少年出社会前，心灵也同样需要来一番对社会的预习、预演甚至实习。人性的丰满、精神世界的丰富除了在生活中历练熏陶、师长们的耳提面命，还有一个重要的捷径就是阅读名著。阅读名著是青少年最好的预习方式之一。

从明天起，做一个幸福的人
面向大海，春暖花开

——海子

在灿烂名著面前，你也有类似的向往和冲动吗？兹作小诗感怀：

漫撒真情作花种，风霜雨雪任从容。
只缘一识东君面，枯荣总是伴春风。

【名著导读示例】

《聊斋志异》：蒲松龄和他的魔幻世界

现实中的确有许多让人不满意的地方，尤其是对于一脑子幻想的青少年来说。“物不平则鸣”是天地间的自然法则，人人都有一个魔幻世界，或大或小，或零碎或成整体。学生们不也常常在课桌的角落处变形地画上自己心中暗恋的偶像，或者歪歪扭扭地刻上那个自己痛恨的人的姓名，还加上一句——“一巴掌拍死 ×××！”

魔幻想象是人类童年的产物，也是我们原创的动力源泉之一。据说罗琳写《哈利·波特》是为了颠覆现实中古板的学校教育，蒲松龄写《聊斋》当然也是为了寄托对社会黑暗的不满。当哈利·波特骑着他的扫把飞遍全世界的时候，孙悟空翻着筋斗云任意出入于仙佛神界的时候，我们可记得槐树下守着大茶碗的那个大清朝精瘦的老头儿蒲松龄？

山野狐仙、人间痴儿、鬼怪，种种六道众生，构成了蒲老头儿独步世界的魔幻世界，这些个故事早已被现代香港的电影演绎了 N 多遍：聂小倩、婴宁、娇娜……作者让世人明白——美丽与可爱不是一个简单的形容词，而是有许多姿态和表现的；幸福也不仅是在金榜题名时，关键在于一个人的至诚之心。

生于明朝崇祯十三年的蒲松龄，科举梦残，除了教私塾，现实中就只剩下茶客口中天天新鲜的怪异故事，脑海中就只剩下几类同气相感的魔幻伴侣：花妖、狐精、鬼神，它们是蒲松龄的影子。为它们传神写照，成了蒲松龄聊寄余生的伟大而闲情的事业。大概是为了给世人一个交代，也给自己另类的人生与文章做一个解释，蒲松龄对自己的出生也进行了魔幻处理：胸前有一块铜钱大膏药的病和尚转世投胎——蒲松龄在《聊斋志异》中就是这样记载自己的出生的，证明就是自己胸前的那一块清痣，这块痣的大小、位置和他出生那天父亲梦中所见那个病和尚的膏药位置完全相同。

看来蒲松龄是相当严肃的，他写《聊斋》本来就不是为了搞笑，更不是让后世盗版牟利。他是集千万人的郁结之气，骨鲠在喉，一吐为快。所以蒲老头儿的魔幻世界尽管由一个个小且不相连贯的故事组成，兽、贪、奸，人、狐、剑，看似互不相干，实则内蕴有一条若隐若现的主线。郭沫若赞他“写鬼写妖高人一等，刺贪刺虐入木三分”，但这仅仅是《聊斋》的一面，在我看来，蒲松龄的魔幻世界还有另一面：他把在现实人生的失意颠倒过来放到了另一个世界，换句话说，他把几十年为之瞎忙的功名利禄过滤成一个个清澈纯净的意象，他在魔幻中实现了心中的人格与理想，尤其是在青年男女的情事中，更是天助神灵。比如说：谁说真风流一定要是玉树临风的超级师哥？有一个“生有枝指”的粤西名士孙子楚，为美人的一句戏言而“以斧自断其指”，婚后“值岁大比”（相当于今天的高考），“入闱之前，诸少年玩弄之，共拟隐僻之题七，引生僻处与语，言：‘此某家关节，敬秘相授。’生信之，昼夜揣摩，制成七艺。众隐笑之。时典试者虑熟题有蹈袭弊，力反常经，题纸下，七艺皆符。生以是抡魁”。结果痴性让他爱情事业双丰收。《聊斋》中的这个故事叫《阿宝》。另一个故事《青凤》，痴性情的耿去病，不畏礼教、不畏鬼神，终于克尽坎坷，与意中人青凤牵手幸福。这些故事是蒲松龄唱给天下痴性情人的一曲赞歌、一句祝福：好男人，好女人，至诚才是幸福的人。

类似的故事，在《聊斋》中最为精彩，流传得也最广。

《聂小倩》中痴于情的宁采臣，令聂小倩复活，真是“生死人而肉白肉”。《聂小倩》的电影中平白地添了黑山老妖来捣乱，但我认为那是画蛇添足。蒲松龄深知真正的魔鬼在一个人的心底埋着，痴情的人大都性情单纯，心无旁骛，怕什么魔鬼呢？世间一切狡黠、奸计甚至魔道，只对心里藏奸的人才起作用，邪念的阴风一起，鬼魅猖獗；正念的朝阳一出，百鬼消失。坚定不移的信念、坚毅执着的行动，就是照破黑暗的灿烂心灯。

忠信恩义之痴，甚至及于兽禽。比如《蛇人》中的大青小青两条蛇，人与蛇、蛇与蛇的恩义情怀，足以令世之翻脸无情之辈汗颜。

还有另类的痴性情：《侠女》中的无名侠女，就是另外一种仇恨的痴——舍却幸福与孩子，也要手刃仇人，让人不禁想起“拼将十万头颅血，须把乾坤力挽回”的鉴湖女侠秋瑾来。无名侠女这样的痴性情，张扬着人间的正气和勇敢；囊中飞剑起处，“戛然有声，灿若长虹”，那魔幻般的剑光云影，让奸人胆寒，让贤良快意。

蒲松龄的魔幻世界，简直就是一篇篇诚信、刚毅、执着、正直等品质的形象注解。对于这样的主题，蒲松龄自有深刻的见解：“性痴则其志凝，故书痴者文必工，艺痴者技必良；世之落拓而成者，皆自谓不痴者也。”

亲爱的朋友，你认为自己是痴者还是不痴者呢？心中对事业、对亲人、对万物存有类似痴爱、痴迷性情吗？“夹路桃花风雨后，马蹄无处避残红”，人间相思、失落、奋发、错误，怎可逃避？看《聊斋》吧——那清纯的一颗颗山野狐仙痴儿心！

对于这些勇敢的、内向的书痴者、情痴者、艺痴者，蒲松龄通通给他们安排一个心想事成的美好结局。蒲松龄的魔幻世界，不是教人飞向外星寻找乐土，也不是盼望来一次星球大战在毁灭中重新塑造一切，而是直指人间生命的真正意义。我从《聊斋》通篇的文字中，看到滚滚红尘中人生的打拼，可以归结为三个字：痴人胜。

当我们选择痴迷网吧、玩乐的时候，须得知道：“痴”的魔幻世界亦是有正邪之分的。一切痴心投机取巧、工心势利的小人恶霸，没有一个有好下场，或天谴，或作茧自缚，像《崂山道士》中的王生那样学到仙术回到家中卖弄，结果把脑袋撞了一个大包，那是因为王生心怀不良目的，换言之，是一种不良的痴；还有《画皮》中“太原王生”，路拾美女，导致“身邪气萦绕”，居然还执迷不悟，结果是妻子陈氏忍辱负重，才帮他捡回一条命来，更是痴迷于美色之徒的警钟。

如此结论和形象演绎，大概才是《聊斋》魔幻世界几百年不衰的奥秘。

人生百年，芸芸红尘，必定要痴情、痴心、痴行相伴，无一痴者无一成。记得徐悲鸿先生有座右铭曰“独持偏见，一意孤行”，本质上就是指干事业须得有痴性、痴行，观大千世界，千巧万黠，的确终不如秉持一痴。

奇怪的是，世人学伶牙俐齿的黄蓉的人多，愿意学傻瓜郭靖的人少，愿意取巧占小便宜的人多，愿意痴心于一事、一人、一愿的人少，所以世人永远是痛苦的人比幸福的多得多。没有美好的痴情痴性，连鬼神、狐仙都不肯帮你呢！从这个意义上说，蒲松龄的《聊斋》是一个阳光的魔幻世界。

读《山海经》其一

（晋）陶渊明

孟夏草木长，绕屋树扶疏。
众鸟欣有托，吾亦爱吾庐。
既耕亦已种，时还读我书。
穷巷隔深辙，颇回故人车。
欢言酌春酒，摘我园中蔬。
微雨从东来，好风与之俱。
泛览周王传，流观山海图。
俯仰终宇宙，不乐复何如。

《世说新语》：至情至性的“笨小孩”

老庄与《论语》是形而上的道，如随物赋形的水，万千阐释留与后人去慢慢吸收消化；《世说新语》却像如行的歌板，虽也妙不可言，但眉飞色舞，形象生动。

圣人之言，是没有鸿篇大论的，大概是圣人认为要言不烦、大道至简，更多的应该是言外之意，而言外之意必须靠学者自己去体验感知。赵普半部《论语》治天下，惠能闻《金刚经》“应无所住，而生其心”一句成道解脱，说的就是这样的神话和极端的例子。

《世说新语》看似由一些无头无尾无来由的小事组成，又不像《红楼梦》那样寄托着某种哀思，鸿章巨制，居然也流传千古，书中的大量成语典故飘扬于国人之口，熏陶了无数人的性灵，岂非异数？

实际上没有什么意外。言为心声，行为心表。放开了心胸，生活当然会呈现另外一种姿态。看人、看月、看一切平凡的事物，画面自然会有不同的清晰度。《世说新语》以身心完全投入的方式，裁下汉魏晋一个个生活中的画面，如远方的雷声或深山的泉声，模糊了生活与诗、现实与玄想的界限。如果说一部《论语》示现的是入世士心，一个陶渊明示现的是隐者之乐，那么一部《世说新语》示现的就是介于二者之间的、加了一点佛家出世清凉的、却又处处流连今生的放逸之心。

谁说晋人只会谈玄论道？德行、政事也是书中的重要内容，或许他们理解的政与德，和今天的我们不同，他们是人治，所以关注和谈论人格精神的内涵多；我们是法治，所以框框条条多。

人的生命过程，就像茶入沸水，渐开渐浓，再渐至淡而无味，与清水合而一体；又如山岚雾霭，散聚有时，起于枯叶朽木覆盖的山坳，消失于强烈阳光的映射。但又似乎无所从来，无所从去。生活中常常也有类似这样的情感：对于某个人或某种情，念则有，不念则无，如茶似霭，但总叫人步步回首、依依不舍。

读《世说新语》就是这样一种感觉，《世说新语》中有许多值得国人回首回味的东西。无论是学富五车的硕儒还是天真烂漫的学童，只要回首回味，往往会一震。书中的名士、权贵甚至儿童的言行都有着一种别样的风采，虽有幽玄之谈，却没有拐弯抹角的心计，个个都是性情中人——嵇康刑前弹《广陵散》的风流余韵，王蓝田急吃鸡子的真性示现，连童子元方从容的风度以及朝野名臣名士臧否人物的片言只语，都能叫人掩卷长思，叫人心中若有所结。

《世说新语》真奇文也。

古代别的叙事巨著，要么以波澜壮阔的情节独占鳌头，要么以显微镜下的精微独擅胜场，唯《世说新语》意在言外，像石涛、八大山人的大写意，在混沌一团的简约中呈现出天地、人情、生活、心灵的浩渺无际。

明大道者至简，擅要言者不烦，庖丁解牛，刃游肯綮。据说 20 世纪 70 年代，国之巨奸林彪出逃摔死的消息传到当时正在江西劳动、后来的中国改革开放总设计师邓小平那里，邓小平只淡淡地说了一句："林彪不死，天理难容。"——这句颇有《世说新语》笔法的评论，其力度与深度，可敌后来文人的千百篇批判文章！

《世说新语》分类三十六卷，"记言则玄远冷隽，记行则高简瑰奇"（鲁迅），这三十六卷，犹如生活的三十六个棱面，折射出一个时代的多种生活和心灵，声色香味、喜怒哀乐俱全，一颦一笑，尽显魏晋风流——书中有大人物，却没有大事，更没有高大全的形象，没有高谈阔论，没有史书惯用的曲笔，也没有小说中的曲折起伏，更没有故作状。有的只是一个"真"字，但就这一个"真"字，足以让后世多少心不直、性不诚、虽皓首穷经也难入文字之门的士人汗颜！

《世说新语》中没有离世隐遁之行，顶多算是"心远地自偏"，所以它本质上还是入世的；更没有今人所津津乐道的励志竞争之道，有的只是单纯的人——如原始森林中的千奇百怪的植物，各自循生命之道，展个性之姿，荣枯兴败，一切在和谐中让人看得真切、听得入神，只觉天心月满，华果挂枝。

《世说新语》奇在真文字、真性情，是儒释道三家再加上时代的特殊背景所开出的一朵性灵之花。一个人只要近真远伪、亲道间俗，自然会现出智慧的荧光，无论他是豪门世家子王羲之还是铁匠嵇康，也无论他是十多岁的小姑娘谢道韫还是爱财的士大夫王述，一个人或许把握不了无常的世道，却一定可以转动自己的心性。

《世说新语》不仅在写作上值得我们揣摩，而且值得我们在生活中深思。其中人物，意态张狂而不做作，避世俗而不弃世情，恣意而不妄为，另类而给人以快感、令人神往，这样的人、这样的事，今天有么？我们学得来么？

取法乎上，得法乎中。《世说新语》的篇幅简短，与中小学生文章类似：没有复杂的生活，只有一颗未经污染的心。所以我们鼓励学生向《世说新语》学习写作叙事、写人、写爱憎，进而悟入生活，提炼生活，这样形成的文字自然会晶莹靓丽，光芒而无泥滓。《世说新语》仅凭一事甚至一言的记载叙述，就通达人的心扉性灵，此等手段，堪称至简之笔、至繁之蕴，《世说新语》与《聊斋志异》相比，都言简而平实，一述片言只语，一述完整故事，都是能令青少年的写作能力终身受益的好榜样。

学习的关键在于转换。《世说新语》是与今天相距一千五百余年的东西，观念、语言、行为都已经随风远去。我们学习《世说新语》并不是为魏晋风流招魂，为玄远时尚张目，今人自有今人的生活、视野和风尚。窗前览《世说新语》，一是熏沐宁静清淡之风，二是学习文字的简笔笔法。为什么就那么寥寥几行，一个人物的形象就变得活脱脱的，甚至连心灵也变得通通透透了呢？

农业社会是个性化劳动，工业社会是标准化劳动，信息社会是更高层次的个性化劳动。历史在惊人的相似中螺旋式上升。吾辈身处工业信息交替的混合型社会，熏陶揣摩古代高度个性化的人性真诚的智慧，拓展思维和心灵的广阔空间，应该说，对个人事业、对个体精神、对社会的风气，都不无裨益。

天天励志，志岂在言谈？常言创新，新岂在标榜？独立人格、率真而为、口宣心声，这些应该是创新教育的土壤。成天去琢磨别人脸色、拾人牙慧、乏力乏耐心，怎么会有创新思维与创造能力？

多读、善思《世说新语》，说不定真的能让智慧开窍、眼光具有穿透力。

难以忘怀的牵挂、盘桓止步的惆怅、山高路远的深情，遍布人间心灵，但少有人在这些面前停步流连、咨嗟体味，并在意识的深处掩埋发酵，乃至孕育出一枚枚文字甘果。其实，真实的做人与处世之道尽在于这些体察与唱咏之中。

和着日光月光、携着同伴、散开怀抱，请跟我来，唱一曲路远天高、望一回迢迢长路、转一转疲惫的眸子、聆听一次希声的自然天籁，不求醉倒，只求气无凝、血奔腾、心空旷、不失现代人的真性情。

如此，自然能洗尽匆忙生活的弊病、除去竞争压力的烦恼，坦然面对一切的一切，而一切的一切又只归为一个一。文章是文字化、平面化的生活，生活是一篇篇散开了的文章。读书、写作、做人，全是一回事。

生活的丰富多彩，最终是由人性在宁静中呈现出的五颜六色决定的。精神僵死、心灵拘谨的人，纵然住豪宅、品名酒，又怎会有生之欢、死之叹、爱之切，以及生命中林林总总的切肤之感呢？

让我们在以机关算尽为能事的今天，放慢以身边人、事、物为竞争和征服对象的脚步，做一个魏晋之士那样能放下、尚本真、飘逸于天地间的“笨小孩”！

【拓展阅读示例：创造始于点滴，从小日记到大作文】

文本《卫国战争中苏联士兵战壕里的生死日记》

无心为文文千古，如铁史笔因素心

许多学生写日记从小写到大，到高中居然索然无味，找不到学习与生活中的兴奋点。一是生活圈子较小，二是没有悟入生活，看不到生活中的闪光点，难以激发个人的文字性灵。

因此，写日记首先要学会的是感悟平常生活。血肉横飞的战场拼杀，对于卫国的战士来说，就是特殊而寻常的生活，不是吗？心灵百窍，只要有一窍因悟入而打开了窗户，整个心灵就会百窍皆通充满阳光，整个生活过程也会处处有风景、处处有体验。写日记的过程，就是寻找体验与感悟的过程，哪怕是零零碎碎的。日记是不求系统和完美的。

帕尼耶夫的战场日记，节奏强烈，仿佛让人回到硝烟弥漫的战争岁月，令人倾心向往。向往什么？文字？情感？单纯？激情？一下子也说不清楚。日记中描写、疑惑、思考简练真实，这又一次证明好文字与真实的体验感悟之间存在着不容置疑的因果关系。郭沫若先生对鲁迅诗歌书法有这样的评价："鲁迅先生无心作诗人，偶有所作，每臻绝唱。或则犀角独怪，或则肝胆照人。……鲁迅先生亦无心作书家，所遗手迹，自成风格。……然诗如其人，书如其人……苟常手抚简篇，有如面聆謦欬，春温秋肃，默化潜移，身心获益靡涯，文章增华有望。"

我想，这篇战场日记，后世视作"无价之宝"，原因也在于作者是为苏联卫国战争洒过鲜血的真正战士，其文字可学，其经历与体验不可重复。文字与摄影本是平面艺术，但每秒 24 帧摄影画面的高速掠过就成了动画电影。当帕尼耶夫这些一天天的战场日记从我们面前掠过时，你是否也有这样的动画感、激动的眩晕感？

好日记、有价值的记载不一定要连篇累牍的长篇大论。战争的突然性、士气、惨烈、关切、焦虑、态势、心路万象纷呈，但似乎没有歇斯底里的恐惧和怨天尤人的逃避。短短的日记宛如苏联卫国战争的缩影：无准备所带来的惨重损失、昂扬的情绪和细腻的流血牺牲。

我们完全可以站在这样的高度看待每一个人的日记——包括自己。一个人的日记可以反映一个时代，起码是一个时代的某一个侧面的主旋律，尤其是那些处于时代的刀刃浪尖上的人们。他们的日记在多年以后更加弥足珍贵。这也是出版机构对于名人的回忆录趋之若鹜的原因。

读帕尼耶夫的战场日记，从读者方面来说，第一要学会的是怎样去投身一个时代、感悟一个时代；从写作方面来说，则应学会取材、在生活中唤醒自己心灵、张开自己独立的眼睛。我在深圳中途接手做一个班的班主任时，第一件事是花一个星期把全班所有学生的寒假日记全部认真看一遍，结果，我了解学生心理、家庭等情况的速度，进入班主任角色之快，连学生都很惊讶。

日记是文章体裁之一，同样可以兴、观、群、怨，而且比其他体裁的文字更加自由，没有音韵的限制，没有提出问题、分析问题、解决问题的严谨而死板的结构，长短随意，空间自由，好处多多。

苏德战争爆发的那一天，“参谋部一位军官安慰说这是炮兵在训练。他随口哼唱起‘可爱的城市可以平安入睡’，大家也都跟着唱”。苏联卫国战争是在德方一方蓄谋已久地闪击，苏联半推半就地应战的情况下大规模爆发的。德军轰炸苏军的车队有人引导，苏军溃败只能喝沼泽地里的泥水……教科书上再多如此的说明和概括，都比不上日记上的这些来自战争爆发时的真实细腻的描写来得形象生动和发人深省。

“早晨我被派到另一个炮兵团任侦察排长，任务是守护城边的炮台。我原来所在的135团怎么样了？同伴们就守在边境线上，是不是已经投入了战斗？都还活着吗？”“白头发，指挥员，您的头发都白了！”战场上战士们生命相连的情感全在这几个问句中，危机四伏的生死边缘，每一个眼神的含义都是不言而喻的。

快拿起笔来吧，像帕尼耶夫那样，审视和体验眼前的一切，记下欢笑与泪水、掌声与失落，纵然不能名垂青史，起码在多年以后可以拿出来重温逝去的时光和感动，或许可以让中年晚年日渐枯竭的心灵枯木逢春、让日渐苍老的容颜青春焕发、让儿孙啧啧惊叹，说不定还会成为一笔珍贵的遗产或者文物呢。

日记是一张张老照片，写——用的是定格或慢镜头，是长焦距广角镜来放大一个人的点滴；看——用的是快镜头，需要用拼细节成巨图并且置于时代背景的还原方法。

日记与其他文体最大的区别是：日记是写来自己保存的。一般情况下无须示于外人。这就比其他文体少了矫揉造作、虚伪作秀的动力，最容易直击人性之真伪、人性之善恶、人性之美丑，一句话，是一种无心为文的文体。当然，中学生为应付老师的检查而“造”的日记不在此列。

只有真袒素心、直示性情的日记，才会有真的价值——写作价值、人文价值甚至史料和学术价值。因为个人、民族、国家乃至宇宙都是由一天一天相连而成。

附录

卫国战争中苏联士兵战壕里的生死日记

1941 年 6 月 22 日，德国法西斯对苏联发动全面进攻，伟大的卫国战争由此开始。战争中苏联军民抗击德国侵略者的悲壮故事，将永远是那一特定时代最真实、最鲜活的缩影，也将永远是人类精神宝库中光彩夺目的珍珠……

随着时光的流逝，参加过反法西斯战争的老战士越来越少，再现战壕里的真实的士兵日记已成为无价之宝。这些潦草简洁的文字，大多是 1939 年紧急应征入伍并被派驻苏联西部边境的大学新生留下的。投笔从戎的“大男孩”后来或者牺牲在战场，或者被德军俘虏。只有 3% 的幸运儿得以重返家园，尼古拉·帕尼耶夫就是其中一位。“胜利日”到来前，84 岁高龄的老战士在《莫斯科新闻》周刊发表了 1941 年夏天记下的几段文字。

6月22日

法西斯空军轰炸利沃夫。为什么？一周前还读过塔斯社有关边境平静的报道。和战友们在餐馆一直玩到天亮，大家唱了许多歌，也喝了不少酒。远处突然传来炮击和飞机的轰鸣声。参谋部一位军官安慰说这是炮兵在训练。他随口哼唱起“可爱的城市可以平安入睡”，大家也都跟着唱。一枚炸弹落到了近处，人们各奔东西。

早晨我被派到另一个炮兵团任侦察排长，任务是守护城边的炮台。我原来所在的135团怎么样了？同伴们就守在边境线上，是不是已经投入了战斗？都还活着吗？

6月23日

利沃夫医院一个小卫生员牺牲了。她参加了郊外的战斗。敌人从旁边一幢房子的阳台上向她开枪。可爱的小姑娘躺在那里，脸上的表情似乎是在跟什么人生气。对面阳台上似乎有人影在晃动，随即又是一梭子子弹。我下令向阳台开火。狙击手大叫一声，倒在一堆木板里。一辆过路的卡车将牺牲的小卫生员送往她生前工作过的医院。

6月24日

我今天差点就没命了，那些一道乘车去监狱抓逃犯的同伴也一样。几架飞机突然从云层里钻了出来，往下扔炸弹。我命令大家赶快跳车，免得成为靶子。我笨手笨脚地钻出驾驶室，将一颗手榴弹掉在了马路上。我发疯地喊道：“卧倒！”眼看着就要炸了，幸运的是手榴弹的销栓因为没装牢弹了出来。我和全排的人上了车继续前进。一个战士指着我的头大声喊道：“白头发，指挥员，您的头发都白了！”

6月27日

利沃夫还在坚守。

我们炮团消灭了敌人多辆坦克。

撤退的路上遇到了135团几位幸存的战友。古尔根·叶加尼扬举着战前我们12个巴库同乡的照片说，另外10个不是牺牲就是被俘。古尔根还说，团长马尊牺牲了，参谋长卢金被俘。

6月29日

对道路如此密集的轰炸前所未有。一队德国轰炸机在头顶上飞，另一队从后面发起进攻。我们的车辆、装备和人员挤成一锅粥。敌人冷酷地轰炸数公里长的车队。一切都在燃烧、爆炸。许多人都牺牲了，公路上血流成河。到处是叫喊、哭泣和叹息声。

轰炸开始前我从卡车上跳了下来。我抓起步枪和行囊跑到路边的墓地。趴在墓碑旁，我想自己竟然找到了一块现成的葬身之地。我从行囊里掏出一块小巧的手表，这是我给妹妹准备的礼物。

轰炸停止了。我走上公路。太可怕了，这里是一个比路边那个墓地大出多少倍的墓地。我费力找到了自己那辆卡车，司机腿上受了伤。团参谋长走过来下了命令："过一会儿还有新一轮轰炸，赶快到森林里去。林子里有穿着我们军服的敌人，是他们引导飞机轰炸车队的。这些人俄语说得不错，尽可能抓活的。"

抓到的敌人谎称是基辅军司令部的，我下令扒下了他们身上的防水短大衣，这种衣服我们部队压根儿没配发过。团指挥官根本不听他们胡言乱语，把他们带到了森林深处。傍晚，听说这两个敌人在逃跑时被消灭。参谋长向我们表示感谢，让我们穿上敌人的短大衣。司机说穿这种衣服修车方便多了。不过，我们两人谁都没有要。

7月1日

继续撤退，榴弹炮没了，只剩下少量汽车。炮兵变成了步兵。最近一个目标是普罗斯古罗夫，这个城市在1939年以前的老边界。

又一次遇到了135团的人。许多人都受了伤。他们坐车去基辅。大家叫我们上车一起走，可我们有自己的安排。在基辅我们将知道这个没了炮的炮团下一步怎么办。

7月4日

到普罗斯古罗夫的路特别难走。接连不断的袭击和轰炸，粮食和水全没有。太热了。在林子里躲敌机时不得不喝沼泽地里的泥水。不知道周围的战事和整个国家的处境。

出于安全方面的考虑，部队严令禁止战士们写日记。帕尼耶夫至此中止了自己的写作。不久，他在普罗斯古罗夫保卫战中光荣负伤。

战争结束后，帕尼耶夫再次开始了自己的写作生涯。他曾担任过塔斯社驻阿塞拜疆记者和《消息报》驻巴尔干记者，后来出任《消息报》编委。几十年来，帕尼耶夫出版了20多部文学作品。为了纪念反法西斯战争胜利60周年，这位老战士创作了中篇小说《决斗后的玫瑰》，讲述了俄罗斯和德国坦克手战后达成和解的心路历程。

活在这珍贵的人间

海 子

活在这珍贵的人间
太阳强烈
水波温柔
一层层白云覆盖着
我踩在青草上
感到自己是彻底干净的黑土块
活在这珍贵的人间
泥土高溅
扑打面颊
活在这珍贵的人间
人类和植物一样幸福
爱情和雨水一样幸福

【叙述与描写：精彩地讲述每一件事】

文本《婴宁》

庶人之美：观情如观花，闻笑我亦痴

——向蒲松龄学习写记叙文

记叙的表达方式是写作各种文体的基础。小学生学习写作，就是从记叙文的写作开始的，到了高中要求写较复杂的叙事作文。实际上在高中以前已经诸法齐备，只是一个技巧的灵活运用和对事物深入观察体悟的问题。

叙事首先应学会感悟平常生活

让高中生叙事，最痛苦的莫过于大量学生不能从平常生活中感悟到用于写作的题材。在许多高中生心中，以为人间真善美必定轰轰烈烈，对于寻常生活，往往觉得无话可说，他们不完全懂得文章中虚实相生的道理。

写母亲供子女上学的辛苦，必定要让子女在大手大脚吃麦当劳肯德基的时候，恰巧碰上妈妈在拖地板为自己挣学费，如此云云……这恰恰是没有悟入生活的一种表现。天下父母在爱女成凤和望子成龙这一点上是没有差别的，只不过每人看到的、感悟到的不同而已。

《聊斋》一书正是一生不得意的蒲松龄取自芸芸百姓中的题材加工而成，托鬼狐之名，写灵异之事，实际上是典型的源于生活、高于生活的文章范本，是现实生活的折射。

蒲松龄的《婴宁》有着高超的叙复杂之事的手段。文章布局、技巧、篇幅长短都非常适合高中生学习，同时可以培养学生较流畅的古文阅读能力。

记叙文也是有立意的

立意决定观察事物的角度和对原始材料的取舍，甚至标题的寓意。《婴宁》中主人公有两人：王子服和婴宁，王子服略带俗气的痴爱和婴宁超绝尘世的笑，被刻画得可圈可点。自古痴者有绝慧，婴宁的天真聪慧更是胸无半点尘，属美之极品、逸品。

蒲松龄为何独以“婴宁”为标题？古人重男轻女，为什么不以“王子服”做标题？这是读本文时的第一个问题。

“撄宁”二字出自《庄子·大宗师》：“其为物，无不将也，无不迎也，无不毁也，无不成也。其名撄宁。撄宁也者，撄而后成者也。”婴宁二字，就是在扰乱中保持安详宁静。《聊斋》中类似的情爱小说大多用女方来命名（也有用男方来命名的），这是不是作者对女性挣脱封建桎梏、爱情自主的一种企盼和想象？本文的写作意图不是简单地写男女之间低级的情爱，而是要通过狐女婴宁露出天真性情的一角供世人浏览，展示人间“真人”那种应物自然、至真至美的人格和生活智慧。

有此立意，所以本文王子服、婴宁二人的情、行、事都围绕两个字——真与美来展开。《婴宁》中描写的是洋溢着浓郁生活气息而又十分理想化、人伦化的神仙眷侣般的生活。

第二个问题是：蒲松龄最后的议论大大出人意料。“婴宁殆隐哭于笑者也”，并怀疑婴宁是在山中嗅多了“笑矣乎”这种草，所以“笑不可止”，否则，常人是难以理解的，或许有俗人还会凭小人之心度量，认为婴宁的笑是惺惺作态呢！蒲松龄为什么这样结尾？

以这样的议论结尾，与蒲松龄讽刺揭露社会炎凉和黑暗的风格是一脉相承的。婴宁在山中笑声无忌，言辞无禁，出山后笑声、举止屡招训斥且惹是生非，对于这种前后对比中的潜在立意，不知你是否注意并思考过呢？文章的立意不一定是形而上的，但会不自觉地贯注在笔端。

平淡中藏有百折千回的精巧布局

科学上讲的系统论同样适合于指导记叙文的写作：总体有效地协调、整合所产生的效应，远大于部分的优势但整体的不协调。《婴宁》很好地展示了传统的精巧谋篇布局所产生的巨大审美效应，与那些故作深沉、古怪另类的某些爱情小说比，后者如人工塑料花，前者如雪域蜡梅。

《婴宁》开头的交代简洁而细致。简，是因为这不是故事的主干；细，是因为后文所有的故事都是以此为明线或暗线的——王子服“早孤”、母亲“最爱之，寻常不令游郊野”、未婚妻萧氏“未嫁而夭”，所以王子服才怀春求偶心切，这样的家庭也才容得下婴宁这样来历不明的异类和她的笑声……

婴宁遗花地上，是有意还是无意？我们可以做有趣的揣摩探究。“哪个少年不多情，哪个少女不怀春？”我认为她是有意的。这样的故事开头自然而人性化，郎情妾意，种下良缘，留下悬念。

王子服寻婴宁，王母寻王子服；吴生善意欺骗，王子服痴心地循谎寻觅，终得佳偶结良缘；王母疑婴宁是鬼，婴宁却是人父狐母鬼养；前面述婴宁一笑终日，似不知人间忧愁，“似全无心肝者”，后文却又自述身世，念念不忘报养母之恩；以笑助奴婢在母亲面前免小过不受鞭楚，了无痕迹，以笑诱邻家淫色之徒而杀之，同样在谈笑之间……婴宁的天真笑声到底是无知无染，还是胸有成竹的成熟老练？仙耶？妖耶？

婴宁生的孩子“在怀抱中不畏生人，见人辄笑，亦大有母风”，该如何解读呢？在文章中这是不是蛇足？我想应该是作者寄予的一种理想：愿人间“真笑”代代相传，永不绝嗣。

尤其是用道术治死西人子这一情节，初看令人瞠目结舌，后又叫人拍手称快，但婴宁“由是竟不复笑，虽故逗亦终不笑，然竟日未尝有戚容”，她对人世险恶决不吊儿郎当，甚至嫉恶成仇到有些狠毒，阳光女孩婴宁另一面“野蛮”的品行和心性，由此可见一斑。

本文结构奇思百出，招招妙在虚与实、真与幻之间，环环出于意外而又入情入理，情节暗流涌动，却又表面风平浪静，蒲松龄真是说短故事的圣手啊。

讲故事是要有亮点的

一声笑，两种痴，构成《婴宁》的亮点。笑是婴宁的，痴是婴宁、王子服两人的。前者痴花，后者痴情。

作者对婴宁出嫁前在南山谷底的家不吝笔墨地描写："门前皆柳丝，墙内桃杏尤繁，间以修竹，野鸟格磔其中""门内白石砌路，夹道红花，片片堕阶上。曲折而西，又启一关，豆棚花架满庭中。肃客入舍，粉壁光明如镜；窗外海棠枝朵，探入室中；裀藉几榻，罔不泽洁"，后园"有园半亩，细草铺毡，杨花糁径；有草舍三楹，花木四合其所"，是不是要说明环境育笑声？婴宁出嫁后爱花惜花之心依然，不过囿于条件，只得"购佳种，数月，阶砌藩溷，无非花者"。最妙的是婴宁买花的钱居然是"窃典金钗"而来，李白说"云想衣裳花想容"，身为爱美女子的婴宁当然也爱装饰品，但在鱼与熊掌不可兼得的情况下，毅然舍金钗换取花种，如此对人间自然美的痴情痴行，与王子服的痴心痴爱相映成趣，真是天造地设的一对啊！

笑，通过做了母亲的婴宁延及其子。世上的笑有千百种，婴宁的笑是那么与众不同：从心而发，而且心中好像有源头活水，绝不等同于一般淑女明星那种礼节性、招牌式的笑容，她笑起来是汩汩滔滔，化腐朽为神奇，把女人"笑不露齿"的训条诫令转化成不绝如缕的大雅之举、大快人心之事，赋予笑声绝大的感染力，所到之处"满室粲然"；婴宁的笑是"狂而不损其媚"，不仅不让别人生妒，而且"人皆乐之，邻女少妇争相迎之"。奇哉美哉！

古人言：木秀于林风必摧之，婴宁的笑声却是木秀于林风争趋之——婴宁那绝顶的女性魅力任凭读者去想象吧。

王子服的痴心痴爱，在本文中是婴宁的最佳衬托：二人都是丧父的孤儿，婴宁的命运更凄惨，父母双亡，托身鬼母。相比之下，王子服是幸运者，在追求爱情幸福方面，婴宁从内心到行动都要主动得多：故意丢下花枝，还留下暗示"个儿郎目灼灼似贼"，多么有情又有心计的姑娘！

西方谚语曰：好妻子是男人最好的教科书，婴宁一定会成为王子服最好的教科书——我想。

文章是驾驭语言文字的技术

语文作为一门学科，除了人们通常所说的人文审美、思想生活等之外，还是一门技术，当代广告和影视剧本把这一技术演绎得淋漓尽致。

香港黄沾先生的“人头马一开，好事自然来”的广告词，脍炙人口，好在哪里？说不出来，只觉朗朗上口。这是语言技巧纯熟的一种表现，功到自然成，是模仿不来的。

《婴宁》的语言技术主要用于叙事、议论，一字有一字含义，有极大的可仿效价值。试看王子服从见婴宁—思婴宁—寻婴宁—婴宁故意不解其爱—携婴宁而归—终与婴宁成眷属，蒲松龄是如何把这一情与爱的过程写得如乱石铺地，示现出碎玉碧波般的光彩来？具体地说，情节、动静、抑扬等是如何处理的？请同学们一一列举，谈谈自己的感悟。

写王子服坠入情网、寻找心上人的过程，文字精彩绝伦。一见钟情：“注目不移，竟忘顾忌”；触电的感觉：“拾花怅然，神魂丧失，怏怏而返”；相思：“藏花枕底，垂头而睡，不食亦不语”；成魔：“凝思把玩，如见其人”“怀梅袖中，负气自往”；后面还有类似的描写：意外相见、门外等待、应邀进家、意外关系（亲戚）……还可以从文中找出许多凝练传神的句子来。

从行动到内心，从景物到人物，从语言到细节，无一不是精雕细琢，却又如风行水上，自然成纹。文中最有代表性的文字集中在描写王子服的痴行、婴宁的笑声中，其他景色、人物、转折都是以此为圆心的。

《婴宁》一文宜慢慢咀嚼，才能品出文中的真香。技术性与艺术性、人文性与工具性、生活的真实与小说的虚构，在妙文中是融为一体的。旧书不厌百回读，熟读深思子自知，这是苏轼的经验之谈，也是学习写作的秘诀。痴情的王子服、爱笑的婴宁就在你的身边呢，当你痴于追星、痴于游戏、痴于……时，你何尝不是一个王子服呢？你愿用自己的“绝慧”和妙笔来感染我们吗？

附录

婴 宁

清·蒲松龄

王子服，莒之罗店人，早孤。绝慧，十四入泮。母最爱之，寻常不令游郊野。聘萧氏，未嫁而夭，故求凰未就也。

会上元，有舅氏子吴生邀同眺瞩。方至村外，舅家有仆来，招吴去。生见游女如云，乘兴独游。有女郎携婢，拈梅花一枝，容华绝代，笑容可掬。生注目不移，竟忘顾忌。女过去数武，顾婢曰："个儿郎目灼灼似贼！"遗花地上，笑语自去。生拾花怅然，神魂丧失，怏怏遂返。

至家，藏花枕底，垂头而睡，不语亦不食。母忧之。醮禳益剧，肌革锐减。医师诊视，投剂发表，忽忽若迷。母抚问所由，默然不答。适吴生来，嘱秘诘之。吴至榻前，生见之泪下。吴就榻慰解，渐致研诘。生具吐其实，且求谋画。吴笑曰："君意亦痴！此愿有何难遂？当代访之。徒步于野，必非世家。如其未字，事固谐矣；不然，拚以重赂，计必允遂。但得痊瘳，成事在我。"生闻之，不觉解颐。吴出告母，物色女子居里，而探访既穷，并无踪绪。母大忧，无所为计。然自吴去后，颜顿开，食亦略进。数日，吴复来，生问所谋。吴绐之曰："已得之矣。我以为谁何人，乃我姑氏女，即君姨妹行，今尚待聘。虽内戚有婚姻之嫌，实告之，无不谐者。"生喜溢眉宇，问："居何里？"吴诡曰："西南山中，去此可三十余里。"生又付嘱再四，吴锐身自任而去。

生由是饮食渐加，日复平复。探视枕底，花虽枯，未便凋落，凝思把玩，如见其人。怪吴不至，折柬招之。吴支托不肯赴招。生恚怒，悒悒不欢。母虑其复病，急为议姻，略与商榷，辄摇首不愿，惟日盼吴。吴迄无耗，益怨恨之。转思三十里非遥，何必仰息他人？怀梅袖中，负气自往，而家人不知也。

伶仃独步，无可问程，但望南山行去。约三十余里，乱山合沓，空翠爽肌，寂无人行，止有鸟道。遥望谷底，丛花乱树中，隐隐有小里落。下山入村，见舍宇无多，皆茅屋，而意甚修雅。北向一家，门前皆丝柳，墙内桃杏尤繁，间以修竹，野鸟格磔其中。意其园亭，不敢遽入。回顾对户，有巨石滑洁，因据坐少憩。俄闻墙内有女子长呼“小荣”，其声娇细。方伫听间，一女郎由东向西，执杏花一朵，俯首自簪，举头见生，遂不复簪，含笑拈花而入。审视之，即上元途中所遇也。心骤喜，但念无以进阶；欲呼姨氏，顾从无还往，惧有讹误。门内无人可问，坐卧徘徊，自朝至于日昃，盈盈望断，并忘饥渴。时见女子露半面来窥，似讶其不去者。忽一老媪扶杖出，顾生曰：“何处郎君，闻自辰刻便来，以至于今。意将何为？得勿饥耶？”生急起揖之，答曰：“将以探亲。”媪聋聩不闻。又大言之。乃问：“贵戚何姓？”生不能答。媪笑曰：“奇哉！姓名尚不自知，何亲可探？我视郎君亦书痴耳。不如从我来，啖以粗粝，家有短榻可卧。待明朝归，询知姓氏，再来探访，不晚也。”生方腹馁思啖，又从此渐近丽人，大喜。从媪入，见门内白石砌路，夹道红花，片片堕阶上。曲折而西，又启一关，豆棚花架满庭中。肃客入舍，粉壁光明如镜；窗外海棠枝朵，探入室中；裀藉几榻，罔不泽洁。甫坐，即有人自窗外相窥。媪唤：“小荣！可速作黍。”外有婢子噭声而应。坐次，具展宗阀。媪曰：“郎君外祖，莫姓吴否？”曰：“然。”媪惊曰：“是吾甥也！尊堂，我妹子。年来以家窭贫，又无三尺之男，遂至音问梗塞。甥长成如许，尚不相识。”生曰：“此来即为姨也，匆遽遂忘姓氏。”媪曰：“老身秦姓，并无诞育，弱息仅存，亦为庶产。渠母改醮，遗我鞠养。颇亦不钝，但少教训，嬉不知愁。少顷，使来拜识。”未几，婢子具饭，雏尾盈握。媪劝餐已，婢来敛具。媪曰：“唤宁姑来。”婢应去。

良久，闻户外隐有笑声。媪又唤曰：“婴宁，汝姨兄在此。”户外嗤嗤笑不已。婢推之以入，犹掩其口，笑不可遏。媪瞋目曰：“有客在，咤咤叱叱，是何景象！”女忍笑而立。生揖之。媪曰：“此王郎，汝姨子。一家尚不相识，可笑人也。”生问：“妹子年几何矣？”媪未能解。生又言之。女复笑，不可仰视。媪谓生曰：“我言少教诲，此可见矣。年已十六，呆痴如婴儿。”生曰：“小于甥一岁。”曰：“阿甥已十七矣，得非庚午属马者耶？”生首应之。又问：“甥妇阿谁？”答曰：“无之。”曰：“如甥才貌，何十七岁犹未聘？婴宁亦无姑家，极相匹敌，惜有内亲之嫌。”生无语，目注婴宁，不遑他瞬。婢向女小语云：“目灼灼，贼腔未改！”女又大笑，顾婢曰：“视碧桃开未？”遽起，以袖掩口，细碎连步而出。至门外，笑声始纵。媪亦起，唤婢襆被，为生安置。曰：“阿甥来不易，宜留三五日，迟迟送汝归。如嫌幽闷，舍后有小园，可供消遣，有书可读。”

次日，至舍后，果有园半亩，细草铺毡，杨花糁径；有草舍三楹，花木四合其所。穿花小步，闻树头苏苏有声，仰视，则婴宁在上。见生来，狂笑欲堕。生曰：“勿尔，堕矣！”女且下且笑，不能自止；方将及地，失手而堕，笑乃止。生扶之，阴挼其腕。女笑又作，倚树不能行，良久乃罢。生俟其笑歇，乃出袖中花示之。女接之，曰：“枯矣！何留之？”曰：“此上元妹子所遗，故存之。”问：“存之何意？”曰：“以示相爱不忘也。自上元相遇，凝思成病，自分化为异物，不图得见颜色，幸垂怜悯。”女曰：“此大细事，至戚何所靳惜？待郎行时，园中花，当唤老奴来，折一巨捆负送之。”生曰：“妹子痴耶？”女曰：“何便是痴？”生曰：“我非爱花，爱拈花之人耳。”女曰：“葭莩之情，爱何待言。”生曰：“我所谓爱，非瓜葛之爱，乃夫妻之爱。”女曰：“有以异乎？”曰：“夜共枕席耳。”女俯思良久，曰：“我不惯与生人睡。”语未已，婢潜至，生惶恐遁去。少时，会母所。母问：“何往？”女答以园中共话。媪曰：“饭熟已久，有何长言，周遮乃尔。”女曰：“大哥欲我共寝。”言未已，生大窘，急目瞪之。女微笑而止。幸媪不闻，犹絮絮究诘。生急以他词掩之，因小语责女。女曰：“适此语不应说耶？”生曰：“此背人语。”女曰：“背他人，岂得背老母。且寝处亦常事，何讳之？”生恨其痴，无术可以悟之。食方竟，家人捉双卫来寻主。

先是，母待生久不归，始疑。村中搜觅几遍，竟无踪兆。因往询吴。吴忆曩言，因教于西南山村行觅。凡历数村，始至于此。生出门，适相值，便入告媪，且请偕女同归。媪喜曰：“我有志，匪伊朝夕。但残躯不能远涉，得甥携妹子去，识认阿姨，大好！”呼婴宁。宁笑至。媪曰：“有何喜，笑辄不辍？若不笑，当为全人。”因怒之以目，乃曰：“大哥欲同汝去，可便装束。”又饷家人酒食，始送之出，曰：“姨家田产丰裕，能养冗人。到彼且勿归，小学诗礼，亦好事翁姑。即烦阿姨，为汝择一良匹。”二人遂发，至山坳。回顾，犹依稀见媪倚门北望也。

抵家，母睹姝丽，惊问为谁。生以姨女对。母曰：“前吴郎与儿言者，诈也。我未有姊，何以得甥？”问女，女曰：“我非母出。父为秦氏，殁时，儿在褓中，不能记忆。”母曰：“我一姊适秦氏，良确；然殂谢已久，那得复存？”因审诘面庞、志赘，一一符合。又疑曰：“是矣。然亡已多年，何得复存？”疑虑间，吴生至，女避入室。吴询得故，惘然久之。忽曰：“此女名婴宁耶？”生然之。吴极称怪事。问所自知，吴曰：“秦家姑去世后，姑丈鳏居，祟于狐，病瘠死。狐生女名婴宁，绷卧床上，家人皆见之。姑丈没，狐犹时来。后求天师符粘壁上，狐遂携女去。将勿此耶？”彼此疑参。但闻室中吃吃，皆婴宁笑声。母曰：“此女亦太憨生。”吴请面之。母入室，女犹浓笑不顾。母促令出，始极力忍笑，又面壁移时，方出。才一展拜，翻然遽入，放声大笑。满室妇女，为之粲然。

吴请往觇其异，就便执柯。寻至村所，庐舍全无，山花零落而已。吴忆姑葬处，仿佛不远；然坟垅湮没，莫可辨识，诧叹而返。母疑其为鬼，入告吴言，女略无骇意。又吊其无家，亦殊无悲意，孜孜憨笑而已。众莫之测。母令与少女同寝止。昧爽即来省问，操女红精巧绝伦。但善笑，禁之亦不可止；然笑处嫣然，狂而不损其媚。人皆乐之，邻女少妇争承迎之。

母择吉将为合卺，而终恐为鬼物，窃于日中窥之，形影殊无少异。至日，使华装行新妇礼，女笑极不能俯仰，遂罢。生以其憨痴，恐泄漏房中隐事；而女殊密秘，不肯道一语。每值母忧怒，女至，一笑即解。奴婢小过，恐遭鞭楚，辄求诣母共话，罪婢投见，恒得免。而爱花成癖，物色遍戚党；窃典金钗，购佳种，数月，阶砌藩溷，无非花者。

庭后有木香一架，故邻西家。女每攀登其上，摘供簪玩。母时遇见，辄呵之。女卒不改。一日，西人子见之，凝注倾倒。女不避而笑。西人子谓女意已属，心益荡。女指墙底笑而下，西人子谓示约处，大悦。及昏而往，女果在焉。……

一夕，对生零涕。异之。女哽咽曰：“曩以相从日浅，言之恐致骇怪。今日察姑及郎，皆过爱无有异心，直告或无妨乎？妾本狐产。母临去，以妾托鬼母，相依十余年，始有今日。妾又无兄弟，所恃者惟君。老母岑寂山阿，无人怜而合厝之，九泉辄为悼恨。君倘不惜烦费，使地下人消此怨恫，庶养女者不忍溺弃。”生诺之，然虑坟冢迷于荒草。女但言无虑。刻日，夫妻舆榇而往。女于荒烟错楚中指示墓处，果得媪尸，肤革犹存。女抚哭哀痛。舁归，寻秦氏墓合葬焉。是夜，生梦媪来称谢，寤而述之。女曰：“妾夜见之，嘱勿惊郎君耳。”生恨不邀留。女曰：“彼鬼也。生人多，阳气胜，何能久居？”生问小荣。曰：“是亦狐，最黠。狐母留以视妾，每摄饵相哺，故德之常不去心。昨问母，云已嫁之。”由是岁值寒食，夫妻登秦墓，拜扫无缺。女逾年，生一子，在怀抱中不畏生人，见人辄笑，亦大有母风云。

异史氏曰：“观其孜孜憨笑，似全无心肝者。而墙下恶作剧，其黠孰甚焉。至凄恋鬼母，反笑为哭，我婴宁殆隐笑者矣。窃闻山中有草，名‘笑矣乎’，嗅之，则笑不可止。房中植此一种，则合欢、忘忧并无颜色矣。若解语花，正嫌其作态耳。”

【披尽狂沙始到金：从通俗文学中感情人生妙谛】

拓展阅读《射雕英雄传》

真情真美：有你方见桃花开

——走进黄蓉和郭靖

金庸先生《射雕英雄传》问世以来，黄蓉和郭靖的爱情绝世独立，疯魔万千少男少女，为少年的情爱与梦想开辟了另一方空间天地。一片天籁绝世俗，两颗痴心系红尘。洁白无瑕的心灵总是一拍即合，无论是古代人之间、现代人之间，还是古代人与现代人之间，都是如此。

人性的纯朴、天然带来爱情的大胆，昏乱的世道孕育出纯洁的桃花，一切看似不可调和的对立矛盾，在郭黄二人的爱情中被连缀得天衣无缝。愚与聪、否与泰在黄蓉和郭靖的爱情世界里变得天然冲和，犹如希声的黄钟大吕和清灵的丝竹之间的协奏。

白马王子——不再是少女们梦中的唯一，娴静淑女——被黄蓉赋予了新的含义。

在金庸先生笔下，传统文化开出了许多艳丽的花朵：杨过与小龙女，张无忌与赵敏，林林总总，人性、人品，性善、性恶，美之花、恶之花，异彩纷呈。

不知这是不是金庸先生的创作初衷？

就本质而言，《射雕英雄传》中黄蓉和郭靖的爱情，可以视作金庸对五四时期人性解放、反封建婚姻精神的继续和演绎。黄蓉摆脱了欧阳克、郭靖摆脱了华筝公主，这些是自由、自主对出身、父母之命的否定，是平民对世家的胜利。爱情与武功、出身、贵贱、智愚本来就无关。郭靖笨，黄蓉喜欢；郭靖成了武学大家、武林盟主，仍然是黄蓉眼中的“好笨的靖哥哥”。在宋末浊世、乱世中，二人仁心侠骨，挟武技壮游天下，快意恩仇，泽被苍生，真是一对羡煞世人的神仙眷侣。

郭黄二人在杭州初见面时，黄蓉骑一匹小红马，化装成爱捉弄人的风光旖旎的少年。郭靖则是一贯的厚重愚拙的天然本色。二人一直一曲，一钝一聪，一生一世都是引人注目的人物，相互弥补，相互关爱和搀扶，为“天作之合”四个字做了最好的注解。

源自生命本源的智慧才是大智慧

郭靖很傻吗？他自己这么认为，他的启蒙师傅“江南七怪”也是这么认为。

可是黄蓉、周伯通、洪七公与全真派宗师都不这么看。他们认为郭靖的智慧已经超越了聪明与傻的概念，是一种“宅心仁厚”，是一种百川归大海的仁者无敌——这是中国古典王道治国理想的武侠版本。金庸先生是非常传统的，他的成功演绎不在于理念，在于小说的情节和人物形象的塑造，在于主人公的平民化，所以为百姓喜闻乐见。

周伯通在桃花岛上听了郭靖对王重阳不练《九阴真经》的体悟解读，惊诧不已。以为自己参悟了多年的道理，被傻瓜郭靖轻轻地一语道破，当即断定如果王重阳在世，一定会喜欢郭靖的。他以武学宗师的身份与郭靖结为兄弟，一点也不是疯癫行为，而是对郭靖天纵慧根的高度肯定，肯定郭靖对自己生命本我的认识，已可与自己比肩而行。如果世上真的有传说中那种一超而入的顿悟，那么禅宗六祖惠能与郭靖就是这样富有慧根的天才——本来无一物，何处染尘埃？任何人都不应该停止对自我潜能智慧的发掘和探索，说不定你的生命本来就是一座巨大的金矿呢。

郭靖对于拜兄杨康的算计多次宽容原谅，对于“西毒”欧阳锋三擒三纵，连黄蓉都愤愤不平，连仁侠的洪七公都叹息不已。郭靖面对爱情、富贵、恶行以及各种各样的诱惑和打击，总是自然应物，一切不偏不嗔不执着，结果每每天道助善，绝处逢生，最终天理昭昭，善恶有报。金庸的用意可谓深矣。

诈术敌不过天道——这是不是世界的终极真理呢？起码这种理念在中华民族文化中根深蒂固。希特勒用尽诈术“闪袭”苏联，日本机关算尽成功偷袭珍珠港，在谋略上都是完美无缺的，但最终都以自我毁灭收场。不仅天下大事如此，平常生活中也常常有类似的诈与爱、术与道、真我与伪面具的最终因果关系，《读者》杂志常常刊载类似的真实故事。

郭靖不会使诈术，他的智慧在于天性淳厚，循仁、道、真、善而为，所以生活中时时彰显出生命善与真那种本质力量的巨大。这种源自生命本真的智慧力量大得很、范围宽得很。郭靖只是在武学上、生活上的受益者之一。

如庄子所言：批大隙，导大款，道在庖丁解牛中。也如禅者所言：青青竹叶皆是法身，郁郁黄花莫非般若。云在天山水在瓶。

天下万物，生命的本质本源应该是无异的——这是我们人类博爱的基础。

许多人认为大智慧仅仅在庙堂、在金銮殿。《曹刿论战》中说：肉食者鄙，未能远谋。因为钟鸣鼎食、轻裘名马毕竟离生命生活的本真太远了。

黄蓉真的很聪明吗？郭靖一直都这么认为，甚至有点崇拜。但黄药师只教黄蓉一些粗浅的功夫与学问。

可是黄蓉不认为郭靖傻，因为她是聪明绝顶的黄岛主的独生女儿，耳闻目睹的聪明人和聪明事多得很，“观千剑而后能剑”，所以知人察人自然是目光不俗。她不明道，但她知道世上大道是存在的，她的靖哥哥就是一个直指心性的得道者。大海居百川之下，而汇集天下之水。郭靖就是这样的人。

小说设计黄蓉的聪颖来作为郭靖的正面衬托，还塑造了另一个形象从反面来衬托郭靖：杨康。杨康的阴谋诡计百出，世俗的才学机巧堪称出类拔萃，连黄蓉也不敢小觑他。但他没有智慧。他得到美女——没有幸福，他得到武功——害死了自己，他得到王爷宠爱——结果权势成为自己一生灾难的源泉。

抛开宿命和偶然，那么杨康的才智为什么屡次给自己带来失败和灾难？因为杨康远离了生命本源的真与善，一切机巧都是趋功利的伪装。小说中有这样的细节：他为了善良的母亲高兴，折断小白兔的腿；为了让穆念慈高兴，假装痛恨养父六王爷完颜洪烈；为了让欧阳锋选自己为白驼山武功传人，杀其侄子欧阳克以绝其念头。杨康一生都在欲望的争斗中拼搏，不问天理，不顾善恶，所以他所有的算计，充其量只是一些奇正相生的兵家诡道，离生命的本源大道的大智慧背道而驰，甚至是与人伦道德也背道而驰。尽管他的IQ、EQ都很高，但智慧却是零分。西方有谚语曰：对于一艘没有方向的船来说，任何风都是逆风。人生的方向由智慧决定，IQ、EQ只是帮助实现这一目标的力量。杨康一生的际遇、艳遇、机遇都成了他走向毁灭的催化剂。

郭靖刚好与他相反：每一点流进生命这方水塘的污秽，都会变成莲花盛开的营养。黄蓉，是这朵莲花的发现者、最佳守护者和欣赏者，也是莲花旁边那张衬托的、遮风挡雨的大荷叶——同荣、同枯、同生、同死。

山水一相逢，缘与缘不同。可是正如《不见不散》中唱的那样：就算你有今生的缘分，也要用心去寻找。佛家说得最深刻：缘随心转，相由心生。

一切在于自己。

有关切的眼神，骑什么马都是白马王子

嘴上是甜汁赞美你，心里是苦汁算计你，那是别人的老婆；嘴里是苦汁数落你，心里是甜汁念着你的，那才是你老婆。——这是姜昆相声中的幽默。

守望着自己心上人的少男少女们，可曾懂得爱情甜与苦的辩证法？你觉得生活的某种感觉像初恋，还是初恋像生活的某种感觉？

如果你有下列症状：不知道为什么，就想跟他在一起，这是初次的相思；不知道为什么，总想把最好的留给他，这是浓浓的关切。那么请你注意——你的爱意已经月上柳梢头。

你在他乡还好吗？我寄愁心与明月，随君直到夜郎西，这是遥远的关切；念着他的名字，追随他的踪迹，万水千山也觉得一身轻松，这是缘的牵引。

靖哥哥蓉妹妹，只要有一人到了紧要关头，另一个总会适时出现。郭靖黄蓉之间的关爱与需要，已经超越了一般的王子与穿水晶鞋的灰姑娘、森林中公主与魔法的童话传说，超越了一见钟情的浪漫，而是一种生命的赤诚相见，是金庸先生在红尘中对佛家境界的领悟，最终示现出一种天地间阴阳间达到和谐后的一种由衷的大欢喜。

《射雕英雄传》有着古典爱情含蓄执着的精神内涵，但比一般古典爱情作品中的人物血肉更加丰满，且有着更大的舞台背景：有着现代爱情的独立浪漫的明快节奏，但没有现代爱情作品的那种情感的阴阳失调。现代爱情小说中惯见的财与貌、鲤鱼登龙门的牵强附会，通通被一扫而光，甚至连强人与财权的概念都隐而不见了，真善美犹如被点睛欲飞的龙。家、国、情，趣、艺、史，在小说中浑然一体，这是金庸作品令人神往的重要原因。

无论黄蓉郭靖的成功爱情、杨康穆念慈的伤痛爱情，还是周伯通瑛姑的带着几分荒唐出格的爱情，都被金庸注入了古典的、佛家的生命感悟，使爱情有了人文的根，所以经得起琢磨推敲。

黄蓉不是第一个喜欢“靖哥哥”的女子，第一个是华筝。黄蓉华筝二人都具美丽和勇气，但只有黄郭二人的性格，才能是乱世中的互补。对郭靖的欣赏可以戏称爱情审美价值观的创新，这种创新使黄蓉找到了终身的幸福。今天的少女追随者们也正是怀着这种企盼，企盼着有一双真挚的哪怕是愚驽的眼睛看着自己，因为爱情中真挚比什么都重要。

关爱别人甚于关爱自己，郭靖的一个“真”字足以感天动地。这个“真”字与蓉儿的一个“灵”字山环水绕，合而为人间情感的胜景。他们二人还需要什么白马王子与公主的传说来增添光彩呢？

红尘中有你同行，胜过千言万语；生活中郎情妾意，随时随处都是白马与玫瑰。

生活的情趣成就爱情与事业

金庸的小说比古龙的更具平凡生活的韵味，唯其平凡，所以更具魅力。古龙的小说主人公大都是倾城倾国的佳人、见首不见尾的神龙，虽然高妙朦胧，但主人公终究不是我辈中人，犹如寒冬里看着漫天美丽的霰雪——刚用手接着，便不见踪影。

看金大侠笔下的黄蓉郭靖二人，极具平凡生活中的典型意义，且令人神往，可谓妙在真与幻、童话与现实、似与不似之间。真是大家手笔。

没有黄蓉的厨艺菜式迷住洪七公，我想他老人家当然也会传授郭靖降龙十八掌。但那样会使小说中的生活情趣少了许多，小说的波折也少了些真实感。金庸武侠小说以深入三教九流的红尘生活为看点、乐趣，以传统文化中正仁和的精神境界为皈依，入乎其内而出乎其外，入于尘世而高于尘世，出于尘世而不弃尘世，让各种文化阶层的人士各取所需，或慕其情爱，或悟生活处世之道，或窥儒释道三家的真义和奇趣，或探究一个时代的风土人情，《射雕英雄传》的确堪称大观园式的作品。

既然是大观园，当然除了严谨的文化沉淀，还要有风花雪月、吃喝玩乐、喜厌悲欢。无情岁月固然会催人老，生活的情趣却是佳酿永存，弥久愈醇。连孔圣人听一回韶乐都会觉得“余音绕梁，三日不绝”，甚至“三月而不知肉味”呢。

生活的情趣与爱情事业不但不矛盾，而且是一个连体婴儿。爱情观、生活观都是由源自生命的智慧决定的。享受生活一定会堕落吗？无着、无染、无来、无去的圣贤之境离我们很远吗？子曰“我欲仁，斯仁至矣”，一切境界都可以一超而入，只要你愿意，就能够透视自己的生命本真，做一个本色的“真我”，一切快乐与情趣都有如清风明月，来时无喜，去时不留。

这是我们每一个人生命中真正的大欢喜，郭黄夫妇以勇敢智慧战胜大磨难，让生命中这种真诚的大欢喜延续终身，熔铸仁、智、信、勇为一体，在乱世中成就爱与侠的丰碑。与之相反的是杨康与穆念慈夫妇，穆念慈性格的缺陷和杨过信念的邪恶，使他们内心都有着种种羁绊，从未有过一天的真正彻底的欢喜，所以穆念慈为自己的遗腹子取名曰杨过，寓意十分深刻。

如果没有找到源自生命本源的真与善的力量，任何爱与喜悦都是短暂和虚妄的，“如梦幻泡影”，绝不可能持久把握。

真爱：心有天籁不吹箫

黄蓉与郭靖的名字，在凡是说汉语的地方无人不知。深入探究吧，与传统的种种美好传说童话相比，黄蓉与郭靖的爱情故事有何“殊胜”之处？

在传统的文学佳作中，无论是才子佳人式、王子与灰姑娘式，还是门当户对的强强联合式，虽说大量的故事也堪称幸福美满，足以打动人心，但从美学、伦理境界上说很少有新的超越。最后的爱情结局终究还是寻求物质经济、才学（这是潜藏的物质地位）、门第的最佳组合。

人呢？天地间第一要素——至尊至高的人呢？爱情中，本应是赤条条来去无牵挂的人，应该在什么位置？金庸的《射雕英雄传》把这一命题放到了首要的位置。

黄蓉与郭靖的爱情故事与以前的传统佳作相比，彻底地突出了人本位：真爱就是我中意你，与别的什么无关！

手握灵珠常奋笔，心有天籁不吹箫。小说中这副对联，展示出全真七子出世的慈悲精神、入世的红尘关爱情怀，与郭靖黄蓉伉俪二人恬淡、谦冲、积极、正直、机变应物的为人处世方式一起，共同彰显出中华传统文化的积极一面，彰显出树大根深、随物赋形的中华文化浑厚的适应性。郭黄二人的爱情，在小说中仅仅是传统文化的真善美在爱情、生活中盛开的一朵奇葩。

郭靖就是身在世俗中，生而“心有天籁”的人。他的天籁就是对人性真善美的天然具有，且经得起种种诱惑，不惧污染。用佛家禅宗语言来说，叫作“根性大利”。但他的大器根性天生有缺陷：接受能力愚钝。其好处是一经接受，永不退转。学艺如此，对感情亦如此。昔日的兄弟拖雷变成了敌人，也永远是安答（蒙古语，兄弟），华筝做不成夫妻还是妹子，杨康多么坏也还是拜兄，江南七怪一辈子都是师父……自始至终郭靖都没有任何移情移志之行。这是一件看似简单，但又何其难的事啊！郭靖的这个性格特点是导致小说情节波澜起伏的重要线索。在现代人感情上朝不虑夕、只知自怜不懂自醒，甚至自己也难以把握自己的情况下，叫人如何不对郭黄二人无限向往呢？少女们面对如此品德的男子如何情能自已呢？

金庸先生可谓善编故事的圣手。黄蓉郭靖二人一阴一阳，分开都是有缺陷的人，缺陷才有展示和想象的余地，才有人物演绎的空间。郭靖从学不会江南七怪的初级武功，到最终武功归于大成，与黄蓉从相识相爱到弃金刀驸马、破黄药师的桎梏走向长相知永相守，其间，既无海誓山盟亦无刻意苦求，一声“靖哥哥”、一声“蓉儿”，一切都在“纯真”的心田中自然播种、生长、成熟，走向完美。

当人们失去仁义后，开始用泥神前的誓言来张扬；当社会真情真美蒙上雾水后，开始用五花八门的所谓艺术形式来尽力喧嚣和呼唤。反观郭靖与黄蓉，人们似乎从中找到了真正的自己：有了一个“真”字，何需朵朵玫瑰？有了靖哥哥山一样的厚重和蓉儿水一样的灵巧善变，何惧人生前路的荆棘？

每个少年人都已经在心中自觉不自觉地、若有若无默默地刻画着自己对爱情的憧憬，但千万别忘了：有了真与善，才有永久的美。

用这首小诗来作结吧。这真是：胡杨恋沙桃厌尘，几番春去梦不成。为卿屹立三千年，情到深处见天真。

【阅读理解辅导】

欲扬先抑与欲抑先扬及其变式

欲扬先抑与欲抑先扬是两种常见的表现手法。抑，指按下、贬低；扬，指褒扬、抬高。文章家借这两个字在文中兴风作浪、平地起惊雷。读者在阅读鉴赏时不可被作者放在前面的抑或扬的花头，被那些有趣的、乱花凄迷的景象迷住了眼睛，看不到作者真正的写作意图，作者的真实包袱往往在后面才会抖出来。欲扬先抑和欲抑先扬共同组合构成抑扬交错，欣赏抑扬交错的文章得有耐心，不读到最后一行绝不要轻易得出答案。

概述分析

抑扬关系的运用，是基于人的审美心理特点。先哲说：一阴一阳谓之道。抑与扬的关系，本质上就是文章阴阳变化的形象化，与之对应的当然是读者心绪的起伏。赵本山的小品常常借用这种手法，在与范伟、宋丹丹的刻意抑扬中抖出一个个包袱，短短十分钟小品演绎得波澜起伏，高潮迭起。可见处理好抑与扬的关系，能产生出奇特的艺术魅力。

“虽变化万端，而理为一贯”，抑与扬的本质是要达到扬或抑的目的。据此，一切答题智慧都蕴含在这一阴一阳的变化中，读者须得从变化中感悟体验到文章的目的，知作者的心。

“欲扬先抑与欲抑先扬”在实际应用中并不是模式化的，而是根据文体、情感、情节等诸多要素衍生出许多变式。情节、对话景物描写甚至整个谋篇布局，都可以在抑扬中自由挥洒。知道了这一点，就能清楚、准确地把握作者的思路和文章脉搏的跳动，从心所欲地回答阅读理解中的任何问题。

撮其要者，无非四种：欲扬先抑、欲抑先扬、欲扬先扬、欲抑先抑。

【欲扬先抑】

欲扬先抑是指褒扬某个人物或事物，却不从褒扬处落笔，而是先按下扬，从相反的贬抑处落笔。用这种方法，使情节多变，形成波澜起伏，造成鲜明对比，容易使读者在阅读过程中产生恍然大悟的感觉，留下比较深刻的印象。

欲扬先抑，目的当然是为了扬，抑是花头和虚招；欲抑先扬则刚好相反。无论作者使用多少抑扬交错，被抑扬的对象最终都会水落石出。比如《战国策》中有一段"冯暖客孟尝君"的故事，文章的开头写冯暖既无爱好，又无能耐，还成天要求食有鱼、出有车的高待遇，作者把他贬抑到最低处，然后却笔锋一转，写他如何为孟尝君经营"三窟"，写出了他非凡的才能。开头的"抑"是为了衬托后面的"扬"。

【欲抑先扬】

欲抑先扬跟欲扬先抑恰好相反，是指贬抑某个人物或事物，不直接贬抑，而是先赞扬，先溢美一番，随后笔锋陡转，予以毫不留情的贬损。扬得越是充分，给读者的心理反差就越大，抑的效果也就越好。比如李商隐的《贾生》一诗："宣室求贤访逐臣，贾生才调更无伦。可怜夜半虚前席，不问苍生问鬼神。"诗的前两句从正面着笔，颂扬孝文帝求贤若渴，选贤任能，这是"扬"。然而后面两句却写他夜半虚席，不是为了求治国之道，而是为了"问鬼神"，这是"抑"。通过这一扬一抑，一个幻想成仙、荒于政事的帝王形象便跃然纸上了。

【欲扬先扬】

欲扬先扬，其实就是层层渲染，一遍一遍地褒扬，最后再来一次重量级的爆发，收到强烈的、震撼的褒扬效果。《三国演义》中先扬华雄，再通过关云长温酒斩华雄来扬关羽，最后刘关张三英战吕布，终极目的，为的扬"人中吕布，马中赤兔"，顺便也显显关云长的威风。这是欲扬先扬的层层套用。民间也有这样的幽默："天下文章数三江，三江文章数我乡。我乡文章数我哥，我为我哥改文章。"这就是典型的欲扬先扬。

【欲抑先抑】

欲抑先抑，顾名思义，就是想要贬抑某个人或事物，一开始就通过种种方式来贬抑、丑化，最后再来一次强烈的贬抑，使读者印象非常深刻。比如《水浒传》第八回“林冲棒打洪教头”一节，作者刻画洪教头时就采用了这种手法。洪教头一出场，作者便赋予了他一副丑陋形象：“歪戴着一顶头巾，挺着脯子。”继而写他的傲慢无礼，一步一步地丑化他。最后，林冲和他比武，他几下便被林冲打倒。这是最大的丑化。作者通过这种手法，塑造出了一个傲慢自负而又愚蠢无能的洪教头形象。

高考点击

高考命题者当然深谙这些道理。阅读理解题的命题者们选例文时，大多会选那些既具备抑扬反复交错使用特点，且有强烈时代感、贴近生活的文本来考学生。简单的一抑一扬关系，大部分学生往往一目了然。学生出错，往往出在抑扬层层交错后的理解。

欲扬先抑与欲抑先扬，都仅仅是一种形而上的概括，而高考是要考学生在具体文本应用中的辨识赏析。具体运用中存在千变万化，尤其是当抑扬复杂地交错运用时。人、事，新闻、对话，叙述、抒情，诗词、小说散文，都可能用到，一次抑扬不够表情达意，文本就多运用几次。考生不要盯住一点，要通观全文，知作者之心，这一点是很关键的。

【例一】2007年广东实用类阅读题《梦碎雅典》，就是一种抑扬交错运用的较隐晦的形式。一场奥运会百米短跑决赛，被作者连续用抑扬法演绎得波澜起伏：已经37岁的名将奥蒂，几乎在整篇文章中都处于被“抑”之中：坏运气总是以不同形式与奥蒂相伴而行——两次与美国德弗斯几乎同时撞线都被判对手胜；在没有强劲对手的有利情况下，自己又过度紧张而犯规，直到文章末尾，作者才抛出主题，全力一“扬”，让主题久久回旋：“奥蒂以永不向厄运低头的勇气证明了什么是奥林匹克精神。她的世界百米冠军梦虽然没有实现，但在世人的心中，奥蒂何尝不英雄！”这种对欲扬先抑手法出神入化地运用，使普通的新闻材料产生出巨大的爆发力。

试看试题中的问题及答案（选其二）：

1. 文章用较长篇幅介绍了奥蒂参加比赛的背景材料，这样写有什么作用？（4分）

参考答案：可以让读者全方位了解这位体坛老将的“坏运气”，更深刻理解奥蒂渴望圆梦雅典的迫切心情，突出奥蒂不屈服于命运的性格特征，增强文章的感染力。

点评：背景材料本质上就是回忆奥蒂短跑史上命运的失败，一次次“抑”。

2. 怎样理解“在这片静默之中，奥蒂转身，面无表情地朝起点慢慢地一步一步走着……”这句话在文中的含义？（5分）

参考答案：观众以静默的方式表示他们深深的同情。奥蒂一步一个坎坷，一步一个艰辛，她回到的不只是决赛跑道的起点，也是梦想的起点。

点评：这是最后一次“抑”，也是爆发前最后一次“蓄势”。

【例二】2007年湖北文学类阅读题《日月行色》，是通过一个相亲女子真心而巧妙设计的对话、心理和神态来欲扬先抑地示现初恋美好境界的另外一种形式。

《日月行色》（节录）

“你是个鳖熊！”声不高，字咬得很重。

鳖者，水底烂泥里的硬壳软体爬行动物；熊者，天下蠢笨无二的“黑瞎子”。在我们那个地方，这是恶狠狠的、咬牙切齿的比喻。

“谁说的？这是谁说的？”我止住脚步，脚底猛地腾起一股无名火，屏住呼吸，胸脯一起一伏。

她那细密的牙儿咬住唇儿，眯缝起细长的眸子，平静地、神秘地斜睨住我：“也是村里老人说的！”说这话时，眼波活似乌油油一眨闪电，那一瞬间，致使她的全身在收束将尽的晚霞里显得益发俏丽、撩人。我“咕咚”咽下一口唾沫，像是咽下一个砣秤锤。

“这么说，你……你信那些老不死的嚼舌头了？！”

她垂低头，没有了任何声息。伸出一只脚在软沙上划过来划过去，划过去又划过来，金黄色的细沙净净亮亮的，宛若凝结在地的晚霞，纯洁无比。

“有话早说，回头还来得及。往后后悔就迟啦。”我正告她，催她重新表态。订婚仅仅是个形式，这“订婚”与“结婚”之间，才横亘着爱河里真正的关口。

她抬起美丽的细长的眼睛，瞅了瞅东方那刚刚托起新月而呈现暗紫色的山垣，脚趾依然下意识地划着弧圈，划着划着，长长地舒一口气：“唉！老人还说来：灵性人是鳖熊的奴！”

试看试题中的问题及答案（选其一）：

本文在构思上具有先抑后扬的特点，请做具体说明，并分析其作用。(4分)

参考答案：(1) 女主人公的两次回答最能体现先抑后扬的特点：前面你是个“鳖熊”，激起“我”的“无名火”；结尾“灵性人是鳖熊的奴”表明真心，让“我”突生欣喜之情。

(2) ①突出了人物的可爱性格（灵性），加强了女主人公表达情感的效果；②前后对照，造成悬念，形成曲折，增加情趣。

以上这两个例子颇具代表性，《梦碎雅典》是宏观事件的回顾剪辑，用人的命运的“抑”来极力“扬”奥林匹克精神；《日月行色》是个性化心理和语言的描写，女主人公刻意地用“抑”来刺激男主人公，借以测试其性格和对爱情的态度，先抑后扬中对少女的心理曲尽其妙。

欲扬先抑是千回百折的抑，只为一“扬”；同样，欲抑先扬则相反。通观全文，寻找、提炼出作者的真实写作目的，捋清抑扬的具体步骤和过程，就会柳暗花明，做出对千变万化抑扬运用的正确分析判断。

第三辑

延伸与探究：新课程背景下的语文活动示例

好的剧本，也必须经过导演、演员等一系列参与者的合作挖掘，才能完成剧本的演绎。要深入体现高中新课程语文教材的人文色彩，仅靠阅读教材文本是浮光掠影的，还应该在语文活动和训练中广泛地体现出来，使学生由学于课堂之乐到乐于课堂之学。

“不着一字，尽得风流”，“羚羊挂角，无迹可寻”——这些高妙空灵的人文领悟必然是由最基础的字词句等语言要素、最基本的学会生活要素开始，最后一步步地生成的。语文无论是作为一种工具，还是作为人文精神的载体，神秘的、完全意义的顿悟都不存在。

百炼成钢，千炼为灵，万炼为神。从工具这个角度来说，语文是驾驭语言的一门技术。工欲善其事，必先利其器。阅读、思考、写作、修改，反复地训练，饶有兴致地在人文土壤中深耕，才能螺旋式地提高使用语言文字的技术，让语文回归人文科学的本位。

思吧，练吧，广泛地阅读吧。开卷有益，集思广益，笃学不移。

生活中的人文真善美

为奇花立意　为异石传神

黛玉葬花是因为情心已死，天女散花是为验证修行者们心的净定程度，米芾拜石是从奇石中看到了自己，女娲炼五彩石是补天救苍生……

花儿有花儿的生命哀乐，石头有石头的精气神。

何不为下面这些美丽的奇花异石取个芳名，并做简要介绍，然后放飞它——寄寓你青春生活的情思和情趣？看一看远方的谁拾到你抛的青春漂流瓶？

取名示例 1

取名示例 1：

1. 秋腹孕春

寓意：叶的绿色和花的娇艳，从来都是春的象征。但我们不应忘记，它们身下用秋天枯枝编成的小床，不仅是插花中衬托绿叶春花的底色，更是孕育它们的母亲呢！

2. 春与秋的握手

寓意：春的灿烂与秋的凝重，是可以协调在一起的。因为它们本是太阳下同一个地球的不同侧面，是生命的不同表象，是同一条河流里在不同地段流动的水，是时间在山川大地的不同化身和幻象。握手，只不过是春与秋一次回家的相聚，互道各自旅途的见闻。正如奥运会主题所说：同一个世界，同一个梦想。

3. 不老的答案

寓意：如何让生命不老？这可是千古永恒的难题啊。任何长生不死的灵丹妙药也抵不过“化作春泥更护花”一句诗。生命只有主动参与大自然的有机循环，才能永远生机勃勃。在这幅图片面前，你会觉得历史上那些求仙的秦始皇、汉武帝等显得多么渺小。

取名示例 2

取名示例 2：

1. 心如月气如菊

寓意：“明明如月，何时可掇？忧从中来，不可断绝。”比起十五的圆月，弦月更能勾起人幽思，再配上三朵盛开的劲菊，天上月缺，秋菊花圆，相映成趣，尤见大自然的天真之意。待到秋来九月八，菊花的冲天香阵就会流布人间。金黄色的深秋，叫人如何不忆春品秋、意气风发？无须幽怨，只要我心如月，气概如菊，时时刻刻，在在处处，触目欣然，一切都会透着惬意。

2. 三心映月

寓意：月掠大海，旅人可叹“海上生明月，天涯共此时”；月沉水中，孤独者可见“星垂平野阔，月涌大江流”；月徘徊山中，禅定者可闻“月出惊山鸟，时鸣深涧中”。要是月悬在我们每个同学的心中呢？那一定会与我们青春的光亮交织在一起，令激进者变得温婉，令黯然者变得清晰。敞开胸怀，让光芒进来吧，月映众心，我心映月。

3. 月朗秋劲

寓意：秋高气爽，秋月皎洁，菊劲心清。静心的思想者、默默的前行者最爱秋天。欧阳修说秋天满布肃杀之气，但怎敌得过朗朗秋月下张扬的菊香和涌动的盎然青春年华？

4. 五色

寓意：你留心过月下景物的颜色吗？当世间万物的原色被月光镀上一层皎洁的银白色后，你们猜猜，会变成什么颜色呢？看了这张图片你就明白：哦，冷色变暖了，暖色变得柔和了。月光下，世界趋于大同。莫非图中五色真的是世界大同之色？

取名示例 3

取名示例 3：

1. 满天星斗

2. 乱花渐欲迷人眼

3. 千眼看你踏青来

寓意：这些已开的和未开的小花多像画中观音的千眼。卞之琳说：你站在桥上看风景，风景中的人看你。是的，世间万物是人的风景，而我们又何尝不是它们的风景呢？注意哟，这么多秀丽的眼睛看着你，快拿出你最美的服装，展示你最美的姿仪吧！千双秀丽的花之眼，盼望着你到郊外踏青来！

取名示例 4

取名示例 4：

1. 力透树梢

寓意：桃李结果满树，令人眼花缭乱，椰树结果于顶，令人难以窥其面目。而我，则喜欢取其中间，把生命力运化于每一枝树梢，待到果熟时节，一切让人一目了然。

2. 结成小果招鸟来

寓意：大自然中许多花儿靠蜜蜂蝴蝶传粉，果儿靠小鸟衔向悬崖荒野布种。小鸟喜欢不喜欢你的果儿，可是关系到千秋万代的大事哟。魅力就是生命力、魅力就是传播力，快拿出自己的魅力来尽情展示吧。

取名示例 5

取名示例 5：

1. 苟有德，必不孤

寓意：孔子以“苟有德，必不孤”教导士人：应加强个人品德操守的自律，君子慎独。尽管做人不可独学而无友，但更不能交友不慎，滥及匪类，害人害己害社会。所以学做人，得首先有秋风中劲菊的气节，在浊流中把持好自己，立定人生的脚跟，恪守人生的基本信念，做人是做一切事业的根本。纵然孤独前行，也应盛开出一朵朵劲菊白莲。

2. 不负绿叶我独放

寓意：根从淤泥中输来营养，叶从阳光中吸来能量，我是它们的独子，传承和延续生命的重任在身，叫我如何不绽放？夏而开，秋而枯，我静候着你们欣赏的目光。

取名示例 6

取名示例 6：

1. 有伴不为孤
2. 共放幽香催人眠
3. 花香熏得主人醒
4. 一帘幽梦待君归

根据图片和名字，谈谈你所理解的寓意，好吗？

取名示例 7

取名示例 7：

1. 君开我未开　我开君已老

寓意：假若我们把这瓶花看作一段情，一段相思，一段仰慕，就有了这优美的诗的寓意。不要责怪天意弄人，纵然与花无缘擦肩拥抱，也愿素心裹美，静待下一次生命的轮回。这是花蕾对花朵的绵绵情意。

2. 天道：长幼有序

寓意：假若我们把花朵与花蕾的

先后开放，看作是季节的刻意安排，那么同样也符合儒家的人伦之道。可见，长幼有序不仅是自然、人伦法则，而且是天道。

3. 瓶小我亦开　不做栋梁材

寓意：假若把瓶中这几枝花看作是涌动着春意的少年，那么立志，就是第一等重要的大事。环境由天，成败由我。我是花，当然不做成栋梁材的梦。天生我材，我就要吮吸瓶中有限的营养，拼力绽放，不负我生命的季节。

取名示例 8：

1. 历史的烽烟

寓意：奇石下部的黑点如同千军万马在奔腾厮杀，上部飘着一缕缕烽火浓烟，大地或浓或淡的红色，仿佛是人类前进殷红的血迹。整块石头五颜六色，真像形象化的人类历史：红的是血，黄的是和平吉祥，黑的是凶恶和灾难，杂色是说不清道不明的历史迷雾。

取名示例 8

取名示例 9：

1. 滴水现万象

寓意：大千世界，片石能看湖光山色，能听鸟语，能闻花香。滴水能显赤橙黄绿青蓝紫，那空中的彩虹，正是一滴一滴的水珠组成的。气象万千，在你眼中，更在你心中。

2. 清凉世界

寓意：奇石中一片冷色，冷而不寒；水天迷幻朦胧，叫人不辨景物。其实，又何须辨清景物呢？只要你从奇石中感到了阵阵清凉，这就说明，你已成功地运用通感来进行审美活动了。混沌不言，方为大美。

取名示例 9

美丽的飞机就是好飞机

——与男子汉点评天空的美丽

那是遥远的记忆了。七十年代一群男孩儿因崇拜军人而举着木头手枪整天在院子里冲冲杀杀，当中国吹响向科学进军的号角、媒体铺天盖地地宣传数学家陈景润的事迹时，我们刚上初中。因为狂热崇拜，开始收罗科技书籍并进而试着做航模。那时我们做航模可不像现在学生这样，买回现成的材料进行组装就行了。我们是从伐一棵泡桐树开始（因为泡桐树木质轻，适合做航模），自己把树锯成段，树段加工成木块，木块加工成木条，最后才一边按图装配，一边再细细加工。

啊！天空的飞机是多么令人向往！即使是最原始的飞机在我们的眼中也是那么美丽。

二十世纪末，中国航空工业发展到一个新的水平，珠海开始举办世界级的真正航空展：苏27、苏30、米格29、中国的歼7E、枭龙、飞豹，一架架军用民用飞机蓝天起舞，争奇斗妍。我也长大成熟，知道了航空工业的复杂性：符合空气动力学的外形、发动机动力系统、导航系统、火控系统，令人眼花缭乱。

我们如何辨识一架飞机的优劣呢？

法国达索飞机制造公司创始人、伟大的飞机设计师达索先生说："凡是美丽的飞机就是好飞机。"真是一语惊醒梦中人。达索先生用一句浪漫的文学语言表述了一个科学的真理。是啊，美丽不仅属于文学艺术，同样存在于工业品甚至数学之中。一架飞机要真的做到美丽谈何容易？

上百万个零件，15年左右的研究周期，人与物、物与物的合成协调，最后都要精确平衡地安装于飞机之中。所以飞机的外表本身就反映出设计理念、制造技术、工艺水平。我想，达索先生的这一论断对于汽车等其他工业集成产品也应该是适用的，我们同样可以说：凡是美丽的汽车就是好汽车。只不过，飞机是其中复杂程度最高的工业产品代表。

飞机的线条、比例、外形：服务于功能、受科技水平制约

美丽一词，在科技中内涵是什么？单看那一对飞机的机翼，一百年下来，居然被人类做出了这么多花样！

最能反映航空水平的是战斗机，按美国的划分标准，目前已经发展到第四代。每一代新型飞机的问世不仅代表了科技的进步，也使我们大大开拓了审美的眼界：苏联成功的米格21战斗机机身瘦长，高空高速，是第二代战斗机的杰出代表。

第三代以美国的F16（轻型）、法国的幻影2000、俄罗斯的苏27（重型）为代表。你看，机翼与机身之间平滑过渡，已没有任何明显的棱角界线，身与翼融为一体。

以美国F22、F35、B2为标志的第四代战斗机、轰炸机更妙，采用一体成型技术，不但对雷达隐形，连人的眼睛都容易产生错觉。在人的视觉印象中，这些第四代战斗机看上去比真实体积小得多、薄得多。宽达50多米、机身内部能挂载几十吨炸弹的B2轰炸机静态看上去像一支飞镖，飞起来像一个幽灵。

我仿佛看见天空中有一群模特儿在迈着猫步走过来：珠圆玉润、母仪天下的F22，苗条而不失丰满的F16，方圆结合、霸气十足的苏27，欧洲合作生产的工业化巅峰之作“台风”，法国“阵风”别出心裁的“笑口”设计，还有中国航空工业的骄傲歼10。一个国家的经济实力、作战理念、审美风尚、设计渊源，在这些天之骄子身上一览无遗。

在科技条件、工业水平相对固定的情况下，设计师们想尽千方百计在飞机外形上打主意，力求最大限度地发挥已有科技成果的潜力。

由苏联米格21改进而来的歼7E，依然带有浓厚的二代战斗机的色彩，发动机推力不足，要保持高速只得依靠细长的机身来减小空气的阻力，所以机动性不好。中国飞机设计师巧妙地在歼7E的机翼上动脑筋，把它修改成可扭转的弯折箭形机翼，通过机翼三分之一处的可控制扭转来大幅度提高机动性。单是从外形上看，中国设计师们把原型的潜力的确挖掘殆尽。那一对极富创意的弯折箭形翼，在保持原型机高空高速的优势同时，把机动性提高了25%。

三代半战斗机，阵风、台风、歼10都在飞机前部设计了小鸭翼，去掉了后面的水平尾翼，目的之一也是提高机动性能，与歼7E的理念不谋而合。可见飞机的外形千变万化，都是为功能服务的。

当然，最终决定飞机性能和外形的还是科技水平。美国的F22隐形战斗机近乎完美的外形结构是由它雄视全球的科技水平决定的，绝不仅仅是设计师们在电脑中画来画去就可以解决问题。面对科技的落后，高超的外形设计并不能从根本上解决功能问题。

F22为了机内多装燃油，机翼设计得特别巨大，尽管机翼机身完整地融为一体，两个向外倾斜27° 垂尾，飞行的阻力很大，但F22照样能以超音速巡航达半小时——奥秘在于它装有两台全世界独一无二的、推重比高达10的发动机，而其他能独立生产战斗机的国家如俄罗斯、法国的军用发动机的推重比一般也只能达到8，甚至更低。世界排名第二、被英国视为国宝的“台风”战机的发动机的推重比也只有9。所以唯有美国的F22才足以傲视群雄：智慧、美丽、速度、敏捷、隐形功能面面俱到，且高度协调。

强劲的推力使得设计师在设计飞机外形时不惧空气的阻力，更能体现丰满圆润的体形，发动机带有可偏转的矢量喷射赋予它高机动性，从而可以不用考虑利用气动外形来提高飞机的机动能力。

丰满的身躯，敏捷的身手；常规的外形，非常规的机动性——一切都源于F22性能卓绝的发动机。科技不但是第一生产力，而且也是外观美不可或缺的第一要素呢。

这种科技与外观美的神秘关系，的确是一个值得好好探究的课题。

比起前几代战斗机来，第三代以后的战斗机重心普遍后移，发动机推重比大幅度的提高，应该是其根本原因。

黄金分割、翼身融合、视觉上的错觉、兼顾飞机的多功能性、速度与敏捷性的协调等等，在各国的设计师手下演变出如此多的实物版本。苏27战斗机机头微微下垂，机头两旁有与机身合为一体的边条翼，机舱显得高高隆起，俄罗斯不愧是世界上对空气动力学研究水平最高的国家。在总体科技条件不如美国的情况下，能够别出心裁，让接近30吨的苏27战斗机系列在空中飞出“眼镜蛇”甚至更复杂的动作，两个粗而呈方形的发动机短舱并列在机腹，外观整体上方圆并用，这些当之无愧是20世纪完美的巅峰之作。但到了21世纪，由于当初设计时没有考虑隐形的因素，所以它那曾经很威武的巨大垂直尾翼和方正的发动机短舱，成了巨大的雷达反射源从而显得有些落伍。

F22因此而采用棱形发动机进气道，垂尾外倾27°，在外形上尽量避免一切直角的设计，减少雷达反射源。细节决定一切，F22十分注重外形的每一个细节。整个机身找不到一个突出物，一切都在平滑圆润中过渡。没有棱角，所以在空中极容易使人产生错觉，整个飞机看上去似乎较小较薄，实际上，F22是典型的重型战斗机。

全世界在20世纪90年代以后设计的三代半战斗机，以法国“阵风”的发动机性能最差。但是，也以“阵风”飞行控制性能最好。航空母舰对战斗机的起降要求最高，所以“阵风”最适合上航空母舰。也就是说，“阵风”的美，不在外表，而在它设计的飞行控制软件能控制飞机各部分达到极高程度的协调。据说英国主动向法国提出愿用自己高水平的发动机技术交换法国高超的飞行控制技术，但被法国婉拒，可见法国对这一项战斗机的内功视为至宝。

可见，智慧的女人最美丽，协调就是美——这些审美原理，对于飞机也是适用的。

色泽：材料和工艺的展览

如果你是一个非常细心的航空迷，一定留意到照片上这些飞机发出的光泽度大不一样。会不会是摄影的光线造成的呢？

不是。第一、二代战斗机的光泽看上去比较粗糙、暗淡，那是制造飞机的材料和外表喷涂等处理工艺的落后造成的。从 70 年代的美国 F16 战斗机开始，西方发达国家加工工艺水平大幅度提高，尤其是 90 年代几经修改后的 F16，机身光滑如镜，几乎看不到任何焊接点和螺丝的痕迹，浑身上下散发着诱人的光泽，机舱玻璃盖采用独一无二的气泡一体成型技术，玲珑剔透，飞行员视野开阔。俄罗斯在工艺上不如西方发达国家，所以苏 27 虽然外形大气磅礴，但细看机身铆钉突出，色泽暗淡，机翼和座舱交接处十分粗糙。由此可以想见，俄罗斯是一个未能均衡协调发展的跛脚的军工业巨人。

80 年代后，随着中国工业水平的长足进步，所生产的从苏联米格 21 不断改进而来的歼 7E，十分成功，据说连苏联的原设计者也赞叹不已。机身平滑，闪着细腻的光泽，一些细部的加工显得十分精细。

最值得称道的是中国的新锐战机歼 10，它的外表工艺光泽已经接近世界的最前沿。世界上已经面世的所有三代半战机台风、鹰狮、阵风、苏 30 系列，以歼 10 的光泽度最接近第四代战机的代表 F22：宛若一块在地下埋了千年的美玉刚刚出土，闪着一种含蓄、内敛的光泽，一点也不像以前的经典战机 F16 那种炫目的、张扬的光芒。

如同人的气色反映了人的内在身体状况一样，飞机的光泽同样体现着材料、工艺水平。

以前的战机机身基于坚固耐用的原因，都是用纯金属制造。其中阵风等三代半战机考虑到控制制造成本，也采用纯金属制造。这些战机一眼可以看出具有相同的光泽：精湛的金属制造加工工艺令它们的机身闪耀着锃亮的光芒，光滑、光亮得如同波光莹莹的镜面。美国的 F22 战机、B2 轰炸机为了提高隐身效果，不惜工本，在机体中采用了大量价格昂贵的复合材料，这些至今尚属绝密的材料，既加强了机身的牢固性，又减轻了机身的重量，更重要的是具有极好的吸波、透波（雷达波）性能。你看 B2，不但整个外表光滑圆溜，毫无皱折，而且这些复合材料的拼接，都不用铆钉，而是高压压铸而成。在歼 10 身上我也发现了类似的光泽：幽深、神秘，犹如从机身内部散发出来，整个机身看上去比 F22 灵巧，但不及 F22 那么有大气派和让人产生视觉上的错觉，歼 10 的确是中国航空业的里程碑。我想，它应该也具有 F22 的某些特征。

大巧若拙——这是永恒的审美定律。

任何一种科技成果运用都会带来飞机外形的变化，飞行控制软件的运用使得人类能够有效地控制多个翼面的协调，而这一点，在飞行控制软件产生以前，是飞机设计师们所不敢想象的。所以第一、二代战机的机翼大都比较简单单一，第三代以后的战机有的主翼边有较多副翼，有的在主翼前有较大的鸭翼，借以与主翼产生空气涡流，提升上升力，并用控制鸭翼的偏转来控制飞机的快速转向。飞行控制软件始于 F16，以阵风为最佳。目前中国的新锐战机也普遍采用飞行控制软件技术。

飞机作为一种高科技工业产品，它的外在美永远是由内在的科技决定的。欣赏一国有代表意义的美丽飞机，犹如巡礼一个国家的科技工业水准。

【问题探究】你知道审美中“黄金分割”定律吗？请你量一量，现代几种有代表性的战斗机的机身中有哪些结构符合或接近“黄金分割”定律？

同样的审美设计的规律，符合于现代汽车的外形吗？

中国“枭龙”战斗机

歼10

F16战斗机

JSF联合战斗机

苏27战斗机

F22隐形战斗机

阵风

命题、立意和开头示例

妙想迁移：话题作文中的发散性思维探究

阅读下面的文字。

在山泉水清，出山泉水浊

美国铁路两条铁轨之间的标准距离是四英尺又八点五英寸。这是一个很奇怪的标准，究竟是从何而来的呢？原来这是英国的铁路标准，而美国的铁路原先是由英国人建的。那么为什么英国人用这个四尺八寸半的标准呢？原来英国的铁路是由建电车的人所设计的，而这个正是电车所用的标准。

电车的铁轨标准又是从哪里来的呢？原来最先造电车的人以前是造马车的，而他们是缘用马车的轮宽标准。

好了，那么马车为什么要用这个一定的轮距标准呢？因为如果那时候的马车用任何其他轮距的话，马车的轮子很快会在英国的老路上撞坏的。为什么？因为这些路上的辙迹的宽度是四尺八寸半。

这些辙迹又是从何而来的呢？答案是古罗马人所定的。因为欧洲，包括英国的长途老路都是由罗马人为它的军队所铺的，所以四尺八寸半正是罗马战车的宽度。如果任何人用不同的轮宽在这些路上行车的话，他的轮子的寿命都不会长。

我们再问，罗马人为什么以四尺八寸半为战车的轮距宽度呢？原因很简单，这是两匹拉战车的马的屁股的宽度。

等一下，故事到此还未完结。

下次你在电视上看到美国航天飞机立在发射台上的雄姿时，你留意看看，在它的燃料箱的两旁有两个火箭推进器（Solid Rocket Boosters），这些推进器是由一家名为THIOKOL的公司设在犹他州的工厂所提供的。如果可能的话，这家公司的工程师希望把这些推进器造得胖一点，这样容量就可以大一些。但是他们不可以，为什么？因为这些推进器造好之后是要用火车从工厂运送到发射点，路上要通过一些隧道，而这些隧道的宽度只是比火车轨宽了一点，然而我们不要忘记火车轨的宽度是由马的屁股的宽度所设定的。

因此，我们可以断言：可能今天世界上最先进的运输系统的设计是两千年前便由两匹马的屁股宽度所决定的。

要求：根据以上材料，确定写作角度、范围和立意，自己命题，字数不少于800字。

提示：这篇话题材料的容量和可塑性极大，有一定的难度，非常适合高中学生训练妙想迁移。可以以“文化的河流”、“现代文明与古代文明”、“基因与变异”（注意：这些不是标题，标题要根据自己的理解更加具体化、个性化）等为话题。

兹作如下命题、立意和作文的示例，由同学们接着往下写。下一步应由学生自己进行多角度思维探究，在全班共享交流。

例一　失真的圣贤之音

多少圣贤的本意被后世恣意曲解！诸葛亮口授马谡守街亭必须当街下寨的要旨，但马谡执行起来却是南辕北辙，导致全局惨败。

多少治国的方略、政策、法规到了下面变成了一个又一个的马屁股？中国市场上，有一种全世界独一无二的排气量为2.4升的小汽车，据说是生产商们专为对付国家把2.5升排气量作为豪华车标准的“擦边球”举措。

……

例二　源宽一寸，流宽一丈

文化源头犹如种子，种瓜自然得瓜，种豆自然得豆。希特勒的暴力征服文化，说日耳曼民族是优等民族，尽管在德国一时甚嚣尘上，但最终归于灭亡；我们大中华，是以仁和、中庸的大文化为源为本的，所以自然不会想到用火药、用青铜金属去造杀人的炸弹，所以我们的道路虽百折千回，但越走越宽广。

……

例三　不变的是瓶子，变的是瓶子里的……

收购废品的人特别喜欢收完好的瓶子，据说是因为很好卖出去。因为一个可口可乐瓶子被人收购后可装酒、装油、装各种各样的液体。

马屁股变成了火车屁股、火箭屁股，变的是屁股，不变的是承载屁股的那条道路。

……

例四　一个猴子的名字和他的道路

有一个猴子，居于花果山时就叫孙猴子；成功地闹了天宫后，就叫齐天大圣；出了家，就叫孙悟空；到西天成了正果，就叫斗战胜佛。

道路是靠自己走的，两匹马屁股的宽度制约不了人类的想象力和创造力；成就是自己修成的，猴子的出身也并不会起多大的妨碍作用。

……

例五　没有巧合，只有必然

牛顿被苹果落下打中脑袋，由此发现了万有引力定律；两匹马屁股的宽度了决定今天世界上最先进的运输系统的设计。偶然吗？

我说这是必然的。试想，你还能找出更佳的、更可行的方案吗？你不能。因为即使你想得到，历史也做不到。恐龙、大象的屁股固然更宽，猎犬、虎豹的屁股固然更窄，可人类有可能用它们来拉动战车吗？人类在古代，从无数的动物中选中马来用作交通、作战的主要工具，这本来就体现出一种必然性，所以马屁股的影响延伸到今天，有什么值得奇怪呢？

……

例六 马屁股带领人类向前进

人一阔，往往脸就容易变。回想人类在落后的农业时代，多么宠爱我们马儿啊。单从复杂的马名就可以略见一二：白龙马、乌骓马、青骢、赤兔……可人类后来发达了，我们从名将的宠物沦落成农夫的工具和马戏团的道具，这且不说，居然有人对我们的屁股不屑一提了！看看《三国》《水浒》中，吕温侯、关云长为一匹赤兔宝马欣喜若狂，晁盖为一匹“照夜狮子马”中箭身亡，啊呸，宝马理应属于英雄好汉，有多少凡夫俗子想一亲我们屁股的芳泽而不得呢！真不想瞧今天这些凡夫俗子的那双势利眼！

不管人类舒服不舒服，愿意不愿意，今天世界上最先进运输系统的设计，的确是由千年前我们两匹马的屁股宽度所决定的。人类啊，你们不可以数典忘祖！

……

例七 谣言，始于马屁股

打开电视机，韩红正在起劲地唱着“是谁带来远古的呼唤”。一个话题，两条火车铁轨，给我们带来了远古的谣言——马屁股的宽度决定了今天火车铁轨的宽度、隧道的宽度甚至于现代火箭的直径。

但我要说这是一个彻头彻尾的谣言。

……

例八 马屁股体现着国家意志

美国为了维护在全球的霸权，军费已突破 4000 亿美元；苏联为了与以美国为首的北约军事集团对抗，军工业成畸形发展，最终拖垮了国家；阎锡山为了维护自己在山西的军阀统治，使中央军难以进入他的独立王国，人为地把山西铁路的轨道修得窄一点。材料中说：欧洲的“长途老路”也都是由罗马人为它的军队所铺的，四尺八寸半正是罗马战车的宽度。

可见，无论善良的人们做何感想，马屁股虽然不雅，但却是决定古代战争胜负的极重要因素，体现着国家和民族的最高意志，其他的如修路、运输和后世的航天等等，当然理所当然地要看它的眼色行事了。

你还真别不服气。

……

例九　马屁股的本质是什么

道路的宽度本质上是一个制式和规则问题，犹如操作系统中的Windows和Lunix、客机中的美国波音和欧洲空中客车、武器系统中的苏美两强，互不兼容。制式和规则的本质是强权。谁做了老大，谁就领导市场，成为制式甚至游戏规则的制定者。

决定道路宽度的马屁股可不是普通的马屁股，而是欧洲最强大的古罗马帝国军队的战马的屁股。所以，这样的马屁股不但要决定欧洲道路的宽度，而且罗马帝国疆域的宽度也由它的铁蹄来决定。无独有偶，在中华清朝，刚入关立国时，王公贵族的土地财富同样是用“跑马圈地”的方式——用马的铁蹄来决定的。

唐宋的神韵

——唐诗宋词的个性化改写

【孟郊·谁言寸草心，报得三春晖。】

【示例】儿女是春草，母亲是春晖，孟郊一个很平常的比喻，感动了无数代人。人们从这两句诗中往往看到很阳光的一面，而作者在心底暗处那奔流的忧伤，那一声沉重的叹息，你感觉到了吗？“慈母手中线，游子身上衣。临行密密缝，意恐迟迟归”，前面四句细细地铺陈描写临行前母亲一针一线缝衣的细节，诗歌中省略了背景——因为这是最普通的生活，没有情节——因为母爱本来就是直入心底的甘泉；清晰的是行动，朦胧的是远方莫名的思念。《游子吟》最后这两句诗成为一个民族母爱的主旋律，被后人一代代加上了重音、浓彩，变得更加夺目。不用过多言说，春草与春晖，本来就有两颗天然相通的心。从小到大，母亲不断地复制着自己不老的爱，是啊，在母亲心目中，儿女就是自己灵与肉的复制品啊。儿行多远，母亲手中的针线就有多长。

【杜甫·白日放歌须纵酒，青春作伴好还乡。】

【示例】一生志在仕宦的理想与如今渺小得有点卑微的喜悦，使杜甫在那大唐由盛转衰的时期，一天天变得像一只总也吃不饱的恐龙——空有庞大的头颅，到头来听到“回家”二字，再加上一杯属于自己的清酒、一个属于所有人的春天，就无比的幸福陶醉了。酒中的苦涩、春天的失意，全都被回家的憧憬遮住，只剩下叫后世心酸的甘甜、跑调的歌声和可怜巴巴的放纵。不能衣锦还乡，那就携春光归家吧——终究是诗圣，总能在生活中点燃激情。

【陈子昂·念天地之悠悠，独怆然而涕下。】

【示例】如果说诗歌是文学中的哲学——形象而富有哲理，那么散文则是哲学中的文学——哲理中更凸显形象。初唐陈子昂“念天地之悠悠，独怆然而涕下”两句意境浩渺无边的诗，以长叹阐述长叹，以空旷回答空旷。命运的确常常支配着人游荡在天地间。相对于“天地”来说，人是渺小的，但卑微的蚂蚁不等于没有思考和感动；相对于“古人”和“来者”来说，人生是短暂的，但匆匆不等于没有足迹和回音。命运无常，人生有情。既然命运的脚步在大地上画着生命的地图，那么上面当然就有坐标和具体的位置，起码得有参照物：九州、燕台、家园、人家；圣贤、女人、书生，还有我……地图上有了这些，命运中不同寻常的故事和感受才会有迹可循。陈子昂仅凭此诗，就足以傲睨大唐。他是一个多愁善感的、充满生命悲情的顿悟者。

【岳飞·三十功名尘与土，八千里路云和月。】

【示例】有些诗文读了使人神清气爽，有些诗文读了使人愁肠百结。常吟这两句诗，非常有利于培养一个人的大气魄，“大江南去人北望”，“精忠报国”的报国热忱不仅要深入肌肤，更需要一生用生命去身体力行。这样的文字不需要什么文字技巧，却有精神上洗髓伐骨的巨大功效。尘土与云月、天上与地下、宏观与微观，只有胸襟如海、壮怀激烈、气雄万夫的智勇之士才会有笔端纳万物为一体的功力。怎样的人就会写怎样的诗，学做诗必先学做人，欣赏诗就是通过读诗学做人。如此平凡的真理，你可愿意用一生甚至生命去实践？当你年届三十，行满八千，再仰头看天上的云和月，定然有与少年情怀迥然不同的感悟——无论你的三十年的岁月平淡与否、也无论你八千里的道路平坦与否。人生的道路，只要你用心走过，总会有独特的风景。

【王勃·海内存知己，天涯若比邻。】

【示例】平庸的人往往没有孤独，因为或许他们从未感受过心灵的光明阳光，当然也就没有黑暗的痛苦。伟大的哲学家科学家最孤独，因为他们离太阳最近。从这个意义上说，孤独是一种幸福。真正的孤独者心里总是装着另一个完整的世界。心事、感动、隐性而深刻的痛、暗藏的喊叫，在孤独者身上形成一系列联动，五彩缤纷。这就是曾经有过知己、而今孤独天涯的王勃及其历代的粉丝拥趸。后世的许多散文中只不过把这些一一放在放大镜下给你看，你看得更加有声有色，因而更加心恸。真正的孤独是具有独特美感的。

【王昌龄·洛阳亲友如相问，一片冰心在玉壶。】

【示例】寻常的临别叮咛，寻常的心迹表白。在被誉为“诗家夫子王江宁”的笔下倾诉出来，效果却是千秋万代的溢光流彩。这里面有什么审美奥妙？冰凝成的心，晶莹、透明、寒冷中愈显坚固，逢温暖即化为水；玉做成的壶，温润可人、质地坚硬、天生良材，具有易碎裂性。这两个比喻，美好而潜藏着脆弱，绮丽而透着刚强。深情、温婉、迷人，且具有情感暗示性。只要是纯纯的东西，无论是美酒、香茗还是清泉，总是那么令人难忘，何况是纯纯的情感呢？说到底，那是一颗颗驿动漂泊的心，在翘首寻找宁静的、永不受伤的港湾。这是一种逆境中的恬淡心境、一种失意不失志的人格力量。

【王维·明月松间照，清泉石上流。】

【示例】一个人心止如潭，心明如镜之后，一切沉寂的景物会复活灵动起来——你相信会这样吗？事实的确如此。性灵，灵性，王维为后人做了一个很好的范例。“明月照”“石上流”正好说明了景物也可以是有主动性的。人静了，万物就会动起来。当然，这或许只是王维的个人体悟。王维禅境中的意绪真是这样的清亮透明吗？无欲、无求，有色、有声，一任清风明月、浣女渔舟等百境的出现，不执、不驱，无生、无死。既然夜色美景抵达你的面前，为什么不随境寄心、随缘而驻呢？景物不是“毒龙”，所以不需要“安禅”而“制”。

只要你有思想、有信仰，一切都会在寂静中飞舞起来。

【王维·草枯鹰眼疾，雪尽马蹄轻。】

【示例】猎猎朔风，正是狩猎的好日子，寒冷的空气又叫人瑟缩沮丧。一个儒雅的俊公子、一只鹰、一匹马却让人耳目一新。雪尽后的原野枯草下，有着许多已经死亡的生命，但同样是更多新生命的黎明。雪为即将到来的生命清空了原野的害虫、丛生的枝蔓、衰朽的过去。

青春、健壮、得意和智慧，靠什么来证明？廉颇将军用能食能开硬弓来显示自己的宝刀不老，诸葛亮用琴声惊走司马仲达来张扬谨慎的智慧，性格恬淡的一介书生王维尽管少年得意且终生生活优裕，只轻轻地用一次打猎的行状来述说，就说得余音绕梁，让人的心不由自主地也跟着轻快起来。王维俨然是一位马背上的禅者，腾跃中仍然清新如风、空灵如月。

【王维·行到水穷处，坐看云起时。】

【示例】人在道路、思绪、智谋穷尽的时候，往往会自然地想起许多平时不大挂在心上的东西，或者涌现出奇特的创意来。心理学说，这是潜意识正在被唤醒；佛家说，这是自性的智慧之光。一向喜静的王维这一次为什么要行到水穷处？为什么徘徊不走，还坐下来看风生水起云生？天空不动声色，犹记得若干年前有天人共师的古代圣贤来此修身静虑，山与水隐匿了时间与空间。秋天的落红犹如佛祖座前天女散下的花瓣，拷问着身为佛家居士的王摩诘：面对此境，凡夫起幻心了吗？

【常建·曲径通幽处，禅房花木深。】

【示例】在一个成天播着“动感地带”、浮躁横流的时代，有人愿意去体验真正的心灵寂静吗？寂静是一种美，一种享受，古人谓之“享清福”，却很少有人能把这种“清福”讲清楚、讲得如此引人入胜。曲径通幽，今天已经被园林建筑广泛用于利用有限的空间制造出更广阔的空间视觉效果。花木深？是作者的一颗心，深入寂静了吧？

【秦韬玉·苦恨年年压金线，为他人作嫁衣裳。】

【示例】这首诗选材和视角都很有特色。语言浅白，小中见大，寓意深刻，但更深刻的是飞针走线的那个女人和她手中的针线。平凡的劳动者有着最深刻的思想吗？年年压金线的妇女，是王侯豪门甚至皇宫的专有。诗穷而后工，身处底层的思想者才有真正意义上的痛与悲。劳动者、被他人剥削者，当然有着朱门的肉食者所不具有的深刻眼光和体验。日日飞针走线做嫁衣，当喜庆的鹊儿飞来时，你只剩下自己孤影对孤灯。这样的日子里怎么不孕育苦与恨呢？

【韩愈·云横秦岭家何在，雪拥蓝关马不前。】

【示例】韩退之一生追求先秦天真雄奇的古文神韵，成就“文起八代之衰”的卓然大家。大量政论文中磨炼出来的高度概括能力，常常显示在他的诗中。骂佛老得罪朝廷，上奏章被贬潮州。如此命运及复杂心情，被韩愈干练地“一封朝奏九重天，夕贬潮阳路八千”两句诗叙述得清清楚楚、明明白白。韩愈巧妙地把云、秦岭、家，雪、蓝关、马（当然还包括骑在马背上的作者），六个意象分两组推出，不仅生成了一个不平而鸣的大师形象，而且把作者内心寒冷失望、踯躅愤激的情绪渲染得感天动地。这两句诗堪称诗歌中善于利用空白美和环境烘托的典范。一句“云横秦岭家何在”的疑问，再配上“雪拥蓝关马不前”的间接回答，比“今天，你 × 了吗”之类广告要含蓄，且境界要宏大多了。

【孟浩然·夜来风雨声，花落知多少。】

【示例】春天的一切都会散步，花、鸟、云、雨，还有心。孟浩然这时只写花，那是因为他从春眠中醒来，碰巧第一眼看见的是花，于是这些散步的花因此而流芳千古，梦中花中的秘密也随风雨而逝，永久成谜。往事依依、春色瘦瘦，睡吧，亲亲我的宝贝。躺在床上的孟浩然一句梦呓似的轻问——花落知多少？其实简单得很，仅仅是道出了春天早晨最真的第一感觉，但正是这种感觉，使整天、整个季节的万物顿时生动起来。这句诗温馨了多少都市周末晚起的小资那渴望宁静的心灵？

【李白·床前明月光，疑是地上霜。】

【**示例**】记忆的匣子因月光而打开。一向洒脱狂傲的李太白，也会有隐藏的内心世界吗？掌纹上写着命运、南腔北调的方言刻录着奔波和沧桑——太白的心被月光反反复复地晒老了。

功利心老了，天真的情感心反而变得清亮起来。《蜀道难》《醉中八仙歌》固然气势恢宏，“举杯邀明月，对影成三人”固然飘逸潇洒，可怎比得上“举头望明月，低头思故乡”这般清纯？月光是酒徒的醒酒汤、是得意者的催眠曲，但对于太白这样的游刃于儒道的“谪仙人”来说，仅仅是一种回归，因为李白的天性本来就是属于名山大川的月光。当年杨国忠磨墨、高力士脱靴的威风，怎比得上今天月白如霜、夜静如禅这般触手可及的真实和亲切？白白的霜，不一定是盐，也可能是糖、是乳汁、是生命和生活的本色。

【贾岛·只在此山中，云深不知处。】

【**示例**】蝴蝶的飞舞没有固定的方向，花香就是它的方向。贾岛的方向一直是苦心孤诣、惊心动魄的文字游戏。但这一首诗例外：没有着意的推敲，无色亦无香。是不是贾岛改变了方向、超越了自己，从鬼才步入了“真人”的境界？看大唐诗人的童子问答，比较一下清逸的“借问酒家何处有，牧童遥指杏花村”（杜牧），贾岛的“松下问童子”是不是多了碧步落虚的空灵仙气？在红尘外的道德清高之士眼中，汲汲于功名利禄的士人总是痴痴的，总是走不出岁月轮回的圈子。即使来到古松下，名寺前，抚几曲古琴，说几句禅语，也是换换心境，慕道而心未深，这是一只向往深山隐者的美丽蝴蝶的一次翩翩飞舞，结果是《访隐者不遇》。

【贺知章·儿童相见不相识，笑问客从何处来。】

【**示例**】“我的祖国和我，像海和浪花一朵；浪是那海的赤子，海是浪的依托；每当大海在微笑，我就是笑的旋涡”，关于我和自己的祖国、故乡之间的关系，有着太多优美而恰当的比喻。所以贺知章不再打比喻，只是另辟蹊径、轻描淡写地叙述出一个场景：故乡长大的老一辈返乡时，居然被童稚后生“盘问”起籍贯来！真是无情岁月催人老啊！一个“儿童”的词语，咏唱出新生力量的茁壮和岁月的无情，一个“笑”字，衬托出人生的有情、作者内心隐隐的沧桑感和失落感。

一个平常的妙问、一组强烈的对比就构成了一组旋律，叶落归根，思乡、念乡都不如归乡啊——哪怕是一个已经完全陌生的故里。

第四辑

语文课改探索

死水不养鱼，活水方藏龙①

——为中学生创作人文教育美文

我的人文教育创作，主要立足于三个方面。三个方面共同构成有自己鲜明风格的教育教学文化散文体系。

一、基本介绍：融通教材生活，德智合一

引言：对语文教材的个性化解读决定教师的教学个性

教师对教材的使用、学生对教材的解悟，本质上是一种对于真善美的再创造，在再创造的过程中丰润和重塑自己的人格精神。真正的语文教材是一幅国画：在精心的勾勒、皴染的同时，会在读、思、练、解、行诸方面都给师生留下巨大的留白。语文课堂也如此。善画者必善留白，善主导课堂的良师亦如此。课堂留白，就是对人文创造演绎空间的预留。

克罗齐说："所有的历史都是当代史。"语文教师也可以说：所有课堂上对文学文本的解读演绎，都是当代师生心灵的投射。这是审美再创造中作为审美主体的个性所决定的。从长远看，引导学生对语文学科的学习探求，是对下一代人格的预设性建构，可见青少年人文教育的重要。

课改以来，许多语文教师在不同学校面向不同层次的学生尝试过多种方法对教材文本进行了演绎：自读查阅、设问启发、强化工具性

---

① 本文为教育部"十一五"重点课题子课题成果、"中国情怀"人文教育理念生动的文学演绎。

基础训练、审美熏陶、人文阳光的拓展，但往往顾此失彼，难以兼顾工具性和人文性，达到三维价值观在教材不同文本中的恰当显隐、圆融互摄，“尽兴”地达到师生真正意义上的心心相印，教材、编者、教者、学者四心契合，在传承中保持新颖，在熏陶中浸润青春心灵。

从2005年开始，我激情涌动，厚积薄发，豁然贯通，依据人教版、苏教版这两种通行的中学主流语文教材，在课堂教学基础上陆续独立开发出系列师生通用的原创性“第二教材”。这套书三本共60多万字，以教材文本三维价值观为指南，以人文精神个性化写作演绎为主线，出入教材，谙合时代阳光人文价值观。“第二教材”选取人教版、苏教版高中、初中教材文本为蓝本，进行了系统的二次开发，多所重点中学校推荐作为语文教师进修的阅读书目。

语文学科，是课内学习知识，考课外应用，迁移能力、应变能力和创作能力十分重要，仅读死书是不行的。情感、态度、价值观的个性化理解和表现，要求语文课堂充满独立思想的馨香。相对不变的文本、与时俱进的人文理念、学生五彩缤纷的青春之眼、教师不同的知识背景和教学个性，要在课堂上通过对文本的演绎达到契合共鸣，才是语文课堂的美好境界。

选入语文教材的文本，天然地具有塑造真善美的德育功能和帮助解析人性认识社会的示范功能，初中教材中《散步》《斑羚飞渡》中的伦理光辉讨论、《老王》《信客》中的平等人性的美好，高中教材中涉及的美善道德、伦理人格、做人处世、社会发展、自然风物等因素更多更复杂多变。仅仅靠主题中心、段落大意的综合总结，学生的理解是肤浅的，并且也只能得到一些概念化的抽象结论，理性概念的识记，不是语文学习的内核，语文学科的特点和优势是形象、生动中求得人格的圆融和语言的深刻。

多么先进的课改理论，对于语文学科而言，最终也必须通过语言文字表达出来，而不能把概念拿来生吞活剥地直接输送给学生，或者仅仅在课堂上设计一些非常表面的活动、程式，从而演变成浓厚八股味的形形色色的所谓“课改模式”。课改先行者和成功者只能提供借鉴的经验参考，没有可以照搬的模式，“克隆”不符合现代语文课堂形色各异的审美需求和个性表达。

（一）中学语文教育，要与课文内容说再见。

2010 年 12 月 30 日，在上海师范大学举行的教育部“国培计划”语文学科实施经验交流会上，专家们一致认为，语文教育者急需“回炉”。“过去，大部分的语文老师把精力都花在课文分析上，忽略学生语文能力的培养。”长期研究小学语文教育的上海师范大学教授吴忠豪认为，真正的语文教育，应该与课文内容说再见。上海师范大学教授王荣生则表示，要解决当前语文教学存在的问题，改善语文课堂教学，归根结底要依赖于语文课程的改革、语文教材编制的完善。这就要求语文教师需要从“资格型”向“智能型”和“智慧型”转变，用语文教育来带动学生的全面发展。

从前，语文教师们都觉得鲁迅《记念刘和珍君》一课很难上得精彩，人物背景、社会背景十分纠结复杂，占用了大量的课堂时间，鲁迅通过一个自己并不十分熟悉的学生刘和珍之死想说什么呢？这才是文本的关键所在，所以《记念刘和珍君》一文被学生记住的是“沉默啊，沉默啊，不在沉默中爆发，就在沉默中灭亡”等几段名言警句，而不是某个人。今日的时代背景，已与那个北洋军阀的黑暗越来越远，学生没有必要、也很难与鲁迅的隐晦表达共鸣，教师不如削繁就简，采用遗貌取神的方法，从课文引申设计一个或多个与学生相契合的人文共同点作为话题，深掘妙议，采生活、知识的华彩入文，达到一微尘中见大千的目的。又比如鲁迅的《祝福》一文，我示例写作了《苦难的人最需要祝福》为引子并作为教课文的切入点和归结点，出入教材文本，在理解祥林嫂的不幸命运的同时，体验和比较不同时代的苦难，培养社会爱心，教学效果很好。

教材文本是相对固定的，而时代精神在不断演变，所以语文教师不仅要传承传统的精华，更要不断寻找与青春的人文契合点，才能达到师生共同嘤嘤和鸣、“咏而归”的课堂效果。

（二）激发思想与体验的绽放，让情感、态度、价值观变得圆融一体。

教学三维目标本质上只有一个原点，那就是追求人类文明发展和个体生活幸福的思想原动力。在此基础上衍生出诸多理念原则、探索方法和行动与表达方式。把这个教育的原点用形象生动的语言演变成无限的个性化文本，构成师生的共同话题，是语文学科教与学的起点与归宿。语文教师应追根溯源，出入教材，融通经典与生活，发掘自我，才能使每个学生在写作应用中把握教材的知识点和人文情趣，从而使写作内涵变得丰满厚重，语言富有形象生动、哲思美文的语文味，任何逻辑的准确清晰、多媒体的形象直观、设问讨论的热闹、口号的响亮喧嚣，都不能取代语言文字学科本身的深邃美丽和智慧。

人，生而具有语言才能，并在生活中逐步学习语言的使用，我们学习语文的深层目的何在？除了系统地掌握语言的基础知识和基本技能，更重要的是使语言能够洋溢美善的光辉、变得优美而具有好的接受度、更能恰当地彰显自我个性价值。在这个漫长的语言和人格建构过程中，对教材经典文本的反复咀嚼、引申、演绎是必需的，语文教师的率先垂范、亲手示例，比讲多少，亦更能体现出语文学科本质上是形象的、以悟性为主的学科特点，语文与理性的逻辑学科有着本质的区别，从入门到训练到成果。语文的学习过程应该是轻松愉快、个性本真的，表达天然地充满个性、潜藏着创新元素。

（三）分段切块的逻辑思维不符合语文学科的特点，培养活泼的表达灵机和愉悦，是语文教育的重要目的之一。

一位南京大学获法律外语双学位的家长告诉我：对语言文字的精深悟解，能够深层次开发一个人的智慧，所以她希望自己的女儿学好语文。这是有识之士对语文学科的睿智理解。

古往今来，人类的文明都是主要通过凝固于文字来传承。现代影视多媒体固然使用方便，但更多的是浅层次的赏心悦目，对于开发智慧目前尚没有作用。相反，大量沉溺于网络游戏的青少年案例反而证明了其害处，而健康的文字则是开卷有益。汉字是表意文字，本身就暗含中华民族先哲对于造化与人生的思考。

人文学科与科技革命相比，在思维方式和训练方式上都有着巨大的不同，不能相互替代。在文本的阅读与写作中，三维价值观是隐显互彰的，在经典文本中是圆融一体的，要深层次地理解、掌握、运用，在技术上必须循阅读、悟解、写作合一的方向，教师应率先融通，并进行二次创造，口头和书面的写作的综合示例必不可少，师生的二次创造和表达体现出语文“起于文本阅读、归于文本表达”的学科目的。

教师示例本身应包含教师对人文精神、教材文本具有个性的深度理解，是一种真正能体现出师生平等下教师主导、学生主体的教学原则，并且天然地训练了学生的作文能力和思维综合能力。语文学科课堂教学阅读检测、感悟所得、多种训练，最后都归结为各种各样的文体表达。

规范的写作得力于模仿、熏陶，提升生活的体验。仅仅是对教材经典文本进行手术式的解剖分析，不能让学生对语文教材中的人文美善元素达到很好的悟、解、行。基于教材文本上的写作，正是要凝固每个师生对教材文本的悟解程度和激发思维新颖度。真善美，表达方式千差万别。

语文课上讲故事、天马行空的思想漫谈等，只要得当，能够贴近教材文本和学生实际，也是语文课堂的一部分，泰戈尔就是这样在草地上上课的，从经典课文衍生出的美文当然更是美的延伸。理性讲述、生活体验都是对语文教材的处理要素，最终目的是要涵育美善的情怀、开发青春的性灵、培养学生闻一知百的感性灵机和个性化真性情的灵秀文字。

把自然社会、教材文本、自我心灵糅为一体，从而通过写作的方式生出千姿百态，达到对教材经典的深度理解把握，苟如此，语文课堂才会有呈现生机和自由，才会富有挑战性。

教师的行文风格、对生活的感悟方式、对教材的理解，都会通过写作影响、启迪学生。

教材是镜子，同一面镜子，不同的映像，对教材的深入发掘，可以启迪师生的思维，提升师生的写作能力。高中语文学习阶段，学生的基础知识已基本具备，思想空间的拓展、人文情怀的涵育，逐渐上升为语文学习主要任务。

（四）自由、灵机、价值取向，共同驱动创新思维的车轮，师生基于教材人文意蕴的二次开发是深度阳光。

一纲多本是目前语文教育的使用现状。但课堂上的主流现状仍然是依据教材中的文本内容进行阐释、推演，表演作秀、生硬理解和套用课改概念现象普遍存在，为新课改进行种种所谓的“建模”是一种时髦。人为地设置一些隔靴搔痒的问题，有的问题明显是为凑合“问”这个教学环节而设置的“伪”问题。课外阅读作为任务下达，学生一天天在海量阅读、海量信息面前变得茫然、失去自我寻找和自我思考的生命内驱力。

钱学森之问，把六十年前那个贫穷匮乏的时代与一个物质条件丰裕的时代剪辑在一起，引发有识者无限的思索。教育，离本真精神越远，生命内驱力越弱，创新能力必然越弱；物质条件不能弥补生命激情的缺失。创造，是精神、思维升华，不是物质的堆垒。

有没有方法可以贯通课改理念，从而把新课程理念在课堂上圆融地示现出来，并且能够根植于时代、根植于生活、根植于传统？

深圳一位初中学生看了我的教学系列文章，点燃了创作的激情，该生托她的博士妈妈告诉我：“很喜欢看龚老师这些对课文的解读拓展，但这是龚老师的，我自己也有自己的解读。”可见教师从课文直接引申出来的人文示例写作具有特别功效。提取与表达、继承与溶解，会伴语文教师的职业生涯而无限延伸，也会激发不同学生的不同审美情趣，当自己的学生普遍有了自主的、渴望表达的诉求，就是一个语文教师的极大成功。

我们有共同的教材课文文本，教师有关于教材的比较完善的知识、成熟的人生阅历和体验，学生有洋溢灵气和充满创新精神的青春性灵之美，双方同唱一首歌，能不阳光而优美吗？

《新课标高中语文教材的个性化二次开发》成果立足于中学语文新课程理念和新教材中的文本，以倡导演绎素质教育、人文内涵、人格力量为主要目的，以散文方式进行二次开发。书的青春色彩浓郁，诗意弥漫，文风空灵。主要取材于中国目前的主流教材——人教版、苏教版，以及山东版、广东版、上海版的文本为样本，既与教材篇目一一对应，又自成体系、独立成文，体例独特而有创新性。

全书行文富有青春朝气，围绕高中新课标语文教材，紧扣“人文内涵”进行了深入的发掘，针对教材文本、舍弃教案而用文本演绎的方式充分地体现出新课程的人文理念，文风灵动飞扬。

由于教学理念的变革和教材中大量新的文本的出现，一线教师和学生第一次使用新课标高中教材的时候，普遍感到缺乏能体现新课改精神的辅助读物。笔者出于课堂需要，尝试以高中语文必修教材为蓝本，采用点评教材、感悟文本、课堂人文精神演绎等方式来写了一本着眼于新课程背景下的语文素质教育的小册子，后来逐渐延伸到选修教材和高考并形成系列。整个写作过程水到渠成，因时因需而生，因师生共同成长而生，无丝毫的矫揉造作，体现出一种语言和思想的原生态。

《新课标高中语文教材的个性化二次开发》成果，是国家新课程高中教材理念的具体化、形象化。全书以人文精神为根，直接取法教材文本，采撷生活与青春中的美善。该书是笔者和学生课堂上的教学共同用书，在课堂上与学生进行了长达五年的互动交流，上市后在社会上有较大的使用范围和很好的反响。

这种开发是在长期的一线教学实践中对高中语文新教材的人文性的独特、新颖、全面、真实的理解和对课堂第一手实践感悟的提炼。天然地呈现出两大特点：一、演绎悟入式语文学习法；二、示现语文课堂人文精神的多姿多彩，具体展示如何在语文课堂上厚培人文沃土，提炼语文新课程的真髓。

成果由于人文内涵的可溶解性和审美价值，具有较强的可读性和耐读性，形成了极大的传播潜力，正在得到以中学师生为主体的文化阶层的认可。

二、研究与实践过程：沿教材上溯文化的厚重，以写作演绎时代风

在二十多年的一线实践中，我逐渐形成“起于文本理解，归于文本表达”的语文教学风格，不断摸索对新课标高中语文必修、选修教材的最佳切入角度和新颖而富有内涵的表达方式，反复琢磨语言，激发青春性灵，力图涵容生活美善，使对教材文本的理解归于人格的和谐、至真和美善。本系列书采用模块化结构，由零碎而成篇，由单篇而系列，由系列而自然生成为前呼后应、上下连贯、充满青春朝气和时代感的“美文式”课堂教学。

研究与实践过程中，除了以教材文本的人文精神作为蓝本，还关

注网络时尚语言、学生的作文语言，并使它们结合起来，加以改造，形成文采飞扬、人文内涵丰厚的表达风格，方法与操作性兼具，堪为学生理解教材的路标和天然的作文示范。

不断紧随时代，不断地与学生一道溯根求源，深入发掘民族文化和人文之根，深层次寻找与民族行为、思想、习惯和青春阳光性灵的契合，或加工，或还原，与学生在课堂上对应具体教材篇目“各言尔志”，以探究性思考支撑个性化文本表达，形成语文课堂上思想和语言常新的良性循环。

三、成果的主要内容：用话题式美文示现教材隐含的三维目标和厚重人文

《新课标高中语文教材的个性化二次开发》成果由三卷书构成：

1. 高中语文必修课卷——《共同的季节，共同的绽放》，2007 年中国出版集团现代教育出版社出版。本卷书由两大模块组成：一是用优美富有诗意的语言概述新课标高中语文教材的人文内涵；二是对人教版、苏教版教材必修一至必修五的主要人文性文本进行一一对应的解读与拓展。

2. 高中语文选修课卷——《新课标高中语文选修教材经典文本解读与拓展》，2009 年广东高等教育出版社出版。以人教版、粤教版教材为蓝本，主要选择人教版选修教材《中国小说欣赏》《中国古代诗歌散文欣赏》《中外传记选读》、粤教版选修教材《短篇小说欣赏》《唐诗宋词元曲选读》，对教材的经典文本进行一一对应的解读与拓展。

3.《初中语文教学手记》，2011 年 3 月安徽教育出版社出版。对人教版、苏教版初中语文教材重要文本进行一一对应的人文解读与拓展，覆盖了整个教材文本的 60% 以上。

四、实践成效：师生对教材文本进行话题式共同探究，传统精华在碰撞中得到沉淀传承，现代阳光文化在交融中得到张扬，阅读写作能力同步提高，“双基”得到巩固、应用和拓展

总体实践目标和成效：触发教师灵感的思想母本，高中学生作文的天然示范，新课程理念的个性化演绎，青春少年人格的天然钙片。

出于对课程创新和素质教育长期的自省和自觉，使得笔者在教学中不断从学生角度出发，厚积而薄发于笔端。本成果的创作过程与教学实践是合一的：在教学中寻找突破、寻找灵感，在课堂上决定取舍和进行修改，出版后又积极收集广大师生的意见以求进一步完善。

通过对各版本语文教材中的经典课文进行解读与拓展，全面提升了学生的语文素养，扭转了学生对语文教材“刻板、严肃”的印象。由于作者放弃了传统的板着脸孔的说教形式，采用适合高中生阅读习惯的美文式文体，文风潇洒，并加入了时尚活泼的流行词和现代理念，使学生逐渐爱上了课文阅读。

在成果的创作和使用过程中，笔者特别注意以下几点，这几点也是作者对语文新课程的深层次思考：

第一，看似发散性的解读下凝聚了作者对高中生的期望和德育教育，如解读《氓》时分享了对爱情的正确态度，分析《信条》时寄托了自己对德行的信念；

第二，看似时髦、洒脱的文字风格，表达的是语文教学和素质教育的教学目标，三维教学目标一体化成形；

第三，让学生在阅读中既了解语文课文、爱上语文教材，同时在潜移默化中提高了作文水平。

在五年的创作使用过程中，教学效果较好，较受学生欢迎。学生具体表现如下：

1. 学生学习语文的兴趣大为提高。教师的原创性解读示例不但为学生开启了一扇人文的窗口，而且为学生提供了一种钻研教材文本、收集课外材料、展示自我的语文学习路径。

2. 学生的写作能力大为提高，一个从前语文基础很差的学生在课堂上告诉我：我从老师的书中学到了许多词语和语言技巧。那些语文基础较好的学生，更能透过窗口和自我的写作实践，找到一种结合课文人文精神进行写作演绎的作文方法。

3. 学生养成关注时代精神、时事社会的语文学习习惯，他们懂得：语文学习只有首先“铁肩担道义”，而后才能“妙手著文章”，从熏陶中理解体验到做人与做事、道与文、人文性与工具性的不可分割。

4. 学生体验到人格内涵的丰富多彩，体验到阳光、美善、丰润、伟岸人格在生活中的多种示现，使古老的课文文本变得鲜活而具有时代感，可触可赏可学可变，并不由自主地手追神摹。传统经典的厚重、时代风尚的千姿百态和生活实践在语文教学中三位一体、万花同根。

5. 通过示现“大语文”理念，建立师生通用的语文成长模式，摸索出新课程背景下语文素质教育和国民人文教育的一条可行之路。

五、成果特色与创新：根植于师生共同的课堂，洋溢着浓郁的青春激情，凸显三维目标的合一性

1. 充分体现“教师即教材”理念的样本。摒弃了概念式的理性说教，消弭了知识与体验的边界，架通了教材与生活的桥梁，充分发挥语文形象生动的学科特点，融新课程理念于优美的文学语言表述中，形成一种原创的富有青春朝气和时代感的“美文体”。

2. 倡导“悟中学”的教学方法——通过培养兴趣、理解人文性、倾心表达来达到对“双基”的圆融互摄，杜绝了单纯基础知识的灌输和练习，最终在传承、创新的循环中实现融教法、学法、练习、考核于一体的立体语文教学，达到师生双方主动、快乐地教与学。

3. “三维目标”在语文课堂上的整体、合一性。成果自然生成于课堂，由心而发。新课程的种种理念——生命体验、时代脉搏、个性探究……一切犹如水中盐，在书中不见其形而显其味。

4. 对于广大师生具有可溶解性和示范性。与时下流行的原始“名师课堂实录”传播模式相比，表达更具书面语言的示范性、可读性和耐读性。广大师生可以以书为契机，见仁见智，再次发挥，从而围绕新课标教材形成“风月无古今，情怀自浅深”的多样化格局。

遗貌取神，深度拓展教与学的个性空间

尽管语文教育家们都承认，语文教师应该是“用教材教，而不是教教材”，教材中的文本只不过是“例子”。但接下来教师的继续深究也十分重要：我们想用文本做“例子”来证明什么、说明什么、训练什么？除了对学生人格、精神世界的影响，如何进一步把语文教材文本中的字词（工具性）、意境内涵（人文）、文章体裁特征（写作）的基本功和创造性在文本中三位一体地体现出来？如何为传统文本赋予时代色彩？

我们需要生动的、形而下的鲜活例子。这里说的例子，不仅是微观上的一两节课的课堂实录，更应该有总体的思考和行动参照。一两朵花可以代表一个季节，但却不是季节的全部。语文老师完全可以在吃透教材要求的基础上，根据教与学的实际情况创造性地重新编排教材，进行增删、详略的处理，因材施教地凸现出以人文精神为内涵、以理解和表达（口头和书面）能力为归依的、对教材具体处理的个性化色彩。

兹以人教版高中教材为例，谈一谈教学过程中对教材使用的再创造、拓展问题。

标准化要求与个性化操作：教师对教材应灵活处理

在倡导创新的素质教育背景下，语文与其他科学学科相比，有着一定的特殊性：古老而又常新。科学的经典往往是最新版的，语文的经典却需经过时空检验。吕叔湘先生语重心长地说：语文教学更像农业，而不是像工业。我认为“农业”就是指精细的个性化耕作，“工业”就是指工业千篇一律的标准化生产。当然，“农业”时代的个性化是一种相对孤独封闭的个性化，信息时代的个性化是一种更高层次的相互碰撞交流的个性化。

目前课改还停顿在课堂上对教材文本的演绎这一层面上。在培养创新意识、创新能力的大旗下，语文课堂上教师变着花样地提问、学生课后在网络上有目的地查找。很少触及、但我们却应该去触及另一更高层面——针对学生情况，重新有机地组织处理教材文本。

一方面新课标对传统的文本表达方式和语文基础能力有着标准化的要求，一方面要面对网络时代高度个性化的张扬甚至是无厘头的表达，这就是高中语文课堂面对的现状。而课堂上对教材文本的演示、处理是目前语文教学的主要手段，也是语文新课程实施最核心、难度最大的攻坚战。高中毕竟不同于完全专业学习的大学，单靠专家学者们开列一长串建议学生阅读的名著书单，是不能完全解决问题的，处于“准专业性”阶段的高中生对老师还有着相当的依赖性。

以记叙文为例：小学要求讲清一件事，初中要求有感情和初级的文辞技巧，高中呢——我们既然主张探究性学习，那么所谓探究，无非是从传统的教材文本走出来，向网络、社会生活、人文内涵等方面延伸思考，或者吸收营养来创造性地表达。

教材文本都是编者精挑细选，大多美轮美奂，偏重于对传统文化的传承。但是，热闹的背后，学生得到什么？传统的应试教育固然不是最好的选择，但学生起码在严格的训练下夯实了知识能力的基础。在传统知识的传承和创新意识的培养之间飞速过渡的新课程改革是有风险的——这一点很少有人谈及。在语文新课改背景下，教师应对新观念有清醒的认识和非常实际的操作，才能逐步培养学生有探究意识和发散性思维。否则，就有可能把语文新课程的教与学弄成邯郸学步的局面。

我们上课讲的是世界名著、文豪字正腔圆的大手笔，学生课后网上媒体上看的是后工业时代的语言。

你可知道网络上的文章甚至手机短信是如何叙事讲故事的？

我结合《林教头风雪山神庙》的学习，挑选了网络文本《被禁止的复仇：林教头的窝囊江湖》来与学生一同阅读，让学生在比较中体会传统与网络时代叙事方式的不同。结合世界著名童话《灰姑娘与水晶鞋》的叙事，与网络文本《一只水晶鞋的现世孤独》，体会现代人对传统文化的另类体验……通过对比，学生发现：叙述的文字可以是百鸟和鸣般的实在，也可以是霓虹挂天穹般的空灵。这种空灵的叙事手段，本质上还是源于古典诗词。——杜甫的“一去紫台连朔漠，独留青冢向黄昏。画图省识春风面，环佩空归月下魂”难道不是跳跃的空灵的叙事？现代网络文章、手机短信只不过把这种手段加以时尚化的夸张和改造。

教材选入千古名篇——屈原的楚方言诗《离骚》、王勃的骈文《滕王阁序》、李白的乐府古题《蜀道难》，我们应如何欣赏、解读、学习？讲神话、典故吗？对于绝大部分学生来说，那是已经死亡的知识；讲旧时代士人不得志的抑闷，少年学子又怎会有共鸣？讲宁为玉碎不为瓦全的气节，今天的社会环境又教给学生以太多的歧义。

所以，我们需要对教材文本进行时代化的解读。孟浩然“欲济无舟楫，端居耻圣明”那种孜孜以求的入世精神，今天我们难道仅仅做旁观的欣赏者吗？或者去盲目地复古模仿？除了网络文本，还有大量的时文、影视等各种文艺作品的文本范例可供选择。

我认为，这才是真正意义上的文本人文精神和写作的富有时代感的拓展，而不是就文本问几个“伪问题”。真的创新意识，应是对学生发散性思维方式的训练和对知识的综合调度运用。

人文精神与能力的培养需要拓展：一缸水是学不会游泳的

按新课程标准，高中生应该学习比较复杂的记叙文。遗憾的是，部分高中学生把握不住记叙文的特点，无法准确区分叙述、议论、抒情几种表达方式的不同，造成作文中文章体裁特点不显著，给以后写作能力的深造投下阴影。尤其是网络等媒体大量随意的随笔式的“语丝体”文风，更加使学生在心追手摹的过程中产生迷茫、对文章体裁特点把握缺乏整体性训练和把握。

达·芬奇画蛋的故事，在倡导创新的时代同样有着巨大的意义。

我们不应该忘记：西方教会了我们使用电脑，Intel 却不教我们生产奔腾芯片；我们能开发出基于 Windows 的各种门户搜索引擎、游戏等程序，微软公司却始终不公开操作系统的源代码——因特网缺了这两样东西，再热闹的“创新”也只是小打小闹。最根本的钥匙在别人手里攥着呢。在语文教学中，对文体基本要求的把握和训练，与发散性创新意识的张扬之间应该是不矛盾对立的。

在高中语文教材中，记叙的成分大多散见于小说等文体中。其实，莫泊桑和蒲松龄的短篇小说中包含了传统叙事的种种要素，可谓诸法齐备。其他如海明威的《老人与海》的“电报式风格”、鲁迅《祝福》富有深刻寓意的冷峻描写、《林黛玉进贾府》平中寓奇的百科全书式的叙述，都只不过是名家们对叙事方式的个性化演绎。在对教材的处理中，应力求做到练法度（致用）、开眼界（欣赏）、品个性化的人文精神（立人格），我认为才是比较完满地阐释教材。

我增加《聊斋》的《婴宁》一文，来统率地讲授复杂的叙事文体的一般法度，因为《婴宁》的语言美、正、平，里面少有议论和抒情，文体单纯，再加之是神话故事，相对地超脱时代背景，是比较标准化的传统叙事文体，有着完整的起承转合的传统方法，且是浅显易懂的古文，用字准确、凝练、传神，学生理解有味，学起来容易上手，从它入手学习复杂叙事可以一当十。

精读《婴宁》后再回归教材文本，用来在比较中一一学习，根据每篇文章选择不同的侧重点（技巧）:《林黛玉进贾府》看似平常实则精巧无双的叙述语言和布局照应;《祝福》《老人与海》简单直接的语言叙述、直指人类灵魂的穿透力和厚重感。从一到一切，再把一切归于一，深入浅出，才能显示出高中语文教学的准专业性。为学生更高一级的专业学习打下基础。

高中语文的人文性不易把握：没有人文内涵的语文教学是刻板机械的，太多太深的人文探讨也会让学生如坠云中，有玄学之嫌，且占用过多的时间会造成难以完成教学任务。有一位教师在上《赤壁赋》时，讲解讨论（实际上同学无法真正主动地参与）苏轼的儒释道思想花了一堂课的五分之四的时间，令许多听课的教师瞠目结舌。

我对高中语文课人文性的基本尺度是：要达到读、写、领悟时文的要求，并力求使人文性洋溢出时代的芳香。在讲授《老人与海》时，我首先找出一篇以前的《参考消息》上的文章来导入，文章说：幸福、坚强是“普世价值”。

我问学生：什么是“普世价值”？抛开政治因素，人类有没有超越种族、时间的“普世价值”？假如有的话，请列举几种你心中的“普世价值”。一下子就高屋建瓴地导入了《老人与海》。相比之下，我认为“普世价值”的提法比教参上“人类真正的灵魂”的说法更具体、更有时代感，尽管我们理解的“普世价值”与西方所说的“普世价值”的内涵不一样。结果，学生从“老人”身上提炼出许多优秀的“普世价值”：比如困难面前坚韧不屈、硬朗的作风、敢于与命运死磕的劲头。还有学生饶有兴趣地课外阅读了《老人与海》全文，并做了分析和评论。

通过再进一步比较、点拨，学生领悟到：海明威的《老人与海》展示的是一种人类原始的伟大精神，人与自然的斗争是人类前进的原动力，所以与民主、自由等上层建筑的概念是不同的，是真正的超越时空的、无可争议的普世价值。所以海明威用那种不加修饰的“电报式风格”文风来描述，才是最佳搭配：简单、直接、深入、直击灵魂的深层。

这就叫主题与文章风格的匹配。鲁迅《祝福》的语言似乎句句大有深意、耐人寻味，也是文章的主题宏深、中国几千年文化的厚重所决定的，绝不是鲁迅先生卖弄文字、故作深沉。柳永当然要用旖旎文字来匹配风流才子的形象。孔子讲到的文与质的关系，鲁迅、曹雪芹、海明威这些伟大的文豪都用自己的作品做了最好的诠释。

所以，再进一步，学生水到渠成地接受这样的观点：高中生需要用自己的眼光和文字来叙述自己对生活、对问题的感悟，不可盲目借用《读者》等时尚杂志上面的故事，因为那是成年人的生活阅历带来的一系列感悟，并非那些故事本身不好，而是与少年的豆蔻年华不匹配。少年人不必过早地学会老练与世故。

通过对高一人教版必修三小说模块的个性化使用，使得教学目的更加清晰、纵向（初中、高中、大学）横向（教材内、教材外）联系比较紧密。学生的探求意识和写作能力才能调动起来。

校本教材是课堂教材人文精神的自然延伸

当校本教材的开发，成为老师的热门话题时，许多老师感到了难度。我们应清楚地知道：现行中国几大版本的主流教材几乎把触须伸展到了绝大部分的人文领域和文章体例。

我们有必要知道，校本教材不是让教师另起炉灶，独自再编一套教材，而是要把教材的人文精神要求人格化、生活化，把技术性要求变成学生手上的能力或者心中的人格力量，所以，真正理解了教材内涵，校本教材编写起来并不难。

校本教材，同样是例子而已，只不过是更贴近学生生活实际、知识结构、周围环境、年龄和心灵特点的例子。

释迦牟尼启示后世的寻道者：一滴水怎么样才不会干涸？把它放在大海里。语文教学也应如此。任何教材文本的技巧、知识点和人文精神，都只有放进时代、青春、实践的大海里，才会变得鲜活起来，并终身相伴，永远灵动飞扬。

语文教学境界谈

事物的发展总是一个由粗到细、由浅入深的过程，文学艺术创作总是从描摹外形到追求神似，最终得鱼忘筌，遗貌取神。

武侠小说中说到上乘的武功绝学，总是要述及练到了第几层云云，方便喜欢刨根究底的人们在心中进行比较：练到第二层的人当然不是练到第七层的高手的对手。有了清晰的层次阶梯，人们才会看到希望，才有奔头。当然，一切体育比赛（尤其是武功）的境界是难以作假的，标准也是刚性的。赛场上、擂台上号令一响，胜负立判。

以“双基”教学和传播人文精髓为目的语文新课程教学改革是否也是如此？我们应如何考量自己的教学功夫练到了第几重？离孔子“从心所欲，不逾矩”的境界还有多远？

人文科学——尤其是文学艺术，是一种很个性化的产品（姑且这样叫产品吧），教师在与学生讨论探究时会发生多重碰撞：文本作者—教师—学生，碰撞的过程本质上就是不同的个性理解、交流、交锋的过程——这是好事，光荣。成功的课堂理应如此。

王国维在学术界备受尊崇，对宋词作者也存有巨大的偏好——比如他不太喜欢秦观，更何况我辈呢？人文科学中绝对的“公正”是没有的。但是，语文教师对待教学，可不能持我行我素、笑骂由人的态度，因为课堂是属于师生共有的，不能由教师独占，唱独角戏，不能一厢情愿地硬灌。那种自作多情式的教学态度是会被学生所不齿的。

刚从师范大学中文专业毕业的人走上讲台，人人都觉得凭着满腹经纶，一定可以做一个好老师。当然，有了好学问，的确是有了做好老师的本钱，但仅凭好学问，还不能算作一个好老师。陈景润的数学才能够杰出的吧，但他年轻时却不是一个好的中学数学教师。有了好学问，仅仅是有了知己的功夫，而在教育教学中，知人的功夫与知己同样重要。不知人的老师，再好，充其量只能算半个老师。所以，我们还得在课堂、课后与学生多“推手”找感觉：从课堂问答中找，从作文的批改中找，从学生情感的一颦一笑中找。知己知彼，课堂上老师才会心定神凝，掌握引导的主动，课堂运转起来师生一体，协调优美。

不过，凭学问、凭教师对信息资料占有的优势来上课——这一步是每一个刚走上讲台者的必由之路，就算作第一层次吧：照本宣科。其实这个过程是一个围绕教材文本收集资料在教学过程中消化的过程，对教材熟悉的过程，当然，你首先必须是一个尽心尽力的教师。

坦率地说，刚上讲台的语文老师很容易轻视教材文本。不就那么几篇浅显的文字吗？尤其是现代诗文，学生甚至不用借助工具书也能看懂文字表面的意思，语文老师在中间应发挥什么作用呢——这是刚上讲台的语文老师头脑中时隐时现的问题。

六年过去，教材你已经轮回了两遍，该说的话、该找的资料都已发掘殆尽！有一天你会突然觉得自己似乎不会教书了！然而我要恭喜你，你正在步入语文教学的人文大门。犹如一个习武者不打通任督二脉，纵然练得身似塔，肌如铁，也永远成不了绝顶高手一样，语文也有任督二脉——人文精神和人文实践。

真正的人文宣讲是：我口说我心。只有这样，才堪称为人师表。表者，表率也。自己不信，怎能期望与别人共鸣？我们之所以有会不会教语文的疑问，那是因为，你终于发现千般理论、万种资料都不一定出自自己心中，所以对过去产生怀疑了。

前进、探究，正是从一个“疑”字开始。这是第二层次。于是你抛开了资料，直接阅读教材，直接与文本的作者对话。是的——取法乎上，得法乎中。有什么样的资料注释能比得上作者的原文更准确、更符合作者的真意呢？只有你真正有了自己的体会，你的课堂才会汩汩滔滔，如风行水上，自然成文，与学生的交流也才会达到水乳交融。

往前走，于是我们又仿佛回到学生时代，拿起教材文本诵读起来。

咦——教材对这个词的注疏好像有误，那句古文的句读似乎有另一种读法，还有这篇文章可从好几种不同的切入点导入……正如禅宗所说：这时看山已不是山。

山不是山，文本不是文本，那是什么呢？文本是社会，是自然，是知识与情趣，是价值观，是人类的过去与现在、是古与今，是青春脉搏的跳动……往事依稀浑是梦，都随风雨上心头。“是喜？是愁？浪里分不清欢笑悲忧。仍愿翻百千浪，在我心中起伏够”，人文之海的浪头可比上海滩急流蕴藏的能量大多了。

刚进入这一层次，有千头万绪、纷乱如麻的感觉，文本处处有障碍，处处是疑问，文本篇篇有多种选择，宛若走进了迷宫。甚至令人在课堂上期期艾艾，语不成句。几年的摸索终会积点成线，似乎豁然贯通。看此地风光，哦，文本就是文本，文本不是文本，文本还是文本……

再不懈地往前行，历经疑问与消化，便会柳暗花明。

语文教学的第三层次应该是作者、教者、学者在你身上三位一体，能随课堂情景任意进行不同的示现。当你有类似文本作者的心得，自然能感悟文本的微妙之处；当你有教师的仁爱情怀，自然能把人文触觉伸向学生的内心深处，诲人不倦；当你有学生的人文渴求，自然能灵感迸溅，奇思迭出，妙语如珠。文本是溪我是海，青春如花我是春，看尽此地风光后才发觉，每一颦、一笑、一个举止都是一种亲切的述说啊！

——这就是诗、就是画、就是人文的终极关怀。

到了这里，还不是语文教学的最高层次。语文教学的最高层次还应在此基础上追求教学设计、人文精神、课堂语言的高度个性化和艺术化。有了对基础知识系统完整的理解，有了对教材全面细微的洞察，才能真正做到艺术地挥洒个性。个性化是自我价值和特点的体现，没有“我”，老师只不过是传声筒、讲课的机器人；艺术化才能使课堂美起来，有了真与善的内容，为什么不再加上美的语言呢？有了个性化和艺术化的统一，老师才是人文之海中的“浪里白条”张顺，才是“官知止而神欲行，依乎天理，批大隙，导大款”的良厨。

语文教学，必须亲履本地风光，勇猛精进，手挥目送，用学问、爱心、肢体语言、问难交锋、不言之教去亲力实证，不要道听途说，仅仅坐而论道谈玄，误了前行的大好时光。天下大事，在于一个“行”字；美好境界，在于一个“证”字。勇行万里，实证人文真善美，方为名师。我经常提醒自己：在中华几千年的文明中，“天地君亲师”五个字是被人放在神龛上来供奉的哟！同行们，我们是否有愧于百姓的那一炷香呢？

我和学生杨旖

拓展古文教学的文化内涵：向青草更青处漫溯

在高中古文教学中，不能仅仅局限于句读的疏通和一般的背景、文意的解释，忽视其背后博大的文化内涵。中国先秦诸子百家散文都是为了阐述本学派的学说而作；魏晋书法是因政治的高压、人性的放纵自由而发；五四的散文杂文是因内忧外患和中西文化的碰撞而迸溅。中国古代历来重视文以载道，视文字为道之末，如果我们与时俱进地理解“道”的含义，那么今天我们在讲授古文时就不可买椟还珠，得文字之学而舍文章之学，舍诸子百家所特有的文化意蕴和智慧。

如果不揭示出文章中的相关文化内涵，就会出现课堂文化的单调、粗糙现象，导致课堂文化的失衡；日久天长，学生就会对古文兴味索然。深耕文字背后的文化内涵，滋养人文之根，才会有参天大树。尤其是今天网络文化流行于中学生中，课堂自主讨论式教学风行于教师中的情况下，找准古文教学的文化切入点，让中国优秀的传统文化精华根植于少年学子心中，并渐行渐近，师生终能从中获取营养并共同成长。

兹举教学两例说明。

案例一、由艺溯道，微言大义：《柳敬亭传》的另一种定位

对于高中文本《柳敬亭传》，教师在教学中一般都是定位为优秀的人物传记，柳传被认为是表现了柳敬亭刻苦学艺的过程和坎坷的人生经历。但课后练习中所引用文本作者黄宗羲的自述往往被忽视：“余因改二传，其人本琐琐不足道，使后生知文章体式耳。”正是黄宗羲的这句话引起了我的深思和不同理解。

黄宗羲明白地告诉我们：他的写作目的是展示他心目中的“文章体

式”。这里的“文章体式”应如何理解呢？大量参考书认为体式是指文章的格式，即写人物传记的格式。但是，古代典籍中的传记文学很多，堪称范文的作品多得汗牛充栋。鸿篇巨制《史记》以写历史名人而成为传记文学的巍峨昆仑，与《史记》相比，《柳敬亭传》篇幅短小，柳敬亭的个人资料并无引人入胜之处，不是作传的好题材，黄宗羲本人也认为“其人本琐琐不足道”。既然如此，黄宗羲为柳作传的目的何在？黄所说的“文章体式”当另有所指。

我认为，“文章体式”应是艺文审美的最高标准：微言大义，艺道合一。

说书艺人和说书艺术在黄宗羲这样的封建名流士大夫眼中，本属小人物的雕虫小技，但黄宗羲认为可以以此人、此艺、此事为契机，向后生学子阐明“技也，近乎道”的大宗旨，即黄所谓的“文章体式”。《庄子》里运斤成风、佝偻承蜩的寓言是这一主题的源头。黄宗羲正是要借柳传达到微言大义的目的，这样的“文章体式”才是作者的良苦用心。比起庄子里的寓言来，柳传更详细完整地阐明了由技而达道的具体过程，更具时代性，绝不能粗浅地理解为一般传记文学的格式。欧阳修的《伶官传》也是类似的“文章体式”：写伶人作乱是表，展示治国之道才是里。我把这一指导思想作为本文教学的主要定位和目的。试想，文章本无定法，黄宗羲怎会强为人师？为后人树什么束缚人的写作格式？这种说法必须在课堂教学中予以否定。

让我们来看看柳敬亭一生的艺、人体现了怎样的“文章体式”？

一、柳敬亭攀登艺术高峰经历了三个阶梯

第一阶梯：以己为师。这一阶段说明艺术家的成才确实需要一定天赋。“此子机变”，“年十五，之盱眙市中为人说书，已能倾动其市人。”说明柳的天赋好，舞台实践多。天赋和勤奋是从艺必不可少的两个条件。同时，我们也可以想象得到：柳敬亭，这个十五岁的少年人在闯荡江湖的过程中，不可避免地要被许多江湖气息所熏陶甚至污染。

第二阶梯：以儒生文人为师。这一阶段洗练了江湖野气，渐入艺术

门径，把说书由一门谋生的手艺提升成了艺术。莫生教导他“然必句性情，习方俗，如优孟摇头而歌，而后可以得志”，引经据典，指出小技艺也需文化（历史、社会、风俗等）的根来滋养，然后才能长成参天大树。这一点拨如醍醐灌顶，对于柳一生的艺术成就有着决定性的影响。

第三阶梯：以造化为师。沐浴万物，陶冶性灵，“其豪猾大侠、杀人亡命、流离遇合、破家失国之事，无不身亲见之”，行万里路后的柳敬亭，终于达到宏约深美的艺术境界：“每发一声，使人闻之，或如刀剑铁骑，飒然浮空，或如风号雨泣，鸟悲兽骇，亡国之恨顿生，檀板之声无色，有非莫生之言可尽者矣”。最终超越了文人藩篱，自在自为，手挥目送，口开情溢，至真至纯，包罗万象。王羲之“仰观宇宙之大，俯察品类之盛”描述的不也是这种境界吗？

二、柳敬亭的艺术境界：有相应的三个层次

作者在描述柳敬亭成才阶段时，也形象地刻画了每一阶段所达到的审美效果。这些描述在艺术上尤其是对于中国传统文化来说有很大的共性。

第一层次：俗技。“已能倾动其市人”（注意，这里用的是“市人”而不是“世人”应是专指市井之人，即社会下层人物，贩夫走卒）。可想而知，噱头、低级趣味是在所难免，仅可以博劳累一天的人们一笑，本质上是一种文化快餐，还谈不上品味和推敲，是典型的下里巴人。

第二层次：雅技。文章借莫生之口，细腻形象地展现了雅技的内涵：发声意在行先，动人由表及里。这种典型的含蓄、令人回味的中国式审美方式多么容易使人想到《诗经》、唐诗的怨而不怒、温柔敦厚的遗风啊。所以，柳敬亭的艺术最终“名达于缙绅间，华堂旅会，闲亭独坐，争延之使奏其技，无不当于心称善也”完全是顺理成章的事，实至名归，俗技一跃而成了雅技。

第三层次：神技。“或如刀剑铁骑，飒然浮空，或如风号雨泣，鸟悲兽骇”，柳氏一发声而包罗万象，七情尽出，“言未发而哀乐具乎其

前，使人之性情不能自主，盖进乎技矣”，真神技也，使人不由联想到《明湖居听书》中对王小玉说书艺术的描写。王小玉说书艺术也堪称神技。比较二者，都能包容大千世界。柳氏得益于人情练达，风格阳刚雄浑；王氏得益于细细体察万物，风格阴柔精妙，都是说书艺术的上乘之境。

柳敬亭说书艺术与其他中国传统艺术相比较，譬如国画，颇多相似之处，本质上理为一贯。柳以己为师，国画初学者以物象为师，务求穷形尽相；柳以儒生为师，学国画者到一定程度，也须诗书画一体，讲究韵味、文人气，不仅要求形似，更要写意；柳最高境界以造化为师，国画中泼墨也讲究以“我”为师，以心境为师，观石涛、张大千、吴冠中诸公的巅峰画作，无一不是毫端驱遣万物，熔炼万物，自成绝妙之境。

在《柳敬亭传》的教学中，学生课堂反响强烈。因为这篇课文对于说书艺术乃至中国传统艺术的确见真见微，超越说书这门技艺本身和柳敬亭这个人物，才能彰显更宏大的文化内涵。从这个角度来说，我们可以把《柳敬亭传》看作课堂深入探究的一个引子、一个例子来处理。

案例二、探幽钩玄，追本溯源：透视王维“空山”的意蕴

请看前贤的诗歌名句：

积雨空林烟火迟，蒸藜炊黍饷东菑。
空山不见人，但闻人语响。
空山新雨后，天气晚来秋。
人闲桂花落，夜静春山空。
山路元无雨，空翠湿人衣。
薄暮空潭曲，安禅制毒龙。（王维）
玉阶空伫立，宿鸟归飞急。（李白）
蜀山梧桐张高秋，空山凝云颓不流。（韩愈）

对于古诗中常见的这个“空”字，教材和大量的参考书都没有注释或者语焉不详，认为就是“空的”意思，常令人困惑不解：什么是空的山——没有人？没有树？没有声音？《语文教学参考》杂志2003年第6期刊登了胡景龙先生《“空山凝云”之我见》一文，试着提出了他自己的注释。我认为胡的注释个人臆断成分较多，就词论词，缺乏全句通盘考虑，尤其没有考虑诗句的文化内涵，所以造成论据乏力，难以自圆其说。

胡景龙先生认为“蜀山梧桐张高秋，空山凝云颓不流”，“空山不见人，但闻人语响”，“空山新雨后，天气晚来秋”这三处诗句中的“空”都是动词而不是形容词，是“使山空”的意思，即古文中常见的使动用法，“凝”也是使动用法。

“蜀山梧桐张高秋，空山凝云颓不流”这句诗中本已有两个动词：颓（倾倒）、流，如果空、凝两个也是动词，这句诗一共就有四个动词，那么“空山凝云颓不流”四个动词的主语是什么？谁“使山空”？谁“使云凝”？如果说主语是李凭的琴声，“山”“云”二字就是宾语，后面的动词“颓不流”就没有主语，句子不通顺。所以“空”、“凝”只能是形容词做定语，“山”、“云”分别做主语，“颓”、“流”分别做“山”、“云”的谓语，这样整个句子才完整流畅，符合语法规则。

胡先生又说“以上不能理解成空无一物”，此言固然不谬，但还是不能因此把“空”字理解成“使山空”，试问——除了神仙上帝，谁有能力“使山空”！谁来做主语呢？

要准确理解这个“空”字，应从“空”字背后的深层文化入手。

王维是个佛教徒，多次使用佛教用语入诗，如“薄暮空潭曲，安禅制毒龙”，“人闲桂花落，夜静春山空”之类充满禅意的句子，无意中流露出佛家义理。佛家以“空”为本，所以这个“空”字应从佛教的角度来理解。佛家的“空”不是空无一物，而是湛然清净、寂灭超脱、如如不动，是一种离于相而又包罗万象的永恒。佛教大乘经典《金刚经》《心经》《六祖坛经》等都有论述：《金刚经》中释迦牟尼把“空”称为“一合相”，《心经》中描述为“色不异空，空不异色”，《六祖坛经》中理解为“无住无往亦无来”“本来无一物，何处染尘埃”的实相，所以

“空”在王维的诗中应释为“寂静（的），清净（的）”之类的意思，或者在此基础上，加上词的活用和转义才贴切，才符合王维的语言和思维习惯，才接近佛家“空”境的原意。佛教传入中国后，中国古典诗词文章受佛家文化影响很大，学者不可不识。

由此看来，“空山凝云颓不流”，“空山不见人”，“空山新雨后”，“积雨空林烟火迟”，“空翠湿人衣”“玉阶空伫立”的“空”字都是形容词，都应释为“寂静的、清净的”；“夜静春山空”的“空”字才是由形容词活用作动词，意思是“变得寂静、变得清净”，与上文“人闲桂花落”的“落”字相对；“积雨空林烟火迟”“薄暮空潭曲”的“空”才是使动用法，意思是“使……变得寂静，变得清净”。

根据以上阐释，“空山凝云颓不流”的语序应调整为“空山颓凝云不流”，应译为“寂静清净的深山好像要倾倒崩塌，天上的行云似乎聚首倾听”，这样一来，全句才顺畅贯通，符合诗的前后语言环境和全诗意境。

在语文教学过程中，我常常真切感觉到，所谓教与学的个性化，是建立在每个人不同的文化背景甚至某些特长专长的基础上的，没有文化内涵的个性化就可能只是一句口号，一副空架子。

对文化的骄傲源于对文化深刻的了解。